本书系教育部人文社会科学研究青年基金项目"民国时期大学通识教育课程变革研究"(项目批准号:18XJC880010)的最终成果

大学通识教育课程变革史论

(1912—1948)

汪建华 ◎ 著

西南交通大学出版社

·成 都·

图书在版编目（CIP）数据

大学通识教育课程变革史论：1912—1948 / 汪建华著. —成都：西南交通大学出版社，2020.4
ISBN 978-7-5643-7341-2

Ⅰ. ①大… Ⅱ. ①汪… Ⅲ. ①高等学校 – 通识教育 – 课程改革 – 教育史 – 中国 – 1912—1948 Ⅳ. ①G649.29

中国版本图书馆 CIP 数据核字（2020）第 016470 号

Daxue Tongshi Jiaoyu Kecheng Biange Shilun (1912—1948)
大学通识教育课程变革史论
（1912—1948）

汪建华　著

责 任 编 辑	赵玉婷
封 面 设 计	原创动力
出 版 发 行	西南交通大学出版社
	（四川省成都市金牛区二环路北一段 111 号
	西南交通大学创新大厦 21 楼）
发 行 部 电 话	028-87600564　028-87600533
邮 政 编 码	610031
网　　　　址	http://www.xnjdcbs.com
印　　　　刷	四川煤田地质制图印刷厂
成 品 尺 寸	170 mm × 230 mm
印　　　　张	18.5
字　　　　数	288 千
版　　　　次	2020 年 4 月第 1 版
印　　　　次	2020 年 4 月第 1 次
书　　　　号	ISBN 978-7-5643-7341-2
定　　　　价	98.00 元

图书如有印装质量问题　本社负责退换
版权所有　盗版必究　举报电话：028-87600562

序

通识教育是东西方高等教育共同的传统。在西方，亚里士多德提出的自由教育（liberal education）被认为是通识教育的开端。他认为自由教育是为了发展人的理性和心智，其目的在于研究真理，并非为谋生和从事某种职业做准备。我国古代以"四书五经"为中心的经典人文教育在某种意义上接近于亚里士多德所谓的"自由教育"，即教育的目标不在于传授具体的谋生技巧，而是"传道、授业、解惑"。

随着社会的变迁，通识教育的传统遭遇重重挑战。特别是工业革命以后，人类社会政治、经济、科学的快速发展，造成知识总量急剧增长，学科领域和职业分工不断强化，科学知识必然要求在教育领域占据一席之地，人们为谋求一份职业也势必要求高校开设实用性或职业性课程，并逐渐形成以专业教育为核心的新的高等教育制度和模式。至此，通识教育受到巨大冲击。然而，高等教育过于专业化的危害性也逐渐显现，其突出表现为所培养的学生知识窄化、人格教育缺失、可持续发展能力不强、协同创新能力较差。

自20世纪90年代以来，我国教育界开始改革过分专业化的高等教育模式。1995年，原国家教委高教司发布了《关于开展大学生文化素质教育试点工作的通知》，明确要求"使大学培养的专门人才具备较高的文化素质和修养"；1998年，教育部发布《关于加强大学生文化素质教育的若干意见》，明确将"素质教育"作为高校教学改革的重要任务。1999年，中共中央、国务院联合颁发了《关于深化教育改革全面推进素质教育的决定》，并开始在高校推行"文化素质教育课程"，通识教育再次被纳入中国大学的教学体系。新时代，国家"十三五"规划纲要明确提出"改革人才培养机制，实行学术人才和应用人才分类、通识教育和专业教育相结合的培养制度……着力培养学生创意创新创业能力。"也正因如此，近年来不少高校开始自主探索在本科生培养过程中开展通识教育实践，如北京大学、复旦大学、中山大学等。可见，通识教育又重新受到高度重视。

在这样的大背景下，加强对通识教育的研究显然是必要的。汪建华博士的专著《大学通识教育课程变革史论（1912—1948）》，就是从课程史的角度对我国大学通识教育进行的系统研究。该书聚焦1912—1948年的大学通识教育课程，对这一时期的通识教育课程变革与发展进行了较为系统的梳理和探讨。总的来说，该书具有这样几个特点：第一，史料丰富。该书是针对通识教育课程的历史研究，没有足够的史料作为支撑，是难以完成的。在撰写过程中，作者收集整理了大量相关史料，这也使得全书的立论有着较为充分的史实依据。第二，创新性强。从已有的研究成果来看，该书是目前较为系统的对1912—1948年大学通识教育课程进行研究的著作。全书对这一时期大学通识教育课程的变革和发展历程进行了详细梳理和分析，提炼总结了1912—1948年大学通识教育课程变革的特点、大学通识教育的模式及其对当前大学通识教育课程改革的启示。这些成果在一定程度上丰富了我国大学通识教育课程的研究内容。

尽管如此，仍有诸多后续工作和问题需要作者进一步去思考和完善，希望以此为基础，不断开拓创新，力争取得更多更好的研究成果！

应汪建华博士之约，略陈数语，是为序。

李 森

海南师范大学教育学院教授、博士生导师

2020年3月

前 言

通识教育是相对专业教育或职业教育而言的。从广义上来说，专业教育或职业教育以外的教育都可以称为通识教育。大学通识教育，不仅涉及人才培养问题，还牵涉国家战略问题。现代大学通识教育旨在应对急剧分化的专业教育造成的知识碎片化问题过程中，保证学生将来在成为各种各样的专家的同时，仍不失健全的人格和自由的品性，并且有能力应对复杂社会在专业领域之外提出的种种挑战。更重要的是，在日益多元化和全球化的时代，通识教育还承担着凝聚社会共识、培养合格公民的时代使命。特别是在崇尚自由的现代民主社会，通识教育不但要塑造个体的自由人格，还要为社会提供基本的价值共识，以免在多元分化的社会中，个体的自由抉择瓦解了基本的社会价值，进而动摇人类文明的基石。

本书聚焦于民国时期的大学通识教育课程，依据内、外两条线索对民国时期大学通识教育课程变革进行系统研究。研究的外部线索主要是指特定的发展背景、一定时期的教育思想以及教育制度和政策等，这些因素外在地影响着大学通识教育课程的变革与发展。研究的内部线索是指通识教育课程变革与发展的内在逻辑，本书依据课程的内在结构框架从课程目标、课程结构、课程内容、课程实施、课程管理、课程评价等维度来考察民国时期的大学通识教育课程变革。整个研究坚持"史""论"结合，"论"从"史"出的原则。总体而言，本书分为两大板块：第一大板块主要是"史",包括第三、四、五章内容;第二大板块主要是"论",包括第六、七、八章内容。其中,在第一大板块的每一章内容中,又分为"史"和"论"两部分,每一章的前一部分是历史梳理,后一部分是理论论证和阐述。

本书分为八章,每一章具体内容如下:

第一章,导论。导论部分阐述了研究的缘由,梳理了相关研究文献,明晰了研究的基本方向。

第二章,大学通识教育课程的本真追寻。本章主要探讨了大学通识教育(课程)"是什么""从哪里来"两个基本问题;界定了大学通识教育课程的相关概念;梳理了中西方大学通识教育课程的演变历史,厘清了大学通识教育课程的历史渊源。

第三章,大学通识教育课程的成型(1912—1927)。1912—1927年是民国时期大学通识教育课程变革的第一个阶段。本章主要从发展背景、思想领域、制度层面、实践探索四个方面,对这一阶段的通识教育课程变革的基本形态进行分析研究。研究发现,这一阶段的通识教育课程呈现如下特征:在课程目标上,注重基本知识的掌握;在课程结构上,表现为结构不一,课程多样;在课程内容上,异常丰富,通专难分;在课程实施上,注重基本知识;在课程管理上,由集中到分散;在课程评价上,重视过程性评价。

第四章,大学通识教育课程的发展(1928—1937)。1928—1937年是民国时期大学通识教育课程变革的第二个阶段。本章遵循第三章的分析框架,对本阶段的通识教育课程变革进行研究。研究发现,本阶段的通识教育课程呈现如下特征:在课程目标上,注重养成学生共同之基础;在课程结构上,基本成型;在课程内容上,各学校小同大异;在课程实施上,自由创生;在课程管理上,全面而不统一;在课程评价上,完善而单一。

第五章，大学通识教育课程的成熟（1938—1948）。1938—1948年是民国时期大学通识教育课程变革的第三个阶段。本章依然按照前两章的分析框架展开探讨。研究发现，本阶段的通识教育课程呈现以下特征：在课程目标上，注重培养完整的人；在课程结构上，统一而全面；在课程内容上，智德并重；在课程实施上，注重质量；在课程管理上，统一共同必修科目；在课程评价上，关注学生学习的质量。

第六章，大学通识教育课程变革的整体特征（1912—1948）。基于第三、四、五章的研究，本章从更宏观的视角审视整个民国时期大学通识教育课程变革的特征和趋势。研究发现，民国时期大学通识教育课程目标由注重"基础"到培养"完人"；大学通识教育课程结构由丰富多样到基本统一；大学通识教育课程内容由重知识传授到智德并重；大学通识教育课程实施由侧重数量到注重质量；大学通识教育课程管理由集中到分散再到集中；大学通识教育课程评价由关注考试成绩到注重学习质量。

第七章，大学通识教育的模式演变与反思（1912—1948）。民国时期大学通识教育通过继承、借鉴及创新等途径，形成了特色鲜明的发展模式，包括：预科模式、主辅系模式、共同必修科目模式。在通识教育模式变迁过程中：顶层设计是通识教育发展的方向引领；人的发展是通识教育改革的本质旨归；社会发展是通识教育变革的必要依据；借鉴与创新是通识教育发展的重要路径。

第八章，大学通识教育课程变革的启示（1912—1948）。本章着重从大学通识教育课程目标的定位、课程结构的确定、课程内容的选择、课程实施的促进、课程管理的优化、课程评价的规范等方面阐述民国时期大学通识教育课程的变革对当代大学通识教育课程改革的启示。

由于笔者水平有限，书中难免有不妥之处，敬请读者批评指正！

目 录

第一章 导 论 …………………………………………………………… 1
  第一节 研究缘起 ……………………………………………………… 1
    一、"双一流"建设对大学课程体系的挑战 ……………………… 1
    二、我国大学通识教育课程现状之忧思 …………………………… 3
    三、大学通识教育课程理论研究之偏向 …………………………… 5
  第二节 研究现状 ……………………………………………………… 7
    一、关于通识教育的研究 …………………………………………… 7
    二、关于通识教育课程的研究 ……………………………………… 12
    三、关于民国时期大学通识教育课程的研究 ……………………… 13
    四、对相关研究的评析 ……………………………………………… 20

第二章 大学通识教育课程的本真追寻 ………………………………… 21
  第一节 大学通识教育课程的概念解读 …………………………… 21
    一、民国时期 ………………………………………………………… 21
    二、大 学 …………………………………………………………… 21
    三、通识教育 ………………………………………………………… 23
    四、课程变革 ………………………………………………………… 25
  第二节 大学通识教育课程的源流探析 …………………………… 27
    一、西方大学通识教育课程的演变 ………………………………… 27
    二、我国大学通识教育课程的演变 ………………………………… 47

第三章 大学通识教育课程的成型（1912—1927）……………………… 53
  第一节 大学通识教育课程变革的时代背景 ……………………… 54
    一、"通才教育"的提出 …………………………………………… 54
    二、大学通识教育课程现状 ………………………………………… 57

第二节　大学通识教育课程变革的思想基础……………………58
　　一、各类期刊的创办与通识教育思想的传播……………………58
　　二、著名教育家的通识教育思想…………………………………60
第三节　大学通识教育课程变革的制度规约……………………80
　　一、壬子癸丑学制的颁布…………………………………………80
　　二、《大学令》与《大学规程》的颁布…………………………80
　　三、《修正大学令》的颁行………………………………………82
　　四、壬戌学制与《国立大学校条例》对高等教育的规定………83
第四节　大学通识教育课程变革的实践探索……………………84
　　一、1912—1917年：预科模式……………………………………84
　　二、1918—1924年：预科＋本科模式……………………………86
　　三、1925—1927年：多元模式……………………………………92
第五节　大学通识教育课程成型之反思…………………………108
　　一、借鉴模仿与现实国情…………………………………………108
　　二、课程目标：掌握基本知识……………………………………110
　　三、课程结构：结构不一，课程多样……………………………112
　　四、课程内容：内容丰富，通专难分……………………………113
　　五、课程实施：注重基本知识……………………………………114
　　六、课程管理：从统一到分散……………………………………116
　　七、课程评价：注重过程性评价…………………………………118

第四章　大学通识教育课程的发展（1928—1937）……………120
第一节　大学通识教育课程变革的时代背景……………………120
　　一、十年稳定与"党化教育"的推行……………………………120
　　二、大学课程自由分散……………………………………………121
第二节　大学通识教育课程变革的思想基础……………………122
　　一、关于大学共同必修科目的讨论………………………………122
　　二、关于"通才"与"专才"之争………………………………125
第三节　大学通识教育课程变革的制度规约……………………126
　　一、"三民主义"及其对大学通识教育课程的规约……………126
　　二、《大学组织法》与《大学规程》对通识教育课程的规约…128

第四节　大学通识教育课程变革的实践探索 …………… 130
一、清华大学的通识教育课程实践 ………………… 130
二、国立中央大学的通识教育课程实践 ……………… 135
三、金陵大学的通识教育课程实践 ………………… 138
四、安徽省立大学的通识教育课程实践 ……………… 140
五、私立燕京大学的通识教育课程实践 ……………… 142
六、国立武汉大学的通识教育课程实践 ……………… 144
七、私立华西协和大学的通识教育课程实践 …………… 151
八、国立中山大学的通识教育课程实践 ……………… 153

第五节　大学通识教育课程发展之省思 ……………… 160
一、课程目标：养成学生共同之基础 ………………… 160
二、课程结构：基本成型 …………………………… 163
三、课程内容：小同大异 …………………………… 164
四、课程实施：自由创生 …………………………… 165
五、课程管理：全面而不统一 ……………………… 166
六、课程评价：完善而单一 ………………………… 171

第五章　大学通识教育课程的成熟（1938—1948） ……… 173

第一节　大学通识教育课程变革的时代背景 …………… 173
一、日本对我国高等教育的破坏 …………………… 173
二、国民党政府实施"战时要当平时看"的办学方针 …… 174

第二节　大学通识教育课程变革的思想基础 …………… 175
一、通识教育的核心理念：通识为本，专识为末 ………… 177
二、通识教育的育人目标：培养新民 ………………… 178
三、通识教育的实践路径：五育并进 ………………… 180
四、通识教育的基本保障：自由自治，大师引领 ………… 181

第三节　大学通识教育课程变革的制度规约 …………… 182
一、颁布各项方针和政策 …………………………… 182
二、整理课程与共同必修科目表颁布 ………………… 184

第四节　大学通识教育课程变革的实践探索……………………192
　　一、私立辅仁大学的通识教育课程实践……………………192
　　二、国立中山大学的通识教育课程实践……………………195
　　三、浙江大学的通识教育课程实践…………………………203
　　四、复旦大学的通识教育课程实践…………………………204
第五节　大学通识教育课程成熟之省思……………………………211
　　一、课程目标：完整的人……………………………………211
　　二、课程结构：统一而全面…………………………………212
　　三、课程内容：智德并重……………………………………213
　　四、课程实施：关注质量……………………………………213
　　五、课程管理：统一共同科目………………………………214
　　六、课程评价：注重学习质量………………………………215

第六章　大学通识教育课程变革的整体特征（1912—1948）………217
第一节　大学通识教育课程目标：由注重"基础"到培养"完人"
　　………………………………………………………………217
　　一、大学教育宗旨演变及其对通识教育课程的规约………217
　　二、注重基本知识基础的奠定………………………………218
　　三、重视共同"基础"的养成………………………………219
　　四、着眼于"完人"的培养…………………………………220
第二节　大学通识教育课程结构：由丰富多样到基本统一………221
　　一、初生之物：通识教育课程结构的丰富多样……………221
　　二、自由发展：通识教育课程结构的趋于一致……………221
　　三、国家标准：通识教育课程结构的基本统一……………222
第三节　大学通识教育课程内容：由重知识传授到智德并重……223
　　一、以学科知识为主的通识教育课程………………………223
　　二、重视社会价值共识的培育………………………………223
　　三、智德并重的通识教育课程………………………………225
第四节　大学通识教育课程实施：由侧重数量到注重质量………225
　　一、成型期：快速提升学生的知识水平……………………225

二、发展期：课程自由化导致科目繁杂 ················· 226
　　三、成熟期：共同必修科目表的规约 ················· 226
第五节　大学通识教育课程管理：由集中到分散再到集中 ······ 227
　　一、《大学规程》对各科课程的规定 ················· 227
　　二、大学课程权力的分散 ························· 228
　　三、大学课程权力的再次集中 ····················· 229
第六节　大学通识教育课程评价：由关注考试成绩到注重学习质量
　　　　 ·· 230
　　一、课程评价制度的初步成型 ····················· 230
　　二、课程评价制度的完善 ························· 231
　　三、关注学习质量的课程评价 ····················· 232

第七章　大学通识教育的模式演变与反思（1912—1948） ······ 233
第一节　大学通识教育的模式演变 ························ 233
　　一、通识教育的"预科模式" ······················· 233
　　二、通识教育的"主辅系模式" ····················· 239
　　三、通识教育的"共同必修科目"模式 ················ 243
第二节　大学通识教育模式演变的反思 ···················· 246
　　一、顶层设计是通识教育发展的方向引领 ············ 246
　　二、人的发展是通识教育改革的本质旨归 ············ 247
　　三、社会发展是通识教育变革的必要依据 ············ 249
　　四、借鉴与创新是通识教育发展的重要路径 ·········· 250

第八章　大学通识教育课程变革的启示（1912—1948） ······ 252
第一节　大学通识教育课程目标的定位 ···················· 252
　　一、大学通识教育课程目标的多重性 ················ 252
　　二、大学通识教育课程目标的现实制约性 ············ 253
第二节　大学通识教育课程结构的确定 ···················· 255
　　一、大学通识教育课程结构的相对稳定性 ············ 255
　　二、大学通识教育课程比例的相对均衡性 ············ 255

第三节　大学通识教育课程内容的选择 ························· 256
　　　　一、大学通识教育课程内容的广博性 ························· 256
　　　　二、大学通识教育课程内容的基础性 ························· 257
　　第四节　大学通识教育课程实施的促进 ························· 258
　　　　一、大学通识教育课程实施的价值性 ························· 258
　　　　二、大学通识教育课程实施中的教师影响 ····················· 259
　　第五节　大学通识教育课程管理的优化 ························· 262
　　　　一、大学通识教育课程管理的"钟摆"现象 ··················· 262
　　　　二、大学通识教育课程管理中的学生自主性 ··················· 263
　　第六节　大学通识教育课程评价的规范 ························· 264
　　　　一、注重大学通识教育课程的过程性评价 ····················· 264
　　　　二、重视大学通识教育课程评价方式的多样性 ················· 264

结　语 ··· 266

参考文献 ··· 268
　　一、中文文献 ··· 268
　　二、外文文献 ··· 281

后　记 ··· 282

第一章 导 论

研究民国时期大学通识教育课程具有重要的理论价值和现实意义。首先,可以丰富和发展我国大学通识教育课程理论。当前,我国大学通识教育课程的理论研究和体系构建还比较薄弱,大学通识教育课程体系的建构缺少本土理论的有力支撑。民国时期,大学通识教育课程的理论和实践探索极为丰富,"通识为本,专识为末"的理念贯穿大学教育始终。因此,对民国时期的大学通识教育课程的研究在一定程度上能够丰富和发展我国大学通识教育课程的本土化理论。其次,能够为我国大学通识教育课程改革与一流大学建设提供有益的启示。通识教育是国内外一流大学培养创新型人才的重要途径。我国当下的大学通识教育课程由于缺乏总体设计与规划,常常是"头疼医头,脚疼医脚",导致大学通识教育课程改革的实际做法和最终结果不尽如人意。究其原因,不能不说这与忽视对我国大学通识教育的历史研究有一定关系。如果不对我国大学通识教育课程的发展历史进行梳理和总结,人们将难以把握我国通识教育课程发展的整体情况。美好的未来设计与理想建构将很容易成为空中楼阁。因而,加强对民国时期大学通识教育课程的研究,能使我们从历史的视角审视我国通识教育课程的未来走向,为大学通识教育课程改革和一流大学建设提供有益的经验和启示。

第一节 研究缘起

一、"双一流"建设对大学课程体系的挑战

2015年11月5日,国务院发布《统筹推进世界一流大学和一流学科建设总体方案》,简称"双一流"建设,指出要"推动一批高水平大学

和学科进入世界一流行列或前列……提高高等学校人才培养、科学研究、社会服务和文化传承创新水平,使之成为知识发现和科技创新的重要力量、先进思想和优秀文化的重要源泉、培养各类高素质优秀人才的重要基地……促进高等教育内涵发展等方面发挥重大作用"[1]。方案明确提出"双一流"建设的任务之一是"培养拔尖创新人才",强调要"坚持立德树人,突出人才培养的核心地位,着力培养具有历史使命感和社会责任心,富有创新精神和实践能力的各类创新型、应用型、复合型优秀人才……全面提升学生的综合素质、国际视野、科学精神和创业意识、创造能力"[2]。因而,培养创新型人才是"双一流"建设内在的重要目的之一,"'双一流'建设的一项重要任务就是培养拔尖创新人才"[3]。

培养拔尖创新型人才必须依托一流的大学(本科)教育。"本科教育质量彰显了一所大学的人才培养水平和办学特色……可以为"双一流"建设营造良好的学术生态环境,为推进世界一流大学建设做出积极贡献,是建设世界一流大学的重要基础和基本特征。"[4]本科教育水平的高低与通识教育质量的高低有密切关系,这一点从美国常青藤高校可以管窥一二。国家"十三五"规划纲要明确提出"改革人才培养机制,实行学术人才和应用人才分类、通识教育和专业教育相结合的培养制度……着力培养学生创意创新创业能力"[5]。可见,通识教育对于创新人才培养以及高等教育制度改革具有重要的推动作用。通识教育强调的人格教育为创新型人才培养提供了道德保障,其强调的广博知识的学习有利于构建学生良好的知识结构,其注重的能力、方法训练有利于启发学生的创新思维,其对于社会共同价值的追索与坚守则是培养现代"公民"的基础。

---

[1] 国务院. 国务院关于印发统筹推进世界一流大学和一流学科建设总体方案的通知[EB/OL]. (2015-11-05). http://www.gov.cn/zhengce/content/2015-11-05/content_10269.htm.

[2] 国务院. 国务院关于印发统筹推进世界一流大学和一流学科建设总体方案的通知[EB/OL]. (2015-11-05). http://www.gov.cn/zhengce/content/2015-11-05/content_10269.htm.

[3] 周光礼. "双一流"建设中的学术突破——论大学学科、专业、课程一体化建设[J]. 教育研究, 2016(5): 72-76.

[4] 钟秉林, 方芳. 一流本科教育是"双一流"建设的重要内涵[J]. 中国大学教学, 2016(4): 4-8.

[5] 国务院. 中华人民共和国国民经济和社会发展第十三个五年规划纲要[EB/OL]. (2016-03-17). http://www.gov.cn/xinwen/2016-03/17/content_5054992.htm.

课程是人才培养模式的核心要素。一流的本科教育必须依托一流的课程体系。一流的本科课程体系的培养目标往往有两个重要指向。其一是向内的目标，大学课程目标要指向人的精神和灵魂，强调大学教育的立德树人功能，培养人的价值观、人格、意志、品质、修养等。其二是向外的目标，大学课程应该传授学生的谋生技能，使其拥有一技之长。因此，构建一流的大学课程体系，其课程目标应该包括知识探究、能力建设和人格塑造三方面。这一目标体现了专业教育和通识教育的融合。由此可见，通识教育课程在"双一流"建设中占有重要的地位。建设一流大学和一流学科，犹须建构符合中国特色的大学通识教育课程体系。因而，加强通识教育课程研究，具有一定的现实意义。

二、我国大学通识教育课程现状之忧思

我国自古便有通识教育的传统。古代以"四书五经"为中心的、面向科举取士的经典人文教育在某种意义上接近于西方亚里士多德所谓的"自由教育"，即教育的目标不在于传授具体的谋生技巧，而是"传道、授业、解惑"。在孔子看来，君子的修德与修学最终应满足治国理政的需求，"学而优则仕"成为中国古典教育的基本伦理目标。这与亚里士多德的贵族教育在政治性维度上并无太大差别。[①]此外，中国传统的经典处处涉及宇宙之认知、自我之评估、运会之顺应、分位之掌握，以及人际关系之协调等人生重大问题，这些都是通识教育的应有之意。可见，传统的儒学教育一再展现的"统整人格"与"统整知识"密不可分的观点，实质上就是今日我们所提倡的通识教育。[②]

1840年鸦片战争爆发后，西方列强凭借着洋枪利炮开始了对中国的侵略，中华民族面临着亡国灭种的危机。为了救亡图存，洋务派和维新派都注重引进西方的现代科学技术。中国传统的以伦理道德为核心的"通识教育"模式受到冲击，培养具有封建道德观和经世致用的西学艺能之

---

① 北航高研院通识教育研究课题组. 转型中国的大学通识教育——比较、评估与展望[M]. 杭州：浙江大学出版社，2013：66.
② 黄俊杰. 大学通识教育的理念与实践[M]. 武汉：华中师范大学出版社，2001：58.

人成为新式大学的目标，专门教育开始在中国崭露头角。民国时期，中国大批知识分子投身教育，他们试图通过实业教育、职业教育来挽救中国的危亡；近代教育先哲们通过教育救国的道路虽然没有走通，但他们致力于发展教育的论述依然闪耀着智慧的光芒。①由于工业化和富强逻辑的作用，中国在普遍建立现代大学的进程中已经逐渐产生了通识教育与专业教育之间的竞争和摩擦，且专业教育之强势已日见端倪。

中华人民共和国成立以来，指导思想上的苏联化和国家任务上的工业化为专业教育提供了更具政治正确性的理由②。1952年的院系调整，在强调专业教育的基调下，全国范围进行了大学重组，取消了多科性、综合性大学，成立众多的单科专业学院。此后数十年里，专业教育不断被强化。不可否认，这种专业教育为中国的工业发展培养了大批技术人才，同时一批理工科大学获得发展，形成了庞大的理工科高等教育体系。但随着我国经济体制的转型，大学教育过于专业化的危害逐渐显现，并被相关部门及教育人士意识到，其突出表现为：所培养的学生知识窄化，可持续创新能力不断下降；人格教育缺失，学生难以有效融入社会，承受挫折；整体技术群体缺乏有效的合作基础和经验，学生协同创新能力较差。

1995年，原国家教委高教司发布了《关于开展大学生文化素质教育③试点工作的通知》，要求高校要使在校大学生不仅学好本专业的知识，同时还要具备专业以外的广博知识基础和修养，特别是人文社科、自然科学以及文化艺术相关方面的基础知识，使大学培养的专门人才具备较高的文化素质和修养。1998年，教育部发布《关于加强大学生文化素质教育的若干意见》，明确将"素质教育"作为高校教学改革的重要任务。1999年，中共中央和国务院联合颁发了《关于深化教育改革全面推进素质教

---

① 李森,汪建华.我国乡村教育发展的历史脉络与现代启示[J].西南大学学报（社会科学版），2017（1）：61-69.
② 北航高研院通识教育研究课题组.转型中国的大学通识教育——比较、评估与展望[M].杭州：浙江大学出版社，2013：67.
③ 我国于20世纪80年代才开始对"通才教育""素质教育"等的研究，其概念和内涵与通识教育不尽相同，但相通相似之处颇多。随着对大学教育研究和认识的深化，特别是进入21世纪以后，高等教育界不约而同地将焦点集中在"通识教育"上，通识教育研究方兴未艾。

育的决定》，并开始在高校推行"文化素质教育课程"，通识教育再次被纳入中国大学的教学体系。

20世纪90年代以来的"文化素质教育"主要是针对过分强调科学教育而导致人文精神的丧失，其着眼点在于道德的完善，因此，改革的内容是加强人文教育。然而，由于对通识教育基本理念的理解偏差，常常是"头疼医头，脚疼医脚"，缺乏总体设计与规划，导致这一系列改革的实际做法和最终结果与通识教育的理念相去甚远。其推行的"文化素质教育课程"或"通识教育选修课"，即今天各学校开设的全校通选课，已成为部分学生逃课混学分的主要对象。

也正因如此，近些年来不少高校开始自主探索在本科培养中开展真正的通识教育实践，如北京大学、复旦大学、中山大学、北京航空航天大学等。2000年以来的大学通识教育课程改革从理念上大致分出两种路径：一种是自下而上的改革。针对现有问题提出改善要求，改革的纲领性论述着眼于现状，在理念目标尚未非常清晰并得到共识之前，先探索式地针对现实问题把工作开展起来。依托于既有非专业指向的各种教育资源，几乎在原地通过改建、扩建或整合，使之逐渐靠近通识教育的标准和要求。另一种是自上而下的改革。由大学领导者创生性地提出一套育人理念或有意识地提倡某一种既成的"先进"理念，依据理念建构起一套培养方案和课程体系，自上而下地发起改革。这两种路径存在不同的风险：自下而上的改革虽然稳妥，但往往由于缺乏长远规划，亦步亦趋，难成体系，收效甚微；自上而下的改革则存在改革全面失败的风险，加之核心理念借鉴西方，难免不适合中国实际。可见，当前中国大学通识教育课程已进入改革的瓶颈阶段。因此，迫切需要加强对通识教育课程的理论研究。

三、大学通识教育课程理论研究之偏向

梳理国内通识教育（课程）的研究文献，不难发现大多是译介西方的通识教育课程理论和课程体系，本土的探索和研究往往偏重逻辑演绎和实践总结。通识教育课程话语中充斥着浓烈的西方气息。可见，长期

以来,"人们在近乎狂热的'借鉴'中冷漠了应有的'继承',历次教育改革的指导性文件和教学实践话语充斥着外来的专业术语"①。同时,"微薄的'继承'中也存在着理论上的曲解本意、解释不清和实践上的脱离实际、胡乱运用等问题"②。

了解通识教育课程的历史是通识教育课程研究不断前进的基础。如果不对我国大学通识教育课程的发展历史进行梳理和总结,研究者将难以把握我国通识教育课程发展的整体情况。如此,不仅难免将宝贵的时间和精力浪费在重复性研究上,"美好的未来设计与理想建构将很容易成为空中楼阁"③,理论研究也往往很难在原有的研究基础之上获得新的进展与突破,在实践中往往也会推进乏力。

民国时期是中国军阀割据、战乱频繁的动荡时期,却是中国高等教育发展的重要时期。许多高等院校(无论是国立的、公立的还是教会大学)相继涌现,蓬勃发展,为祖国培养了一大批卓越的科学家、艺术家、教育家和各类人才。民国时期的大学有其独特的地方,值得现代人去探究与反思。不仅如此,民国时期的教育先贤们对大学通识教育也情有独钟,见解颇深。清华大学校长梅贻琦更是直接提出了"通识为本、专识为末"④通识教育理念。

由此可见,通识教育民国时期即已有之。研究民国时期的大学通识教育课程,有利于我们找到通识教育课程研究的现有基础与未来趋向,从而建构符合我国实际的大学通识教育课程体系。这一课程体系的构建必须考虑到"'思想前见'、研究者自身及所处的'本土境脉'与'本土实践'"⑤。显而易见,本研究的"思想前见"与"本土实践"很大一部分是中国传统的通识教育课程理论与实践。当然,中国是一个历史悠久

---

① 张天明.中国传统教学思想之学术史:一个不容忽视的研究主题[J].课程·教材·教法,2015(2):105-110.
② 张天明.中国传统教学思想之学术史:一个不容忽视的研究主题[J].课程·教材·教法,2015(2):105-110.
③ 张天明.中国传统教学思想之学术史:一个不容忽视的研究主题[J].课程·教材·教法,2015(2):105-110.
④ 1941年梅贻琦在其所作的《大学一解》中系统阐述了其通识教育思想,对大学通识教育的意义、目标、内容、途径均做了详细论述;《大学一解》是中国近代最为重要的通识教育论著之一。
⑤ 张天明.中国传统教学思想之学术史:一个不容忽视的研究主题[J].课程·教材·教法,2015(2):105-110.

的文明古国,中华民族在五千年的发展过程中所形成的传统文化极为丰富。其中诸多优秀传统文化,对现代教育发展起到了十分重要的作用,然而,也有不少过时的、不适应时代发展的传统文化,对社会进步和教育发展造成了不小阻力,这就是传统文化的二重性。①因而,构建中国特色的通识教育课程体系,有必要充分挖掘民国时期通识教育课程的理论与实践,汲取有益的养料,让先贤们的思想精髓在新的教育条件下获得生命延续。

英国著名历史学家卡尔曾指出:"历史是今天的社会跟昨天的社会之间的对话……只有借助于现在,我们才能理解过去;也只有借助于过去,我们才能充分理解现在。"②加强对民国时期大学通识教育课程的研究,能使我们更好地认识和借鉴民国时期通识教育课程变革的经验、教训,以历史发展的眼光看待当前的通识教育课程问题,从而在改革中更理性,减少行动的盲目性。因此,研究民国时期的大学通识教育课程对当今的大学通识教育课程改革实践具有重要的意义。

第二节 研究现状

文献综述是对研究问题涉及领域相关文献的系统梳理和整体概括。它是掌握研究概况、厘清研究脉络和寻找研究创新点的重要前提,通常是研究者对一定时期国内外与研究问题有关的专著或是学术论文进行查阅、归纳整理和分析研究的综合性论述。本研究拟从通识教育、通识教育课程、民国时期大学通识教育课程三个方面对相关文献进行综述。

一、关于通识教育的研究

学者们对通识教育给予了极大的关注,关于通识教育的文献比较多。

---

① 李森,汪建华.我国乡村教育发展的历史脉络与现代启示[J].西南大学学报(社会科学版),2017(1):61-69.
② 爱德华·卡尔.历史是什么[M].吴柱存,译.北京:商务印书馆,1981:57.

本文拟从通识教育的内涵、通识教育的目的与意义、通识教育的发展历程、通识教育的理论与实践四个方面做简要阐述。

(一)关于通识教育内涵的研究

国外对通识教育含义的解释丰富多彩。第一个把通识教育与大学教育联系在一起的是美国博德学院教授帕卡德(A.S.Packard),他认为,"大学预计给青年一种 general education,一种古典的、文学的和科学的,一种尽可能综合的(comprehensive)教育,它是学生进行任何专业学习的准备,为学生提供所有知识分支的教学,这将使得学生在致力于学习一种特殊的、专门的知识之前对知识的总体状况有一个综合的、全面的了解"①。有的学者认为通识教育就是自由教育(liberal education),"自由教育作为一种含有等级观念的教育思想好像是过时了,但是实际上它的精神并没有死亡,现在它以一个中性词汇通识教育而流行"②。有的学者认为"通识教育指非职业性和专业性的教育……目的在养成健全的个人和自由社会中健全的公民"③。"通识教育是为学生日常生活做准备,包括给他们一定社会的知识、信仰、语言和思维的习惯(的教育),它是对文化延续起作用的因素。"④也有学者认为"通识教育的目的是开发人的理智美德、推理、论证、哲理性智慧、艺术和谨慎"⑤等等。

国内学者关于"通识教育"内涵的界定也是"仁者见仁、智者见智"。牟宗三认为,"通识教育不是叫一个人懂得许多,自然科学懂一点,人文科学也懂一点,美术音乐都懂一点,这样的话顶多不过是百科全书,百科全书你自己可以到图书馆去翻……通识教育最基本的目的或者精神是应该让一个人或学习者了解自己及时代"。我国台湾学者黄俊杰将通识教

---

① PACKARD A S. The substance of two reports of the faculty of Amherst College to the Board of Trustees, with the doings of the Board thereon[J]. North American review, 1829 (28): 300.
② GARY E M. The meaning of general education: the emergence of a curriculum paradigm[M]. New York: Teachers College Press (Columbia University), 1988: 182-183.
③ American Task Force on General Education Report, 1988.
④ MCGRARH E J. General education and the plight of modern man[M]. Indianapolis, IN: The Lilly Endowment, Inc, 1976: 2.
⑤ HUTCHINS R M. The higher learning in America[M]. New Haven: Yale University Press, 1936: 62-63.

育概括为"一种建立人的主体性的教育,也就是一种完成人之解放的教育"①。我国香港学者何秀煌认为,"通识教育是一种观念、思想……当我们论及通识教育时,我们的意思是大学教育不应该太专门了"②。周宝根认为,"通识教育的目的在于为学生提供多学科、跨学科的知识,提供丰富多彩的文化背景,提供深入思考问题、研究问题的取向和方法,提供必要的学术规范,从而全面培养学生分析问题和解决问题的能力"③。鲁洁教授认为,"所谓通识教育,'通'就是要求学能通达不同领域之识,要使学生兼通于'何以为生''以何为生'两个领域,这样才能形成完整、完美的人格;而通识教育之'识',它不仅限义于'知识'之识,除了理性知识以外,还包括人的感情、意志等在内,它不仅局限于知识的获得,还要着力于全面人格的培养"④。李曼丽综合国内外学者对通识教育的各种定义后提出:"通识教育就性质而言,是高等教育的组成部分,是所有大学生都应该接受的非专业性教育;就其目的而言,通识教育旨在培养积极参与社会生活的、有社会责任感的、全面发展的社会的人和国家的公民;就其内容而言,通识教育是一种广泛的、非专业性的、非功利性的基本知识、技能和态度的教育。"⑤

综上所述,尽管国内外众多学者对通识教育的界定各不相同,但大多都认同通识教育不是简单意义上的教育方法和内容,更是一种教育理念,是培养学生健全人格和良好德性、使学生得到全面发展的教育。但是从中也能反映目前对通识教育的界定混乱,缺乏统一性,易导致理论和实践上的分歧。

(二)关于通识教育目的与意义的研究

有学者认为,通识教育的目的在于塑造完整人格,培育高尚品德。认为通识教育主要在于使学生成为完整个体,强调伦理、道德的思考,

---

① 黄俊杰. 大学通识教育的理念与实践[M]. 武汉:华中师范大学出版社,2001:27.
② 何秀煌. 大学通识教育再思考——华人地区大学通识教育的理念、制度、课程与教学[C]//刘国强,等. 华人地区大学通识教育学术研讨会与会论文集. 香港:香港中文大学通识教育办公室出版,1997:157.
③ 周宝根. 通识教育的理念与实践[J]. 教育与职业,2001(12):52-53.
④ 鲁洁. 通识教育与人格陶冶[J]. 教育研究,1997(4):16-19.
⑤ 李曼丽. 通识教育——一种大学教育观[M]. 北京:清华大学出版社,1999.

使其面临道德问题时,能做出敏锐的判断、正确的选择,藉以培养高尚的品德,最终在于建立学生健全的人格(简茂发,1995)。也有人认为通识教育在于打破本位主义,统整各科知识,预防学术研究专门化所导致眼光狭小,以及本位主义的缺点,提供对本行以外可能相关的其他学术领域的认识,以超越某一领域或学程的限制,并弥补其不足(罗进福,1997)。也有学者认为通识教育在于发展学生的批判思考和沟通能力。过去学生受到填鸭式的教育,普遍呈现直线式思考模式,缺乏批判与创造思考能力,因此培养学生基本能力,使学生具有基本沟通、思考、批判的能力,以及进一步研究学问所需要的各种写作、语言、数学等基本能力是重要且必须的(詹惠雪,1993)。还有学者认为通识教育是为了帮助了解生存社会,使学生成为世界公民。通识教育的另一个目的是培养学生积极参与社会的志愿,让学生不仅懂得自己所生存的社会,更要发展对其他不同价值、不同文化的了解,认识自身与他人、与宇宙自然的关系,以"民吾同胞,物吾与也"的世界观及宇宙观,认识并了解世界所面临的维持和平、重视环境保护及保护生态平衡问题,建构尊重人性尊严之和谐而多元化的社会(黄奏胜,1999)。

由此可见,通识教育主要是培养一个"真正的人"的过程,并以均衡发展、健全人格为根本目标。除了培养学生专业知识与技术之外,还注重人文素养、人道关怀、统整领域知识、批判思考、服务社会、包容不同文化的世界观的养成。

(三)关于通识教育发展历程的研究

对通识教育发展历程的研究大部分是零散地夹杂在关于通识教育的论述中。何秀煌在《大学通识教育再思考——华人地区大学通识教育的理念、制度、课程与教学》一文中简约地论述了海峡两岸及香港的通识教育的发展史。黄俊杰在《大学通识教育的理念与实践》第三章"大学通识教育的理论:传统通识教育理念的分析"中,阐述了我国古代儒家、道家、法家的教育思想和通识教育理念。李曼丽在其专著《通识教育——一种大学教育观》中就美国的通识教育发展做了大篇幅的阐述,对我国的大学通识教育的历史与现实也做了专章论述。冯惠敏在其著作

《中国现代大学通识教育》一书中对我国清末以来大学通识教育进行了研究。杨永良的《日本大学的通识教育》、黄坤锦的《美国大学的通识教育：美国心灵的攀登》、詹栋梁的《德国的通识教育》等都对国外的通识教育进行了较为深入的研究。

（四）关于通识教育理论与实践的研究

我国台湾、香港地区引进通识教育理念较大陆（内地）大约早十年。在台湾地区，对通识教育的理论派别有不同的看法。有学者认为，美国流派将通识教育的探究途径建立在四种哲学理念的基础上，即理想主义、进步主义、精粹主义和实用主义。黄俊杰将通识教育的理论流派分为经义论、均衡论、进步论，并提出了自己的通识教育理论基础，即多元文化论。台湾教育主管部门曾于1994年赞助台湾清华大学发行《通识教育季刊》；另在1995年的《教育报告书——迈向二十一世纪的远景》中指出减少必修课程、将课程核心化的改革策略；并于1999年委托通识教育学会办理58所大学院校的通识教育评鉴工作，可见台湾对大学通识教育的重视。

大陆（内地）于20世纪80年代逐渐开始了"文化素质教育"的探索，虽然其与通识教育不尽相同，但两者在教育理念上是相通的。李曼丽在《通识教育——一种大学教育观》中指出中国大学的文化素质教育就是通识教育。甘阳教授认为："所谓大学的人文教育，实际主要指的是大学本科阶段的通识教育。"陈卫平和刘梅龄1987年在《高等教育研究》第2期发表的《香港中文大学的通识教育及启示》是大陆（内地）第一篇以通识教育为主题的研究文献，因此，1987年被认为是通识教育研究萌芽阶段的起点。

2000年以来，我国进入了介绍美国的通识教育理论与实践并探索我国通识教育问题的阶段。在以通识教育为主题的研究文章中介绍国外通识教育研究与实施情况的占70%左右。近年来，对通识教育的研究又有更深层次的进展，研究者们从文化背景、管理体制、课程实施、教学评价、教学方式等具体因素展开探讨，体现了对通识教育实践探索的高度关注。其中不乏对"本土化"实践进行的总结，如，陈向明主持的教育部十五重点课题"大学本科通识教育实践研究"及其专著《大学通识教育模式的探索——以北京大学元培计划为例》、秦绍德的《学习与探索：复旦对于通识教育的理解和实践》、北京航空航天大学通识教育课程研究课题组编著的《转型中国的大学通识教育——比较、评估与展望》和《北京航空航天大学通识教育白皮书》等，分别对北京大学、复旦大学、北京航空航天大学的通识教育实践进行了总结探讨。

二、关于通识教育课程的研究

大陆（内地）学者关于通识课程的研究主要集中在三个方面。一是关于通识教育课程体系构建的探讨。如：冯惠敏的《大学普通教育课程体系的构建与实施》、马一民的《我国高等教育课程体系刍议》、季诚钧的《试论高校课程体系中的四大关系》、范晓屏的《论本科教育的课程体系与设置》等。二是介绍其他国家和地区通识教育课程的研究。如：王定华的《美国大学的普通教育》、郭德红的《当今美国和日本大学的通识教育课程实践》、熊贤君的《香港高等学校的通识课程改革》等。三是结合具体学校或专业设置来探讨通识课程设置。如：李曼丽的《北京大学通识教育的现状与分析》、盛光希的《高职高专通识教育课程目标的构建》、李忆湘的《高校体育教育专业通识教育课程目标及内容体系构建》等。此外，也有些学者从批判的角度对我国通识教育课程现状进行了研究，认为当前我国通识教育的课程建设虽然取得了一定的进展，但也存在一些问题。

与大陆（内地）相比，我国台湾和香港地区的通识课程研究起步较早，既有对通识教育课程理论的研究，也有对通识教育课程单个案例的研究。关于课程研究的论文有：台湾黄纯真的《大学院校伦理教学的研究》、李宗薇的《教学设计理论与模式的评析及应用：以师院社会科教材教法为例》、赵金祁的《大学通识教育中科学课程——其科目内容的设计研究》以及黄坤锦译评的《罗索斯基论通识教育与核心课程》；香港郑汉文的《大学培养通才所需的文化素质教育的课程哲学》、梁美仪的《通识课程设计与新学科的开发——论融合人文教育与科学教育的两条途径》、边燕杰的《香港科技大学通识教育的课程设置与教学》等。

三、关于民国时期大学通识教育课程的研究

(一) 关于民国时期大学通识教育的研究

关于民国时期大学通识教育的相关研究并不是很多。从收集到的文献来看,研究者主要是从民国时期大学通识教育的理念与通识教育的实践两个方面展开研究。具体到每一个方面,又紧紧围绕民国时期一些著名的高等教育家和知名大学进行论述。

1. 关于民国时期大学通识教育理念的研究

这一部分的相关研究主要集中在对民国时期一些著名教育家的通识教育思想的探讨上。其中大多数文献是对蔡元培、梅贻琦的通识教育思想的研究,此外,也有部分研究者对郭秉文、潘光旦等人的通识教育思想展开了研究。

第一,蔡元培的通识教育思想。研究者对蔡元培通识教育思想的主要内容和特点进行了较为系统的阐述,并对其通识教育思想进行了批判性反思。研究认为蔡元培的通识教育思想主要体现在四个方面:"一是其确立的'硕学闳材'的大学人才培养目标。二是蔡元培强调大学教育必须文、理并重。三是实行选科制,发展学生个性。四是营造课外育人环境。"[①]蔡元培的通识教育思想表现出鲜明的特征:"它不是中国大学的专业教育对人文冲击的结果,而是对西方文明的反思和对中国新兴资产阶级理想人格设计的结果。"[②]研究指出,蔡元培的通识教育思想,"奠定了中国近代大学通识教育的基础,它是中国近代大学通识教育的源头,对民国时期大学的培养目标有重要影响"。[③]

第二,梅贻琦的通识教育思想。关于梅贻琦的通识教育思想的研究相对较多。梅贻琦的一生著述不多,除了《清华学校的教育方针》《大学一解》《工业化的前途与人才问题》三篇文章,其余大多是在各种场合的讲话稿。因而,对梅贻琦的通识教育思想进行研究的一手资料并不多,

---

① 王烈盈. 论蔡元培的通识教育思想[J]. 教育评论,2012(1): 132-134.
② 王烈盈. 论蔡元培的通识教育思想[J]. 教育评论,2012(1): 132-134.
③ 王烈盈. 论蔡元培的通识教育思想[J]. 教育评论,2012(1): 132-134.

研究主要是基于以上三篇文章以及一些回忆录、校史资料展开的。对梅贻琦通识教育思想的研究主要表现在三个方面：一是基于史料对梅贻琦通识教育思想的全面阐述；二是对梅贻琦通识教育思想的现代启示与现实价值的探讨；三是对梅贻琦通识教育思想的比较研究。例如，将梅贻琦与赫钦斯、竺可桢等进行比较。

关于梅贻琦通识教育思想的全面阐述。研究者分别从通识教育的目的、原则、内容三个方面深入分析了梅贻琦所著的《大学一解》中的通识教育思想。[①]也有研究者从办学理念、教师观、教育内容观、教育方法观等方面系统阐述了梅贻琦的通识教育思想。[②]有研究者认为梅贻琦的通识教育思想是以儒家大学教育思想为本位的、中西融合的思想，具有很强的系统性和逻辑性，并分别从人才观、大学观、知识观三个方面论述了梅贻琦的通识教育思想和通识教育实践。[③]此外，也有研究者从其思想形成的时代背景、发展历程、基本内涵、教育实践等方面集中对梅贻琦20世纪三四十年代的通识教育思想和实践展开研究。[④]

关于梅贻琦通识教育思想的现代启示与现实价值的探讨。研究认为梅贻琦的通识教育思想为当今大学教育提供了诸多有益的启示与借鉴。主要表现在以下方面：一是"进一步增强了人们对大学通识教育目的的认识"[⑤]。"通识教育是造就创新人才的重要基础，变革和完善大学人才培养模式乃当务之急"[⑥]。二是梅贻琦的"通识为本，专识为末"的思想为我们思考通识教育和专门教育各自在大学教育中应有的地位提供了重要参考。三是传统大学之道是通识教育思想的重要来源，推进大学通

---

① 王冠男. 从人文精神角度论梅贻琦的通识教育思想[J]. 黑龙江教育，2010（5）：12-13.
② 谷建春，张传燧. 梅贻琦的大学通识教育观及其现实价值[J]. 江汉论坛，2003（6）：125-127.
③ 刘剑虹，杨竞红. 梅贻琦通才教育思想逻辑初探[J]. 国家教育行政学院学报，2006（1）：91-95.
④ 杨竞红. 会通中西，传承创新——三四十年代梅贻琦通才教育思想和实践研究[D]. 金华：浙江师范大学，2004.
⑤ 冯惠敏. 梅贻琦的通识教育观及其对当代教育的启示[J]. 黑龙江高教研究，2003（4）：17-19.
⑥ 张亚群，刘毳. 梅贻琦与清华大学通识教育实践[J]. 大学教育科学，2011（4）：73-78.

识教育应汲取本民族优秀思想文化资源。[1]四是重视发挥教师在通识教育中的特殊作用，努力营造良好的育人环境。五是贯彻通识教育实施的监督与评估机制，避免通识教育流于形式。[2]

关于梅贻琦通识教育思想的比较研究。对梅贻琦通识教育思想的比较研究分为国内比较与国际比较两个方面。在国内比较研究方面，研究者主要将梅贻琦与竺可桢、郭秉文等人的通识教育思想进行比较，认为他们的通识教育思想有共通之处，主要表现在：一是继承中国传统教育精神，坚持全人教育的办学指导思想；二是注重"知情意"平衡发展，以品学才识兼备的通才为大学本科培养目标；三是重视课程建设，把课程设置与通才的培养目标相结合。[3]在国际比较方面，主要是将梅贻琦与赫钦斯进行比较，通过对他们通识教育思想产生的社会历史背景及其通识教育思想的内容和实施的比较，指出梅贻琦与赫钦斯通识教育思想的共性在于：一是梅贻琦和赫钦斯的"通才教育"思想的提出和实施，"都是对前人自由教育和博雅教育的坚持和发展，都是对当时功利性、单向性教育观念和模式的及时纠偏"[4]；二是梅贻琦和赫钦斯的"通才教育"思想都十分"重视文理兼顾，融会贯通"；三是梅贻琦和赫钦斯的"通才教育"思想都"强调理性和情智的培养"；四是梅贻琦和赫钦斯的"通才教育"思想的实施都取得了卓越成效。[5]

第三，郭秉文的通识教育思想。研究者通过对郭秉文的有关论著的分析与研究，认为其通识教育理念具有鲜明的民族性、时代性和传承性的特征。具体表现为：一是"中国通识教育源远流长，可与西方教育传统互补"；二是"要适应社会和时代发展的需要，改进通识教育的内容与方法"；三是在教育变革中，"应弘扬古代通识教育的优良传统，同时要

---

[1] 张亚群，刘毳. 梅贻琦与清华大学通识教育实践[J]. 大学教育科学，2011（4）：73-78.
[2] 冯惠敏. 梅贻琦的通识教育观及其对当代教育的启示[J]. 黑龙江高教研究，2003（4）：17-19.
[3] 胡莉芳. 中国近代大学校长的通识教育理念和实践[J]. 复旦教育论坛，2008（3）：19-22.
[4] 周相利. 梅贻琦与赫钦斯"通才教育"思想比较及反思[J]. 南京理工大学学报（社会科学版），2005（4）：68-73.
[5] 周相利. 梅贻琦与赫钦斯"通才教育"思想比较及反思[J]. 南京理工大学学报（社会科学版），2005（4）：68-73.

融入新的教育理念"。①同时，研究者对郭秉文通识教育理念的形成原因及其历史影响也进行了一些阐述。

第四，潘光旦的通识教育思想。已有研究对潘光旦通识教育思想的渊源、主要内容进行了比较系统的论述，认为其通识教育思想的产生与其留美的经历以及当时的社会环境密切相关，同时受当时的清华校长梅贻琦的影响较大。②同时研究者从通识教育的目的、通识教育与专业教育的关系、通识教育的实现途径等方面对潘光旦的通识教育思想进行了研究，指出潘光旦认为通识教育的目的在于"共通"的人性的达成；在通识教育与专业教育的关系方面，认为"通识为本，专识为末"。在通识教育的实现路径上，认为"人文学科必须东山再起"。③

2. 关于民国时期大学通识教育实践的研究

关于民国时期大学通识教育实践的研究很少，从收集到的文献看，主要集中在对一些知名大学办学实践的阐述，如清华大学、西南联大等。另外，也有一些对民国时期教会大学的通识教育实践的研究。值得注意的是，这些大学的通识教育实践大多是在一些知名的高等教育家的引领下进行的，所以从某种程度上说这些实践也是高等教育家的教育实践。

研究者认为，清华大学的通识教育实践主要体现在："一是实行民主治校，倡导学术自由，为通识教育实践创造重要条件；二是不断增设学科，积极兴办研究所，拓展了通识教育的深度与广度；三是延揽校外人才与使用本校人才并重，不断提升学校教学与科研实力；四是重视基础学科和选修课教学，扩大教学的选择性；五是在校园文化建设方面，重视师生的主体作用，促进学生全面发展。"④

西南联大在办学中注重学生人格的培养和完善，重视文理渗透，注重会通古今中外。同时西南联大的教授群体在通识教育实践中发挥了巨大的作用，西南联大的教授大部分留学美国，深受当时美国大学通识教

---

① 张亚群. 郭秉文的通识教育理念及其现代价值[J]. 高等教育研究，2014（11）：85-91.
② 初立萍. 论潘光旦的通识教育思想[J]. 高教探索，2007（3）：51-53.
③ 林介宇. 潘光旦通识教育观述略[J]. 山东高等教育，2015（9）：61-66.
④ 张亚群，刘毳. 梅贻琦与清华大学通识教育实践[J]. 大学教育科学，2011（4）：73-78.

育理念的影响,在西南联大的教学实践中,"坚持由教授讲授共同必修课,积极参加并引导学生组织学术讲演、学会等社团活动,注重人文教育,积极引导学生在战时特殊环境中确立正确的人生观和公民意识"[1]。此外,也有研究者对西南联大通识教育成功实施的原因进行分析,指出在西南联大成功实施其通识教育人才培养理念的众因素中,社会的需要和政府的政策支持是重要原因之一;西南联大三常委通识教育理念的广泛认同是关键;西南联大之前三校形成的优良通识教育传统为其提供了历史积淀;西南联大教授群体通识教育的认同和积极实践为其提供了最有力支持。[2]

也有研究者对教会大学的通识教育实践进行了研究,指出近代来华传教士提倡通识教育,主张人的灵、智、体应当全面发展,其主旨在于培养教会学生的基督化人格,使学生皈依基督教。[3]研究认为教会大学的通识教育实践突出地表现在注重对通识教育师资的培养和通识教育课程的建设[4],特别是音乐课程和体育课程的设置,是其一大特色。[5]

(二)关于民国时期大学通识教育课程的研究

目前,系统研究民国时期大学通识教育课程的文献几乎没有。从收集到的研究成果来看,多是一些介绍和史料梳理性质的研究,主要体现在:一是就某一知名大学的通识教育课程设置进行梳理和介绍;二是就某一专业或某所大学的某一学院的通识教育课程设置进行介绍。

1. 关于民国时期知名大学通识教育课程设置的研究

第一,清华大学的通识教育课程设置。研究者们认为,清华大学实施的通识教育课程主要体现在一年级的共同必修课上:文、理、法三个

---

[1] 高建国,张俊峰.西南联大教授群体通识教育的思想认同与实践效应[J].云南师范大学学报(哲学社会科学版),2010(6):156-160.
[2] 张俊峰.西南联大通识教育成功实施探因[J].安庆师范学院学报(社会科学版),2010(6):14-17.
[3] 胡卫清.论近代来华传教士的通识教育思想[J].韩山师范学院学报,2001(1):38-45.
[4] 范启标.中国近代教会大学通识教育考论[J].兰台世界,2015(5):131-132.
[5] 赵厚勰.论近代教会大学的通识教育[J].河北师范大学学报(教育科学版),2013(5):45-48.

学院大一不分系，新生必须学习国文、英文、1门通史（中国通史或西洋通史）、1门自然科学（普通物理、普通化学、普通地质学、普通生物学，任选一门）、逻辑（或高级算学、微积分，任选一门）等共同必修课，所获学分约占总学分的 27%~28%。学生二、三、四年级时的课程一般包括必修的本系课程、必修的它系课程、选修的本系课程以及选修的它系课程。① "大致说来，必修的本系课程一般占四分之一到五分之二，其中多属基本课程，而专门性课程很少。"②

第二，北京大学的通识教育课程设置。研究者认为，北京大学在课程设置中强调学科的通类和基础的重要性。1919—1920年《国立北京大学学科课程一览》规定："大学本科第一年之课程，以大学学生所不可少之基本学科及在预科所曾习之外国语为共同必修课，全体共之。此外为选修科，分为五组，每组各有所偏重，令学生随性之所近于一组内选习八或十一单位以上，以为一年后专习一系之准备。"③

第三，南开大学的通识教育课程设置。研究者以南开大学文学院英语系1936年一、二年级的课程设置为例进行研究，认为"南开大学在课程设置上实行文理沟通，把培养学生的创新意识与开拓精神、综合能力与应变能力，视为教育的目的"④。

第四，西南联大的通识教育课程设置。已有研究认为，西南联大通识教育的实施，主要体现于共同必修课。共同必修课中大一国文、大一英文、伦理学、中国通史为文、理、法、师 4 个学院通有。⑤另外，也有研究者对西南联大各个学院的课程设置进行了系统研究，指出西南联大 5 个学系一、二年级课程设置具有以下特点：一是"通识课程门数、学分占一、二年级课程门数、学分的比重较大，学分比值达 56%以上"；二是西南联大通识性课程在 4 学年课程中几近 4 成；三是不同学科通识

---

① 高建国，宋才琼，张俊峰. 西南联大课程设置中的通识教育[J]. 国家教育行政学院学报，2011（7）：58-62.
② 清华大学校史编写组. 清华大学校史稿[M]. 北京：中华书局，1981：121.
③ 王学珍等. 北京大学史料：2 卷[M]. 北京：北京大学出版社，2000：1079.
④ 南开大学校史编写组. 南开大学校史（1919—1949）[M]. 天津：南开大学出版社，1989：137.
⑤ 封海清. 西南联大的文化选择与文化精神[M]. 昆明：云南人民出版社，2006：109-110.

性的侧重各有不同。①研究者们还对西南联大通识教育课程设置的特点进行了总结,认为西南联大课程设置的特点表现在:按"部"(教育部)订,开设共同必修课;学术自由,安排院系必修课程;显特色,开设大量选修课;课程设置与其通识育人目标一致;课程设置强制性与合理性的统一。同时还指出,西南联大通识教育课程的成功实施师资队伍素养是关键,学术自由是前提。②

2. 关于民国时期大学某一专业课程设置的研究

关于这一主题的研究,主要散见于对一些知名大学的课程设置的研究中,一般作为佐证材料出现,或者以某一大学为例,对该大学的某一专业的课程设置进行研究,其中被研究最多的当属清华大学和西南联大。而将某一专业的课程研究置于整个民国期间来考察的几乎没有。在收集资料的过程中,仅仅找到一篇类似的文献,是关于民国时期新闻通识教育的研究,研究认为,"民国时期新闻界基于对新闻业启蒙民众、指导社会精英角色的认知,十分重视新闻人才的一般政治、社会等学科知识的通识教育"。其对新闻界在通识教育的目标、内容等方面进行了探讨,指出民国时期新闻通识教育的目标在于培养社会精英型新闻人才,新闻学的主要目的并非使人学得实用的职业知识,而是养成一个"精神上的立足点",站到"应该站的地方",即具备较为专业的分析视野,对社会问题能够有一个符合时代发展潮流的判断。③新闻通识教育课程的安排较为宽泛,其目的不是培养狭隘的专业技能,而是要养成学生较为全面的知识素养和宽广的眼界。民国时期新闻学教育的课程安排一般分为三大板块:一是新闻学及相关科学的基本知识,二是从事新闻工作的基本技能,三是从事健全新闻业的道德观念。④同时,研究者对民国新闻通识教育的意义及其启示进行了思考。

---

① 高建国,宋才琼,张俊峰.西南联大课程设置中的通识教育[J].国家教育行政学院学报,2011(7):58-62.
② 朱俊.西南联大通识教育课程设置品质及其现代意义[J].西安电子科技大学学报(社会科学版),2015(1):118-123.
③ 施志刚.论中国新闻教育[J].读书通讯,1948(152).
④ 文新良,李滨.简论民国时期的新闻通识教育[J].学术交流,2015(9):190-193.

四、对相关研究的评析

关于通识教育,学界从通识教育的内涵、目的、发展历程、教育实践等方面进行了很多研究,这些研究有助于加深我们关于通识教育的认识和理解。在通识教育课程方面,研究者们对我国大学通识教育课程体系的建构进行了初步探索,在介绍国外通识教育课程改革经验的同时,也关注对本土通识教育课程实践的探索和反思。关于民国时期大学通识教育课程方面的研究,目前学界已进行了一些有益的探索,且取得了一些成果,特别是对民国时期大学通识教育的理念和实践进行的探索。这些都为本研究提供了重要的参考和支撑,"使研究者进入这个研究领域时有迹可循,也成为本研究前进的路标"。通过对已有研究成果的梳理,笔者发现依然有很大的研究空间值得去拓展和进行深入地研究。

第一,从文献研究的量和质来看,民国时期大学通识教育课程研究尚未受到应有的重视。从量的方面看,关于民国时期大学通识教育研究的文献比较少,而关于民国时期大学通识教育课程方面的研究则更少,这一方面说明可供研究的原始资料太少或难以收集,另一方面也说明对这一方面的研究没有引起学界的广泛重视。从质的方面来看,虽然已有研究中也有不少文章发表在国内权威期刊上,但已有研究多集中在客观课程的概述方面,缺少深层规律的挖掘,缺少对民国时期大学通识教育课程的系统研究;且在时间段上,研究呈现断裂的态势,缺少对整个民国时期大学通识教育课程的考察。

第二,从研究内容来看,已有的研究主要分为两类:一是纯粹的思辨研究;二是对国外经验的介绍。缺少对本土通识教育课程方面的历史研究。从为数不多的关于民国时期大学通识教育课程的研究文献中不难发现,其研究的内容较为单一,诸多领域仍待深入挖掘。已有研究多是对一些知名的高等教育家的通识教育思想进行研究,具体到课程方面的研究,多以一些知名大学为例进行分析。从整体上看,缺乏对民国时期大学通识教育课程的系统研究。

第三,从研究视域来看,多进行孤立的教育学研究,较少地考察政治、思想文化、社会变迁等因素对民国时期大学通识教育课程的影响。

第二章 大学通识教育课程的本真追寻

第一节 大学通识教育课程的概念解读

一、民国时期

1912 年 1 月 1 日,孙中山在南京宣誓就任中华民国临时大总统,组成南京临时政府,中华民国正式建立。然而,在一些反动势力的胁迫下,孙中山为了顾全革命大局,不得不辞去临时大总统职务;同年 3 月,在一些政客和北洋军阀的支持下,袁世凯在北京就任中华民国临时大总统,组成北京国民政府。北京国民政府历时 16 年,直到革命民主派组织北伐军,发动北伐战争,打垮了以北洋军阀为主导的北京国民政府,建立南京国民政府,民国政权从北京国民政府转移到南京国民政府手中。南京国民政府历时 22 年,直到 1949 年结束其统治。

因而,从时间上看,民国时期即 1912—1949 年中华民国时期,具体又可以分为北京国民政府时期(1912—1927 年)和南京国民政府时期(1927—1949 年)[1]。从空间上看,民国时期政权较为复杂,北京国民政府时期大学分布在北洋政权和广州革命政权之下;南京国民政府时期,大学分布在共产党领导的区域、国民党统治区以及日伪占领区[2]。为方便研究,本文以中央政权(即北京国民政府和南京国民政府)统治下的大学为主要研究对象。

二、大　学

从广义上讲,大学可以"泛指一切进行中等教育程度以上的教育机

---

[1] 熊明安. 中国高等教育史[M]. 重庆:重庆出版社,1988:429.
[2] 李涛. 民国时期国立大学招生研究[D]. 重庆:西南大学,2014:2.

构（如专科教育机构、本科教育机构、研究生教育机构）"①。从狭义上讲，"大学专指多科性、高层次的教育科研机构（与专科教育机构、单科与技术学院相区别）"②。

1912年颁布的《大学令》规定"大学分为文科、理科、法科、商科、医科、农科、工科，以文、理二科为主，须合于下列条款之一者，方得名为大学：一、文、理二科并设者；二、文科兼法、商二科者；三、理科兼医、农、工三科或二科一科者"③。此外，民国初年还颁布了《专门学校令》和《专门学校规程》，指出公私立专门学校是高等教育的一种，也实施本科教育。因此，民国初年高等教育的格局是：大学预科（3年）、本科（3~4年）、大学院。与大学平行的学校有高等师范学校、专门学校和专科学校等。1917年，北京国民政府颁布《修正大学令》，其中最大的变化是允许单科大学的设立，规定"大学分为文科、理科、法科、商科、医科、农科、工科；设二科以上者得称为大学，设一科者得称为某科大学"④。

南京国民政府成立后，于1929年先后颁布《大学组织法》和《大学规程》，规定"大学分文、理、法、教育、农、工、商、医八种学院，具备三学院以上者，方得称为大学，且三学院必须有理学院或农、工、医学院之一，修业年限除医学院外均为四年，不足三个学院的学校称为独立学院"⑤。此后，民国时期的高等教育机构基本稳定，主要包括大学、独立学院及专科学校。

由以上分析可以看出，民国时期的大学概念不同于现在的大学概念，民国时期对大学的名称有着严格的限制，在不同的时期，其概念的指称对象和范围是不一样的。可以说，大学这一概念在民国时期是不断变化的，但其在不同时期的指称对象和范围是可以明晰的。因而，尽管概念

---

① 李涛. 民国时期国立大学招生研究[D]. 重庆：西南大学，2014：2.
② 李涛. 民国时期国立大学招生研究[D]. 重庆：西南大学，2014：2.
③ 中国第二历史档案馆编. 中华民国史档案资料汇编：第三辑，教育[G]. 南京：江苏古籍出版社，1991：108.
④ 中国第二历史档案馆编. 中华民国史档案资料汇编：第三辑，教育[G]. 南京：江苏古籍出版社，1991：167-169.
⑤ 熊明安. 中国高等教育史[M]. 重庆：重庆出版社，1988：456.

在变化,但不影响我们对不同时期的研究对象的选取。鉴于以上分析,本研究中的大学泛指 1912—1948 年,符合北京国民政府(1912—1927 年)和南京国民政府(1927—1948 年)所颁布的法律法令规定的能称之为大学的具体标准的所有学校。在不同时期,民国时期的大学有不同的指称对象。

三、通识教育

"通识教育"是对英文"general education"的译称,也有人将其译为"普通教育""一般教育"或者"通才教育"。[①]从字面意义来看,"'普通教育'和'一般教育'的译法更接近'general education',但这种译法会让人以为存在一种与之相对应的'特殊的、非常的教育','通才教育'的译法则是针对日趋狭窄的'专才教育'(professional education)而提出的概念,它强调培养目标应是具有广博知识和整合经验的人才,反对教育受狭隘的特定职业目标的影响和制约"[②]。实际上,"general education"是与"special education"(专业教育)相对应的概念。《哈佛通识教育红皮书》中指出:"教育广义地可被分为 general 和 special 两个部分……这两方面不能割裂或对立。"[③]也有学者认为" special education 是由学生所学知识的'深度'组成,而 general education 是课程中的'宽度'组成部分"[④]。从这点来看,"通识教育"的译法似乎比较能够体现"general education"的本意。我国台湾地区的学者最早采用"通识教育"这一译法,后逐渐被我国大陆地区的学者所引用和接受,目前这一译法已经得到学界广泛的认同。

李曼丽在其著作《通识教育——一种大学教育观》中对 50 种不同的关于"通识教育"的内涵的表述做了细致分析,她认为这些表述主要是

[①] 张凤娟."通识教育"在美国大学课程设置中的发展历程[J]. 教育发展研究,2003(9):92-95.
[②] 柏杨. 军医大学通识教育课程模式建构研究[D]. 重庆:第三军医大学,2010:11.
[③] 哈佛委员会. 哈佛通识教育红皮书[M]. 李曼丽,译. 北京:北京大学出版社,2010:39.
[④] 李曼丽. 通识教育——一种大学教育观[M]. 北京:清华大学出版社,1999.

从三个方面来界定"通识教育"的。第一，从通识教育的性质角度进行界定。"认为通识教育是高等教育的组成部分，是非职业性的那部分高等教育"①；"通识教育是对所有大学生的教育，是人人所必须接受的教育"②；"通识教育的实质就是对自由与人文传统的继承"③。第二，从通识教育的目的角度进行界定。认为通识教育的目的在于养成健全的个人和自由社会中健全的公民；通识教育应该是造就具备远大眼光、通融识见、博雅精神和优美情感的人才的高层的文明教育和完备的人性教育；④通识教育是一种朝向完整人格的建立，促成人的自我解放的教育。第三，从通识教育的内容角度进行界定。认为"通识教育是一种关于人类兴趣的所有学科的准确的、一般性的知识；通识教育是不论进入哪一个专业的学生，都必须首先接受共同课程的训练，使每一个受过大学教育的人，都兼具文化与科学的知识和思考与表达的能力"⑤。李曼丽综合了国内外学者对通识教育的各种定义后提出"通识教育就性质而言，是高等教育的组成部分，是所有大学生都应该接受的非专业性教育；就其目的而言，通识教育旨在培养积极参与社会生活的、有社会责任感的、全面发展的社会的人和国家的公民；就其内容而言，通识教育是一种广泛的、非专业性的、非功利性的基本知识、技能和态度的教育"⑥。这一表述对通识教育进行了较为全面地描述，因此，得到很多学者的认同。

杨颉在其研究中提出，对通识教育的定义应该站在目标与手段相一致的观点上。因此，他对通识教育做了如下阐释："通识教育是一种使学生通过对知识的广博的、普遍意义的了解，形成内心统一的认识观和世界观，并通过理性和感性均衡发展，使之形成完善的人格，以适应现代社会所必需的解决问题能力、生活态度、道德和政治修养等广泛的教养

---

① 杨春梅. 通识教育三论[J]. 江苏高教，2002（3）：85-88.
② American Task Force on General Education Report[R]. 1988：12.
③ American Task Force on General Education Report[R]. 1988：1-2, 51 -52.
④ LEE C T. General education：ideal and practice[C]//The 2nd Conference on General Education in Universities and Colleges（Taiwan）：1997.
⑤ CHARLES WILLIAM ELIOT. Inaugural address as president of Harvard College[M]//Education reform：essays and adresses. New York：Century Company，1898：3-4.
⑥ 李曼丽. 通识教育——一种大学教育观[M]. 北京：清华大学出版社，1999.

要求的具体教育形式。"①顾明远先生在其主编的《教育大辞典》中将通识教育界定为:"近代关于教育目的和内容的一种教育思想以及据此实施的教育。在高等教育阶段,指大学生均应接受的有关共同内容的教育。通常分属若干学科领域,提供内容宽泛的教育,与专门教育有别。"②

综上所述,本研究认为:现代大学通识教育是一种通过"共同内容"来培养"完整的人"的教育,它旨在通过所有学生对"共同内容"的学习与体悟,使其在基本知识、必备能力、健全人格、价值共识等方面达到一定的水平和标准。它具有国际性与民族性、稳定性与发展性、广博性与基础性、普遍性与价值性等特征。

在具体的研究过程中,基于研究的便利与需要,研究者以顾明远先生对"通识教育"概念的阐释为基本立足点。因而,本研究中的通识教育特指除专业教育之外的旨在提升学生共同的知识、能力、修养的各种教育。

四、课程变革

(一) 课　程

据考证,"课程"一词最早出现于我国南北朝时期翻译的佛经中,"北魏凉州沙门慧觉翻译的《贤愚经·阿难总持品第三十八》中说'尔时有一比丘,畜一沙弥,恒以严敕,教令诵经。日日课程。其经足者,便以欢喜。若其不足,苦切责之'"③。这里的"课程"指检查、考核功课的分量、内容和进程。唐代孔颖达对《诗经·小雅·巧言》中"奕奕寝庙,君子作之。秩秩大猷,圣人莫之"句注疏"以教护课程,必君子监之,乃得依法制也。大道,治国礼法,圣人谋之,若周公之制礼乐也"④。这里的"课程"是中国古代严格意义上的课程术语的来源,指有规定数

---

① 杨颉. 大学通识教育课程:借鉴与启示[M]. 上海:上海交通大学出版社,2009.
② 顾明远. 教育大辞典[Z]. 上海:上海教育出版社,1998:3356.
③ 姜国钧. "课程"与"教学"词源小考[J]. 华东师范大学学报(教育科学版),2006(4):68-71.
④ 章小谦,杜成宪. 中国课程概念从传统到近代的演变[J]. 华东师范大学学报(教育科学版),2005(4):65-74.

量和内容的工作或学习进程。宋代朱熹在《朱子全书·论学》中多次提及"课程",如"宽着期限,紧着课程""小立课程,大作功夫"[①]。陈鹄在《耆旧续闻》卷二中也说道:"后生为学,必须严定课程,必须数年劳苦"[②]。这里"课程"是指学习的功课内容及其进程。

近现代以来,课程的内涵不断演变,对课程的解读也呈现出多元化和个性化的趋势。"课程"一词的英语为 curriculum。"课程"最初源于拉丁语的"跑道"(cursum race course),作为教育术语,意味着"学科学习的进程"[③]。关于课程的定义有很多,概括起来主要可以分为四类:一是课程即学科和教材;二是课程即目标或学习结果;三是课程即活动或经验;四是课程即教学或学习计划。可见,学者们对课程的界定见仁见智,这为我们全面地认识与理解课程提供了多元视角。

本研究中"课程"的研究范围为民国时期大学通识教育课程,主要探讨其历史沿革,分析其在不同时期的历史背景、基本概况及典型特征。鉴于研究的需要,本研究中的课程主要是指学科和教材以及教学或学习计划。

(二)课程变革

《国际百科全书·课程》中指出,"课程指的是有关教育学生的经验,其内涵包括教育哲学、价值观念、目标、组织结构、材料、教学艺术、学生实践、评估以及学习成果等,与此相应,这些方面发生的任何课程变化,都可称之为课程变革"。本文中的课程变革是在总体意义上使用变革这一概念,它包含了课程变革、革新、改革和变化,凡是课程系统发生的一切变化都是课程变革。

综上所述,本研究拟对 1912—1948 年,在中央政权(即北京国民政府和南京国民政府)统治下的,符合其所颁布的法律法令规定的能称之

---

① 章小谦,杜成宪. 中国课程概念从传统到近代的演变[J]. 华东师范大学学报(教育科学版),2005(4):65-74.
② 姜国钧. "课程"与"教学"词源小考[J]. 华东师范大学学报(教育科学版),2006(4):68-71.
③《国际教育百科全书》编辑委员会. 国际教育百科全书:二卷[M]. 贵阳:贵州教育出版社,1990.

为大学的具体标准的学校中,旨在促进和帮助学生接受一种区别于专门教育的、有关共同内容的教育,而开设的学科课程以及制定和实施的教学或学习计划进行研究。事实上,我们不可能对每一科目课程都细加探究,而只能是采取宏观与微观研究相结合、系统分析和重点研究相结合的原则。

第二节 大学通识教育课程的源流探析

通识教育是东西方文化演化的产物,在东西方教育史中都能寻觅到通识教育的踪迹,只是其教育术语、表现形态和演化路径不同而已[①]。在西方,通识教育之源头可以追溯至古希腊的自由教育;在中国,则可追溯至先秦儒家及诸子的教育理念与实践。通识教育反映了人类文明传承的普遍要求,"反观全世界任何延续至今的正常的古代文明,也一定是以通识教育为先的。因为任何文明需要自我赓续,一定要让已有的文明成果被广泛接受,否则它们就无法进行大体不走样的自我复制,其教育目的就会谬以千里,其文明就会日趋式微,也就很难被后人所知了"[②]。通识教育目标的达成最终要通过其载体——课程来落实,无论是西方古典的"七艺"等文雅学科课程,还是我国古代的"六艺"等儒家经典,莫不承载着人类文明传承的使命。研究大学通识教育课程,首先应该弄清楚通识教育课程"从何而来",只有厘清其"来龙",才能预测其"去脉",因此,有必要对通识教育课程的发展沿革进行探讨,以理清通识教育课程的源流。

一、西方大学通识教育课程的演变

一般认为,通识教育源于古代西方的自由教育(liberal education)。

[①] 张亚群. 中国近代大学通识教育与创新人才培养[M]. 福州:福建教育出版社,2015:8.
[②] 刘东. 全球化时代通识教育的困境[N]. 文汇报,2010-07-31(7).

据考证，自由教育的最早倡导者是古希腊的哲学家亚里士多德（Aristotle）。"自由教育是通识教育最频繁的同义词"①，它是"西方教育史上的教育观点或教育思想，即以一般文化修养课程为主要内容来促进人的智慧、道德和身体等多方面发展"②。"自由教育作为一种含有等级观念的教育思想好像是过时了，但实际上它的精神并没有死亡，现在它以一个中性词汇通识教育而流行。"③

自作为通识教育源头的自由教育产生之初，其核心理念便贯穿课程设置，通识教育的理想正是通过蕴含着通识教育意蕴的课程得以达成。考察通识教育课程的演变，势必也要追溯至通识教育的源头、自由教育的诞生时代——古希腊时期。

（一）古希腊时期的通识教育课程

古希腊的高等教育源于智者们对其门徒所进行的耳提面命式的传道与授业。之后相继出现了有组织的学术共同体——学派，以及专门从事学术探讨与研究的学术机构——学园。可以说，"学派和学园是古希腊时期从事高深学问探究的主要机构，也是进行高等教育教学活动的核心场所"④。

1. 毕达哥拉斯学派的课程实践

一般认为，希腊哲学史始于泰勒士（Tales）的学说，而最早进行哲学研究和教学活动的组织则是公元前6世纪（公元前520年前后）由毕达哥拉斯（Pythagoras）在希腊殖民地——意大利南部的克劳顿（Croton）创办的毕达哥拉斯学派。⑤毕达哥拉斯学派组织严密，并制定有各种清规戒律，具有神秘的宗教色彩。

在课程上，毕达哥拉斯强调数学教育的重要性，他认为万物的本质

---

① ARTHUR LEVINE. Handbook on undergraduate curriculum[M]. San Francisco: Jossy-bass Publishers, 1978: 2.
② 顾明远. 教育大辞典[Z]. 上海：上海教育出版社，1998：2151.
③ GARY E M. The meaning of general education: the emergence of a curriculum paradigm[M]. New York: Teachers College Press（Columbia University），1988: 182-183.
④ 黄福涛. 外国高等教育史[M]. 上海：上海教育出版社，2003：8.
⑤ 黄福涛. 外国高等教育史[M]. 上海：上海教育出版社，2003：10.

是数字,宇宙本身就是内在的数学的结构。"在西方教育史上,毕达哥拉斯首次谈到了算术、几何、天文和音乐之间的关系,后来这四门学科在希腊成为学习哲学和修辞学的基础学科,在欧洲中世纪大学构成学习神学、法学和医学等专业教育的预备科目。"① 毕达哥拉斯认为,数学"能够使我们清晰地拿捏有关星辰的速度、运动、上升和下降的知识,以及几何、天文,当然还有音乐方面的知识,因为这些学问都是相互关联的。"② "音调由数学原理决定,音律本身即数与数之间的关系,数的恰当比例形成和谐,音乐本身即体现这种和谐。"③ 可见,毕达哥拉斯学派的课程除了数学,应该还包括几何、天文和音乐等。

毕达哥拉斯学派远不是今天意义上的"大学"机构,但它毕竟开创了西方哲学家个人有组织、有系统进行哲学和科学教育的先河。其"严密的组织系统、相对固定的教育研究场所、较为系统的教学内容,特别是强调数学和音乐教育的作用等,对柏拉图的'学园'(Academy)、亚里士多德的'吕克昂'(Lyceum)以及其他哲学和修辞学学校的办学模式影响很大"④。

2. 智者阶层的课程实践

公元前5世纪后半叶是智者最活跃的时期。从某种意义上说,智者(Sophists)实际上相当于今天的教师阶层。不同的是,当时绝大多数"智者并不是在固定的教育设施中传道授业,这是智者区别于毕达哥拉斯等古代哲学团体或学派的一个较明显的特征"⑤。智者们没有特定的教育对象,他们经常从一个城邦流动到另一个城邦,他们收取授课费,向人们传授成为雄辩家或政治家所需要的知识。

智者的教育目标主要是培养政治家或雄辩家。按照普罗泰哥拉的说法,他希望自己培养的学生是既能恰当地料理自己的家庭事务,又能最

---
① 黄福涛. 外国高等教育史[M]. 上海:上海教育出版社,2003:11.
② OLAF PEDERSEN. The first universities[M]. Cambridge University Press,1997:8.
③ 顾明远. 教育大辞典[Z]. 上海:上海教育出版社,1998:88.
④ H I MARROU. A history of education in antiquity[M]. Sheed and Ward Ltd,1956:47.
⑤ 黄福涛. 外国高等教育史[M]. 上海:上海教育出版社,2003:13.

有效地管理城邦事务的称职公民。其教育目的主要是传授一种"政治的艺术"。[①]智者传授的课程主要包括辩证法、修辞和文法等。

智者阶层的兴起以及他们的教育活动在世界教育史上有着重要的意义。智者开创的面向大众的"开放式"教育，打破了贵族对教育的垄断。其课程与教学实践奠定了西方文法、辩证法和修辞学三门学科的基础。

3. 古希腊三哲"苏柏亚"的课程实践

如果说毕达哥拉斯学派是古希腊学术共同体的早期形式，那么，随后苏格拉底及其弟子们则将这种学术共同体组织又向前推进，特别是"学园"这一组织结构的出现，将学术的代际传承关系凸显出来，使其更具高等教育机构的特性与内涵。[②]

苏格拉底一生的主要事业是探讨伦理哲学和从事公众教育，关注对人类自身和人类社会问题的普遍性原理研究。他提出"知识即美德"，将知识与美德联系在一起，这大大提升了教育的作用。他创造了著名的"产婆术"，通过问答式对话，启发引导学生自己得出对知识与真理的认识，培养了大批弟子。

苏格拉底对于教育，"尤其是古典自由教育精神形成的最大贡献在于，他将人在教育中得到的提升与社会的良性运行归并为同一条途径，主张在教育中去实现人的德性（virtue），而德性的获得又是实现城邦公共利益的根本前提"[③]。古代希腊把哲学教育视为最高层级的教育，"苏格拉底则为人的哲学上升之路赋以道德属性，全力关注政治社会背景下的人类何以达至正义与良善，以对政治事务之本性的知识来代替政治事务之本性的意见，欲图建立起一种善好或公正的标准，使人们对政治事务做出判断"[④]。

在苏格拉底看来，自由教育并不单纯作用于个人的职业技能或闲暇

---

① H I MARROU. A History of education in antiquity[M]. Sheed and Ward Ltd，1956：50.
② 刘海峰，史静寰. 高等教育史[M]. 北京：高等教育出版社，2010：249.
③ 吴妍. 西方自由教育的流变与分化——政治哲学视阈下的自由教育研究[D]. 重庆：西南大学，2009：29.
④ 吴妍. 西方自由教育的流变与分化——政治哲学视阈下的自由教育研究[D]. 重庆：西南大学，2009：29.

享受，也非仅仅停留在能否解除个人心灵的自由束缚。自由教育最终的着力点还在于政治社会，它是使民主政治社会良性运行的教育之路。判定自由教育的天平并不在于教育形式本身，科目设置的类别差异也不能成为衡量自由教育的依据。自由教育的核心灵魂在于价值观念的传递，任何教育形式都只是自由教育的载体。苏格拉底开创的古典自由教育先河注重的是人与政治社会的整体统一，而非现代社会教育的知识分裂流变；在教育中更强调道德与知识融合而成的教养，鄙夷以实用和职业为终极目的的教学。①

苏格拉底死后，他的学生继承其事业，其中最出名的是柏拉图。柏拉图于公元前360年前后在雅典城外的一个花园内创办阿加德米学园。他在学园内从事教学活动四十余年，使学园成为当时雅典最著名的探究与传播高深学问的机构。

在课程方面，"阿加德米学园要求所有入学者都受过相当程度的专门教育，如体育、音乐、数学等"②。在教育目标上，按照其《理想国》中的理念，学园要培养有智慧、有美德、有治国能力的哲学王（统治者）和优秀公民。在教育内容上，他进一步完善数学、天文、音乐等较为抽象的知识，把这些知识条理化、次序化。他认为理想的课程体系应该是"首先学习体育和音乐的初等知识，然后学习包括算术、几何、天文、音乐理论在内的数理学科，最高的知识是辩证法，它可以使人将所有知识联系起来，在认识事物相互关系的基础上，形成总认识"③。

不难看出，柏拉图的课程体系已经初步呈现出预备性的基础教育和高深的专门教育两级构造。柏拉图不仅在理念上为西方高等教育的发展设计了系统的办学模式，而且在教学实践中归纳并进一步完善了构成欧洲中世纪大学"七艺"中的"四艺"内容。

亚里士多德是柏拉图的学生，他与其老师（柏拉图）以及柏拉图的老师（苏格拉底）被称为"希腊三哲"。亚里士多德于公元前335年开办

---

① 吴妍. 西方自由教育的流变与分化——政治哲学视阈下的自由教育研究[D]. 重庆：西南大学，2009：31.
② 刘海峰，史静寰. 高等教育史[M]. 北京：高等教育出版社，2010：250.
③ 刘海峰，史静寰. 高等教育史[M]. 北京：高等教育出版社，2010：250.

了"吕克昂学园"。"吕克昂学园"所在地原是游乐场,既有神庙,又有大片绿地、喷泉、柱廊和林荫道,亚里士多德经常与学生们在林荫道上边散步边探讨学问。因此,他的学派也被后人称为"逍遥派"。"吕克昂"是一所典型的希腊—雅典式私立高等学校,学校有严格规章,以保证学员生活节制,能够专心于学问的探讨和心灵与精神上的欢愉。

亚里士多德认为,人的生活可以分为两类:一类是高尚的,一类是粗鄙的。粗鄙的生活是以谋生为目的的"劳作"生活;高尚的生活则是以沉思(contemplation)为最高理想的闲暇生活。他认为,"人的最值得选取的生活是在免于为生计劳碌的闲暇中自由地进行纯理论的沉思,沉思事物的本质及其发展的起因和终极目的"①。"沉思的生活"之所以最高尚、最值得追求,是因为"它有着本己的快乐,它有着人可能有的自足、闲暇和孜孜不倦,还有一些其他的与至福有关的属性,也显然与这种活动相关。如若一个人能终身都这样生活,这就是人所能得到的完满幸福"②。

按照亚里士多德的解释,"合于本己"是合于自身的目的,合于本己的目的是只为其自身而永不为他物的目的;这种只由自身而被选取永不为他物的目的是最后的、最完满的、最高尚的目的。沉思生活是一种合于本己的生活,是一种"只为其自身而不为他物的目的"而被选择的生活,因而也是合于自身的最高贵的事情。而"劳作"的生活却需要人为了谋生的目的而学习种种实用的技艺,背离人的理性而从事实用的、谋利的活动,所以它是"鄙俗"的。"闲暇"的生活是适合于自由人的生活,而"劳作"的生活则是奴隶的生活。

相应的,亚里士多德把教育也分为两类:一类是"自由人"的教育(即通常所说的自由教育——liberal education),一类是"非自由人"的(或"偏狭的"——illiberal)教育。"自由人"的教育,就其目的而言,它是以人的理性的自由发展和德性的完善为最高目标的教育。"应当有一种教育,依此教育公民的子女,既不立足于实用,也不立足于必需,而

---

① 苗力田. 亚里士多德全集: 卷8[M]. 北京: 中国人民大学出版社, 1992: 228.
② 苗力田. 亚里士多德全集: 卷8[M]. 北京: 中国人民大学出版社, 1992: 228.

是为了自由而高尚的情操。"①就其内容而言,它以"自由学科"为主要教育内容。"显然应该有一些着眼于闲暇的教育课程,这些教育和学习只为了自身范围的事物。"②所谓"为了自身范围的事物",按亚里士多德的意思指那些能够使"自由人的身体和思想适合于德性运用的有关事务和知识",即"自由学科",主要包括读、写、音乐、绘画、哲学等。

概而言之,亚里士多德认为自由教育是"以发展理性,促使人的智慧、道德和身体和谐发展,为个体积极享用'闲暇'、从事'沉思'做准备的教育,他排斥任何为从事某种职业做准备或为其他的实用目的"③。自由教育以"自由学科"为主要内容,各行各业的实际操作是奴隶们的事务,有损于人的理性的发展,是"自由人"所不应该从事的。

综上所述,古希腊时期的高等教育课程,以发展人的理性为目标,注重对纯粹知识和自由人格的追求,比较反对为从事某种职业而做准备的实用性知识的传授。其课程主要包括辩证法、修辞、文法、算术、几何、天文、音乐、体操、舞蹈、伦理等。

(二) 古罗马时期的通识教育课程

早在公元前8世纪左右,古罗马就已出现集家庭、学校与社会为一体的教育体系。从公元前3世纪开始,罗马帝国在东征西伐,特别是在征服雅典之后,传统的教育体系逐渐消失,古希腊兴盛于雅典的哲学,尤其是修辞学教育被介绍和传播到罗马,并逐渐为罗马人所接受。但"罗马人对待希腊的文化教育并非全盘接受,而是根据需要有选择地吸收,并在继承和发展古希腊教育的基础上,创造了具有本民族特色的古罗马高等教育"④。古罗马时期的部分课程内容甚至在一定程度上为中世纪欧洲大学所吸收,成为大学文学、医学和法学课程的重要组成部分。

古罗马人具有一种"务实"的精神。他们并不安于个人的精神追求与心智愉悦,而更关注如何有效实现为个体所认同的群体或国家的外在

---

① 苗力田.亚里士多德全集:卷9[M].北京:中国人民大学出版社,1994:275.
② 苗力田.亚里士多德全集:卷9[M].北京:中国人民大学出版社,1994:274.
③ 李振玉,关永红.重塑大学理念——自由教育的复归与超越[J].内蒙古民族大学学报(社会科学版),2003(6):80-104.
④ 黄福涛.外国高等教育史[M].上海:上海教育出版社,2003:33.

具体目标。① "如果说希腊人将现实人所关注的最本质、最有价值问题给予抽象性诠释和超越现实的定义，并使其成为西方文化的精髓，那么罗马人则扎扎实实地从事实践性工作，通过设计方法、建立制度或构建机制使其得以在现实世界实现。"②

在希腊教育文化的影响下，"早期的罗马高等教育机构几乎完全是由希腊化时期的修辞学校直接移植"③。公元前3世纪至公元1世纪左右，希腊的"文法学校"和"修辞学校"开始大量在罗马建立。"这些学校的教师起初完全由希腊人主持，教学语言使用希腊语，课程内容几乎完全照搬希腊原有教学内容，因此被称为希腊文法学校。"④公元1世纪之后，使用拉丁语进行教学的拉丁文法学校和修辞学校相继出现，但"直到公元3世纪末，罗马几乎所有文法和修辞学校中的教学内容都深受希腊影响，特别是希腊古典以及希腊化时期修辞学学校中开设的修辞、辩证法、数学、天文、几何、历史、伦理和音乐理论等内容，几乎完全为罗马人所接受"⑤。

与古希腊不同的地方是，罗马文法学校和修辞学校开设的"七艺"课程，一般带有浓厚的实用色彩，是为从事职业工作做准备的。例如，"算术用来训练人们在商业和贸易中精于计算；几何用于丈量土地和规划建筑设施；天文用于制订日历；音乐用于培养学生的节奏感，以便在讲演时更好地掌捏语调"⑥。"希腊传统的学习科目——体操和舞蹈……也是以军事训练为目的，与希腊通过体操培养优雅的举止和高尚的风度截然不同"⑦。

此外，罗马人还系统归纳了希腊培养哲学家和雄辩家的科目，首次提出并开设了培养雄辩家的预备性"自由艺术科目"（liberal arts），为中世纪大学文学部的课程设置奠定了基础。⑧罗马时代的学者瓦罗在《自

---

① 刘海峰，史静寰. 高等教育史[M]. 北京：高等教育出版社，2010：254.
② 刘海峰，史静寰. 高等教育史[M]. 北京：高等教育出版社，2010：254.
③ 黄福涛. 外国高等教育史[M]. 上海：上海教育出版社，2003：37.
④ 黄福涛. 外国高等教育史[M]. 上海：上海教育出版社，2003：38.
⑤ 黄福涛. 外国高等教育史[M]. 上海：上海教育出版社，2003：38.
⑥ 黄福涛. 外国高等教育史[M]. 上海：上海教育出版社，2003：41.
⑦ 黄福涛. 外国高等教育史[M]. 上海：上海教育出版社，2003：42.
⑧ 黄福涛. 外国高等教育史[M]. 上海：上海教育出版社，2003：44.

由学科 IX》(*Disciplinarum Libri IX*)一书中,首次提出"自由科目"概念。瓦罗将自由艺术课程划分为三类,其中,"第一类是希腊和罗马时期培养雄辩家教育的基础课程——文法、修辞、辩证法;第二类内容源于毕达哥拉斯学派的教学,后为柏拉图所接受,成为'学园'中哲学学习的预备性课程——几何、算术、天文、音乐;第三类课程带有明显的实用性:医学、建筑学。"[①]注重实用的罗马人甚至将医学和建筑学也纳入"自由学科",作为学习更高层次学问的基础和预备课程。

综上所述,古罗马时期的高等教育,除了延续了古希腊时期的"自由教育"的传统外,在大学课程方面注入了"实用"的因素,重视利用课程来培养某些职业的从业者,如法学、医学等。

(三)中世纪的大学通识教育课程

"中世纪"(the Middle Age)是指"公元 476 年西罗马帝国灭亡到 14 世纪意大利文艺复兴这一段历史时期"。[②]中世纪一直被认为是"黑暗时代"(Dark Ages),但中世纪大学是其中耀眼的一颗"明星"。

中世纪大学最突出的地方就在于把知识生活制度化。中世纪大学的课程早先较为简单,但在大学兴起的过程中,很快就建立起了一个初成系统的课程体系。中世纪大学的课程体系有点像现在的大学,分为基础课和专业课。当时,文学院教授基础课程,神学院、法学院、医学院是专业学院,是教专业课的高级学院。

文学院的课程教学因为欧洲南北传统的不同而有不同的侧重。欧洲中世纪虽都继承了古希腊、罗马的"七艺"教育,但北方更重视七艺中的辩证法。12 世纪以后,随着对古典文化的"重新发现",北方大学充分发展了辩证法和逻辑学。而南方则更重视修辞和文法,并且将之与职业,特别是法律人员和行政人员的基本技能联系起来。[③]

中世纪大学的高级学院(专业学院)普遍为神学院、法学院、医学院,其课程内容在欧洲南北也各有侧重。南部的大学把法学放到了最重

---

① 黄福涛. 外国高等教育史[M]. 上海:上海教育出版社,2003:44-45.
② 刘海峰,史静寰. 高等教育史[M]. 北京:高等教育出版社,2010:257.
③ 刘海峰,史静寰. 高等教育史[M]. 北京:高等教育出版社,2010:289.

要的位置。大学中,与罗马法有关的课程非常之多。另外,医学在意大利也有传统,因此医学课程也很多。而北欧则不同,教会的势力强大,而且大学很多都是教会办的,教师和学生很大一部分是教士,神学的地位自然就高。因此,与神学有关的课程就多,《圣经》当然最基本的,还有奥古斯丁、经院哲学家的著作。[①]

中世纪大学的课程内容带有通识性的特点,但在根本上是为专业教育或职业教育服务的。中世纪大学的通识性主要体现在大学的文学院一般教授文法、修辞、逻辑等课程,属于基础性和普通性的课程。像巴黎大学文学院的课程并不是独立的学习阶段,学完后授予的学士学位也不是正式的学位,而是进入下一个阶段学习和获得硕士学位的入门资格。[②]其专业性表现在神学、法学、医学都是专业知识,是为从事专门职业做准备的,学生毕业后大多从事相应的职业,成为牧师、法律人员、医生、教师等。由此可见,中世纪大学比较重视专业教育,但较好地实现了通识教育与专业教育(职业教育)的统一。

(四)文艺复兴与宗教改革时期的大学通识教育课程

文艺复兴与宗教改革运动是欧洲走出中世纪,走向近现代的重要奠基阶段。文艺复兴(Renaissance)的意思是复苏、再生或复活。文艺复兴时代是西方由古代向近代的转折和过渡期,它既带有前近代的旧面貌,也孕育了近代的新特征。这一时期的高等教育代表了过渡时期的典型特性。

文艺复兴的根本特征是人文主义。人文主义(Humanism)的拉丁文是 humanus,意思是"人的",所以人文主义的核心是强调人的价值。人文主义者崇尚古希腊、罗马,把古典修辞、文法、文学、诗歌、哲学等奉为经典,反对经院哲学。人文主义在本质上是对人的尊重、对人性的赞美,主张个性解放,反对禁欲主义的宗教观,主张人权,反对神权,反对教条和权威。需要指出的是,人文主义并不是反宗教的,人文主义反对的是中世纪的教会、经院哲学,反对的是神对人的束缚。

---

① 刘海峰,史静寰. 高等教育史[M]. 北京:高等教育出版社,2010:289.
② 刘海峰,史静寰. 高等教育史[M]. 北京:高等教育出版社,2010:297.

人文主义者对基督教教育和经院哲学予以批判，提出了全面发展的自由教育理想。第一个表达文艺复兴教育思想的弗吉里奥（Pietro Paolo Vergerio）就认为要实行通才教育（all-around education），维多里诺（Vittorino do Feltre）也认为应实行自由教育（liberal education）。[①]人文主义的自由教育就是把人放在第一位，弗吉里奥认为"所学科目应适应学生的个人爱好和年龄，维多里诺提倡身心和谐发展，在游戏和练习中把严格的身体训练与文化训练结合起来"[②]。人文主义教育提倡教育应培养"人性"，应摆脱具体的功利目的。

在人文主义者看来，实行自由教育的方法则是学习自由学科或人文学科。在中世纪大学和教育中，形而上学、神学、法学、医学以及宗教教师、法学教师、医学教师占据教育的阵地，而文学和"人文主义"的学科则处于文化教育的边缘地位。在大学中，文学院的地位是低于神学、法学、医学的。但在文艺复兴时期，人文学科被提到前所未有的地位。"在15世纪，人文学科获得了比较精确和专门的意义，这一词出现在大学和学院的文件以及图书馆的分类表中。人文学科规定包括五个科目：语法、修辞、诗歌、历史和道德哲学。换言之，用文艺复兴的话来说，人文主义者是某些学科的职业代表，我们主要应该根据人文主义者的职业理想、思想兴趣和文学作品来理解文艺复兴时期的人文主义。"[③]这就是说，人文学科是语法、修辞、诗歌、历史和道德哲学这五个科目，哈伊的解释也证明了这点。"'人文主义学科'由确定的科目组成，包括语法、修辞、历史、诗歌和伦理哲学，并且任何学习这些科目的人都要阅读和翻译重要的拉丁文著作和少量的希腊文著作。这是在整个16世纪和以后的时期里对'人文主义学科'的总的理解。"[④]

人文主义者的自由教育观改变了中世纪教育的职业性和功利性的倾向，使大学带有更多的自由（通识）教育的色彩，在课程上它使人文学

[①] 黄福涛. 外国高等教育史[M]. 上海：上海教育出版社，2003：305.
[②] 黄福涛. 外国高等教育史[M]. 上海：上海教育出版社，2003：306.
[③] 保罗·奥斯卡·克利斯特勒. 意大利文艺复兴时期八个哲学家[M]. 姚鹏, 陶建平, 译. 上海：上海译文出版社，1987：183.
[④] 丹尼斯·哈伊. 意大利文艺复兴的历史背景[M]. 李玉成, 译. 北京：生活·读书·新知三联书店，1988：137.

科逐渐进入大学。人文主义的传播和热情给大学以很大的压力，大学逐渐受到人文主义的影响，特别在文学院，希腊文、希伯来文、修辞、诗歌、历史、哲学等慢慢地渗透进来，在培养目标上也以全面发展的通才为宗旨。这一切对此后高等教育的自由教育传统产生了重大影响。

宗教改革运动被恩格斯称为"第一号资产阶级革命"。它强烈冲击了欧洲封建社会的根基，终结了罗马教廷至高无上的统治权威，在教育领域也引发了一系列改革。

宗教改革的倡导者的基本思想是"因信称义"的神学理论。他们坚信一个人的灵魂能否得救，不取决于是否斋戒、朝圣、施舍和购买赎罪券等善功圣事，不取决于教会，而主要靠个人的虔诚信仰；不需要通过教会和教士，每个人通过自行阅读和理解《圣经》就可直接与上帝沟通。

"因信称义"的思想中实际上包含思想自由和独立判断的精神。"宗教的宽容态度实际上就把理性精神贯入人的思想和教育，这是近代高等教育发展的理智基础。"[①]同时，它也打破了教会对教育和人的精神世界的垄断。宗教改革运动对高等教育的影响十分明显。宗教改革起源于大学，宗教改革的领袖人物多出身大学，或在大学任教，这与文艺复兴存在着明显的差异。但宗教改革是文艺复兴不断发展的结果，宗教改革的领袖都曾接受深厚的人文学科的熏陶，具有鲜明的宗教人文主义思想。

宗教改革关于信仰和教育的理论与实践使得教育普及化、世俗化、民族化和政治化。受此影响，大学的功能较之中世纪也发生了不小的变化。总的来看，这一时期的大学主要有五种社会功能："一是提供作为人生中一个阶段的教育，该功能对文学院较大的大学常常最为重要。二是提供通识教育。三是为某一专门职业培养人才，或促进科学知识的发展，这一功能导致专门学科的产生。四是塑造精英——社会化的功能。五是监护功能，生活方式的规训，特别在学院（collegiate）制大学。"[②]

综上所述，与中世纪大学重视对神学、医学、法学等职业课程，注重培养这些方面的从业者相比，这一时期的大学课程的实用色彩较淡，注重对人和人文精神的阐扬，大学尤其注重对学生进行通识教育。

---

① 黄福涛. 外国高等教育史[M]. 上海：上海教育出版社，2003：318.
② 黄福涛. 外国高等教育史[M]. 上海：上海教育出版社，2003：327.

（五）近代大学的通识教育课程

世界近代化的进程是自欧洲开始的。在科学技术和社会政治制度等因素的影响下，从1789年开始，欧洲高等教育也逐步进入近代化阶段。本小节内容主要通过考察法国、英国和德国三个国家近代高等教育的形成与发展，分析和总结近代高等教育的形成过程中通识教育课程的特征。

1. 近代法国大学的课程实践

1789年，法国爆发资产阶级革命，欧洲历史由此进入新的发展阶段。在法国资产阶级革命的影响下，19世纪上半叶，大部分欧洲大陆国家相继建立资本主义政权。近代资产阶级政权的建立适应并推动了工业革命的发展，同时也为世俗政权取代教会势力扫除了障碍，由此也导致传统的教育思想和理念受到冲击。欧洲各国的高等教育也借此机会，通过各种途径逐步走向近代化。

法国近代历史的特点是剧烈的动荡、激烈的冲突和高度集中的中央集权。这些都强烈地影响到法国近代高等教育的发展。法国近代高等教育思想形成于18世纪的启蒙运动时期。启蒙运动把"一切现象都归于自然或理性，并以此去评判一切现存事物，反对既定的秩序，反对任何权威……认为人人都具有天赋的自然权力，人人生而自由和平等，都具有追求生存和幸福的本性和权力，以人权对抗并否定王权、神权和特权，崇尚知识，提倡科学，反对蒙昧主义"[1]。法国高等教育思想也充分体现了启蒙运动的一贯精神。法国近代高等教育的形成可以划分为两大阶段：1789—1860年为近代高等教育机构的出现期，1860—1914年可以视为近代高等教育制度的最终形成期。[2]

1793年，资产阶级国民议会通过《关于公共教育组织法》。根据法案，当时政府关闭了22所大学，但在法国各地创建了一系列专门学院。专门学院是按照"传授一门科学（une science）、一门技术（une art）或一门专业（une profession）的方针设置的高等教育机构"[3]。如：军事、

---

[1] 张焱. 现代大学教师学术人角色的异化与重构[J]. 江苏高教，2012（3）：88-90.
[2] 黄福涛. 外国高等教育史[M]. 上海：上海教育出版社，2003：125.
[3] Louis Liard. L'Enseignement superieur on France 1789-1889[M]. Tome Premier. Paris. Armand Colin et Cie，Editeurs：419.

机械、农业、医学等院校，它们主要围绕相关学科或专业传授一些实用性的职业类课程。这些专门学院"由政府不同部门管辖，通过一系列严格的课程与教学计划，培养各种专门人才"①。

除此以外，新兴资产阶级政权还于1794年创立了综合理工学院。综合理工学院的前身是工兵学院和土木学院，这两所学院成立于法国资产阶级大革命之前，主要传授有关军事技术和民用桥梁、公路建设等方面的知识。1795年改为"综合理工学院"，"直接隶属于资产阶级政府管辖，开设系统的科学与技术课程，培养近代科学人材"②。综合理工学院学制三年，课程主要由数学和物理学两大类组成，在此之下再分别设置不同的科目。综合理工学院"首次在课程中引进近代科学内容，并将科学理论作为学习实用技术知识的基础和实践前提，强调理论学习与教学实践相结合"③。

拿破仑摄政后，通过颁布一系列法令，将大革命时期建立的各种教育机构进行改造，建立"帝国大学"制。帝国大学"不仅仅指某一特殊层次的教育机构，而是全帝国内所有公共教育机构的总称"④。按照《帝国大学组织法令》规定，国家设立的学部属于高等教育机构。学部包括传统大学中的神学、法学、医学部以及新增设的理学和文学部五大类。传统大学中的文学部则改成属于中等教育层次的国立中学。上述五大学部间"并无任何横向的学术、人事和财政等联系，也不隶属于某一综合性高等教育机构之下，各个学部实质上相当于不同的独立学院或单科大学"⑤。当时，法国全国共设有神学部12所，法学部由既存的12所法律学校改造而成，医学部则由大革命之前及其后建立的5所医学专门学校和学院升格而成。⑥理学部和文学部大多附属于各个学区所在地的国立中学，教授多由其他高等教育或研究机构的人员兼任。理学部主要开设纯数学、物理、天文学、机械学、化学、矿物学、生物学、植物学以

---

① 黄福涛. 外国高等教育史[M]. 上海：上海教育出版社，2003：126.
② 刘筱彤. 大学生参与学校管理的范围论析[J]. 学校党建与思想教育，2014：63-65.
③ 黄福涛. 外国高等教育史[M]. 上海：上海教育出版社，2003：127.
④ 刘筱彤. 大学生参与学校管理的范围论析[J]. 学校党建与思想教育，2014：63-65.
⑤ 庞青山. 法国高等教育特色制度的演进[J]. 比较教育研究，2011（3）：37-41.
⑥ 黄福涛. 外国高等教育史[M]. 上海：上海教育出版社，2003：130.

及动物学等课程;文学部则教授有关古代哲学史、近代哲学史、哲学、法国文学史和法国诗歌、法国雄辩术、古代历史、近代历史、希腊地理和文学等课程。神学、法学和医学各学部主要传授所谓的"高深学问",培养不同学科的专家。

1860年之后,随着法国工业的发展,高等教育也不得不去迎合工业化的需求,并开始大量开设工科课程,注意教育为地方工商业发展服务。这一时期还出现了私人或由工商业者自己创办和管理的高等教育机构。

从以上分析可以看出,法国近代高等教育的基本特征较为独特。从纵向来看,各种高等教育机构分别由相应的政府部门或其他行政机构实行自上而下的直接管理;从横向来看,各类教学机构与研究机构相互独立、各司其职,几乎不存在行政或学术上的交往。

2. 近代英国大学的课程实践

近代英国由于传统大学势力强大,加上国家对大学教育采取不干涉的政策,因此,英国的高等教育与欧洲其他国家相比,其近代化的步伐比较缓慢。以1870年为界,英国近代高等教育的形成可以划分为两大阶段,前一阶段主要表现为牛津和剑桥等传统大学改革以及伦敦大学的创立,1870年之后的第二阶段表现为新型高等教育机构的出现以及近代高等教育制度的建立。[1]

16世纪后,以牛津、剑桥为代表的传统大学的教育价值观开始发生转变,大学培养神、法、医等高级专门人才的职能逐渐淡化,代之以培养绅士阶层的职能。培养绅士阶层的自由教育课程逐步进入大学。17世纪以后,尽管传统大学中也设置部分有关科学教育的内容,但这些近代自然科学课程并不受重视,特别是新兴的技术或实用学科几乎无立足之地,而且难以成为教授讲座课程,只能由讲师或助教们负责传授。

1826年,伦敦大学创立,传统大学垄断英国高等教育的历史被打破,由此揭开英国高等教育近代化的序幕。伦敦大学不仅取消了传统大学中的神学部,代之以理学部和工学部,而且在各学部引入大量近代新型课程。据资料记载,"到20世纪初期,伦敦大学文学部除了保留部分传统

---

[1] 黄福涛. 外国高等教育史[M]. 上海:上海教育出版社,2003:142.

的拉丁语、希腊语和希伯来语课程外,还开设了大批欧洲各国近代语言课程,如英语、法语、德语、意大利语和斯堪的纳维亚语等;另外,历史、比较文学、经济地理、心理学、政治经济学、美术和建筑等也成为教学内容"①。"在法学、医学、理学和工学等专业学部中,伦敦大学更是直接引入科学和技术课程;在法学和医学部中,教会法不复存在,代之以适应工商业发展需要的国际法、商法与国别法等;医学部不再以古希腊和古罗马的经典著作作为授课的理论基础,化学、病理、解剖、卫生学等近代科学内容进入课程。"②新型的理学和工学部中更是开设了大量科学技术方面的课程,反映了伦敦大学的课程实践面向社会需求、培养实用技术型人才的特征。

19世纪后半叶,欧洲资本主义进入垄断阶段。各国在军事、经济和文化等方面竞争日趋激烈,欧洲各国纷纷进行高等教育改革,而这一阶段高等教育改革的首要目标就是通过对高级专门人才的培养来为国家经济发展服务。这一时期,服务于地方工商业发展的城市学院或城市大学开始兴起,城市大学培养专门技术型人才,直接为所在城市工商业发展服务。"绝大多数城市学院或城市大学都没有取得与传统大学或伦敦大学同等的学位授予权,大多数学院或大学只能发放职业资格证书。"③可见,城市学院或大学并没有获得与牛津、剑桥等传统大学同等的学术地位。

为了提高自身的学术水平及在社会上的声望,尤其是取得与传统大学同样的学位授予权,各地城市大学也逐渐在课程中引进有关社会和人文方面的课程。到20世纪初,不少城市大学的课程中既有关于科学和技术方面的实用课程,也有类似于传统大学中的古典人文主义教育方面的课程。因此,从某种意义上而言,从19世纪中期开始,英国高等教育的发展表现出一种趋于追求共同的教育价值观的趋势,即"传统大学中逐渐增设部分有关科学和技术的课程,城市大学等其他形式的新型高等教育机构中又以牛津和剑桥大学作为发展的方向,在课程中引进人文主义

---

① 边瑞瑞.论高等学校课程的历史发展轨迹及其动因[D].兰州:兰州大学,2006.
② 黄福涛.外国高等教育史[M].上海:上海教育出版社,2003:144.
③ 马翠民.浅析传统因素对英国近代高等教育的影响[J].中国电力教育,2010(15):1-2.

教育的内容"①，人文主义和"自由教育"的倾向逐渐增强。

英国近代高等教育机构包括三个层次。第一层次，以牛津大学和剑桥大学为代表的传统大学。它们通过自由教育课程，着眼于发展受教育者的心智和能力，主要培养社会上层精英。这类院校掌握颁发学位的特权，享有很高的学术地位与社会声望，构成英国近代高等教育制度中的最高层次。第二层次，伦敦大学。建立于19世纪中期的伦敦大学一方面部分保留了传统大学的某些特色，例如大学教育仍然分自由教育与专业教育两个阶段进行，自由教育中大量开设语言、文学与历史等科目；另一方面，该大学又着眼于近代工商业的发展，引入自然科学的内容，特别是首次在英国大学机构中成立理学部和工学部，培养高层次的专业技术人才。第三层次，城市大学。与上述两类机构相比，城市大学属于非传统高等教育机构，这类机构基本上分布在工商业发达的地方城市，带有职业教育的性质，一般就近招收中层甚至下层贫民子弟，在课程设置上注重与地方工商业发展需求相结合，大量教授为传统大学所拒绝而又为工商业发展所必需的实用技术内容。

3. 近代德国大学的课程实践

19世纪后期，德国也开始逐步迈向近代工业社会。在德国工业化的进程中，德国政治、经济和文化教育也逐步发生变化。德国近代高等教育制度的形成也可划分为两大阶段："19世纪60年代之前主要是德国近代大学理念的确立与研究型大学的建立时期，1860年之后为技术型高等教育机构的出现与研究型大学的变化期"②。

德国大学或高等教育近代化的真正开端为1808年柏林大学的建立。柏林大学提出了追求超越基督教神学规定范围的纯粹知识的近代大学理念，柏林大学不仅改革了大学的课程结构和课程内容，而且将教学与科学研究有机结合在一起。

柏林大学的创立者洪堡把"追求最高形式的纯粹知识"作为新大学的最高目标。洪堡极其反对传统大学中神学、法学和医学教育的职业性

---

① 黄福涛. 外国高等教育史[M]. 上海：上海教育出版社，2003：148.
② 黄福涛. 外国高等教育史[M]. 上海：上海教育出版社，2003：158.

和功利性，对于这类课程，洪堡斥之为低级的"仅为养家糊口的学问"。洪堡提出了大学应保持"孤独和自由"。"大学的'孤独与自由'指大学及其大学学生、教师和研究人员等不仅应该与世俗社会，特别是功利主义教育价值观保持一定的距离，更重要的是，大学还必须摆脱国家和教会的制约以及来自工业社会的世俗压力与影响。"[①]洪堡强调大学必须将教学与科学研究相统一，并提出了大学"学习自由"和"教学自由"的两条基本办学方针。其中，"'学习自由'指学生有选择学习内容和在大学中独立生活的自由；'教学自由'则可以解释为大学教授具有在其学术领域内不受干涉、探索和传授真理的自由"[②]。

随着工业化高潮的到来，近代德国大学的教学理念和课程实践都发生了极大的变化。19世纪后半期，欧洲各国在经济上由自由竞争阶段过渡到垄断资本主义阶段，国家在社会经济中地位日益突出，对高等教育领域的控制和干预也不断加强。考虑到学生毕业后的就业需要，众多新型大学开始重视对学生进行职业性教育，"大学逐渐成为迎合国家各种专门考试的预备学校，丧失了初期的学习和研究的自由"[③]。

同时，为了满足德国工业化的发展需要，工科大学和一些专门学院迅速发展。19世纪70年代以后，各地多科技术学校相继升格为工科大学。工科大学在课程设置方面体现了多科技术学校的某些特征，"以往学校的课程分为两部分，一部分为传授基本人文和伦理知识的一般教育，另一部分为传授特殊知识（建筑、土木、机械、化学、冶金、采矿等）的特殊技术教育；工科大学将前一部分改为'普通系或基础文化系'，而将后一部分按照不同学科分别设为不同的系"[④]。值得注意的是，工科大学不仅开设技术课程，也开设自然科学方面的课程，并在大学设置各种类型的研究所，这和研究性大学颇为相似。

综上所述，受工业革命的影响，近代自然科学等实用技术性课程逐渐进入大学并占据大学课程半壁江山，大学课程日益成为培养各种专门人才的"工具"。其通识教育的本性逐渐淡化，功利性质日益增强。

---

① 黄福涛. 外国高等教育史[M]. 上海：上海教育出版社，2003：160.
② 龙美莉. 高等教育的自由理念的历史演进[J]. 当代教育论坛，2006（7）：103-105.
③ 沙苗苗. 柏林大学模式研究[D]. 武汉：华中师范大学，2008.
④ 李惠. 德国高等教育近代化的特征及影响[J]. 高教学刊，2016（4）：29-30.

（六）现代大学的通识教育课程

20世纪以来美国在不少方面引领了现代高等教育的发展。进入20世纪以后，美国不仅在经济政治上迅速发展成为世界上最强大国家，也建立起世界上最发达的现代高等教育系统。而事实上，整个20世纪，美国大学的通识教育运动或改革一直方兴未艾。其大学通识教育课程体系也被誉为现代通识教育课程的典范。本小节以美国大学课程为例，分析现代大学通识教育课程的一般特征。

1870—1910年，美国大学盛行自由选修。"自由选修制的开放性适应了美国多样化的移民背景和就业机会不断变化的情况"①，然而，由于对学生的选修没有任何限制，造成学生所学课程或缺乏体系，或过度集中于某一学科领域，更严重的是由于缺少共同必修科目的学习，学生难以形成共同的文化信仰和价值认同。1909年，艾略特的继任者劳伦斯·劳威尔（Lawrence Lowell）提出"集中与分配制"，修正了自由选修的弊端。"集中与分配制""要求学生在毕业最低限的16门课程中，必须有6门课程集中主修某一学科或领域，其他课程有4门必须在文学、自然科学、历史、数学四个分类中各选修1门，剩下的6门课程则允许学生自由选修"②。这一制度的优点在于既保障了学生对系统专业知识的学习，又通过对人文科学、社会科学、自然科学等课程的修习拓宽了学生的知识面，同时借助自由选修课程发展了学生的个人兴趣。这一时期，"集中与分配制"为众多大学所采用。

1943年，哈佛大学校长科南特（J. B. Conant）组织了一个专门委员会，意在探讨"通识教育在民主社会中的目的"。1945年，该委员会发表了题为《自由社会中的通识教育》的报告书，此即著名的《哈佛通识教育红皮书》。报告书指出："通识教育指学生整个教育中的一部分，该部分旨在培养学生成为一个负责任的人和公民。"③通识教育的目的在于

---

① 陈向明. 大学通识教育模式的探索——以北京大学元培计划为例[M]. 北京：教育科学出版社，2008：90.
② 王雅芳. 通识教育在哈佛大学的发展历程及启示[J]. 继续教育研究，2007（6）：115-116.
③ 哈佛委员会. 哈佛通识教育红皮书[M]. 李曼丽，译. 北京：北京大学出版社，2010：40.

"培养'整全的人'(the whole man),'整全的人'不是一个抽象的概念,而是指'好'人(good man)、'好'的公民(good citizen)和有用的人(useful man)"①。"'整全的人'应该具备四种能力:有效的思考能力、交流思想的能力、做出恰当判断的能力、辨别价值的能力。"②报告还指出,通识课程必须包括人文学科、社会科学、自然科学三大领域。在学生毕业所要求的16门科目中,主修仍为6门,通识课程为6门,自由选修课程为4门;"通识课程的6门中,至少1门属于人文学科,1门属于社会科学,1门属于自然科学;在人文学科和社会科学两个领域中,应当各有一种课程为所有学生所必修,这种课程应能够提供共同的核心,即那些构成了所有哈佛学生共同经验以及导入了西方文化传统研究和普遍关系思考的学问与思想。"③

1979年,哈佛文理学院院长罗索夫斯基(Henry Rosovsky)提出《核心课程报告书》。罗索夫斯基认为,通识教育的目的在于将学生培养成"有教养的人",一个"'有教养的人'应该符合五项标准:能清晰而有效地思考和写作;必须对自然、社会和人文有所批判地了解;必须了解塑造现在和形成未来的其他地区和历史上其他时期的文化和力量;能了解并思考道德和伦理问题;应在某一知识领域里有深入研究"④。他在报告书中把哈佛通识课程分成五大类:文学与艺术、科学与数学、历史研究、社会与哲学分析、外国语文和文化。报告书指出,哈佛毕业生必须受过广博的教育,核心课程的目的在于传授"引导学生成为有教养的人所必备的学识、智能和思辨方法"⑤。与"集中与分配制"相比,核心课程的优点在于打破了按学科开设课的方式,强调学科和课程的融合,哈佛

---

① 哈佛委员会.哈佛通识教育红皮书[M].李曼丽,译.北京:北京大学出版社,2010:58.
② 哈佛委员会.哈佛通识教育红皮书[M].李曼丽,译.北京:北京大学出版社,2010:50.
③ 哈佛委员会.哈佛通识教育红皮书[M].李曼丽,译.北京:北京大学出版社,2010:155.
④ 黄坤锦.美国大学的通识教育:美国心灵的攀登[M].北京:北京大学出版社,2006:254-255.
⑤ 黄坤锦.美国大学的通识教育:美国心灵的攀登[M].北京:北京大学出版社,2006:260.

核心课程也被认为是迄今为止最能体现通识教育思想的课程实践①。这种核心课程的模式很快便受到许多大学的参酌采用。

纵观西方大学通识教育课程的演变，不难发现，一部大学教育发展史，实质上就是一部通识教育与职业教育相互"斗争"的历史。古希腊罗马时期，大学课程通识教育意蕴浓厚，中世纪又慢慢出现了"实用主义"和"功利主义"的色彩，文艺复兴在某种程度上又使得大学课程重新回归到对人本身的关注上；然而，近代的科技革命，使得大学通识教育课程被自然科学等实用技术型课程所冲击甚至取代，专业教育逐步成为大学教育的主流趋势，但此后通识教育又有所加强。由此可见，西方大学课程的发展整体上呈现出一种"钟摆"现象，而通识教育和专业（职业）教育则位于钟摆的两侧。

二、我国大学通识教育课程的演变

金耀基认为："很早以来，东西方的传统文明国邦的'大学'教育，都具有今日一般理解的'通识教育'性质；东西方传统的'大学'教育是定性在'通识教育'上的，也就是说，大学教育即是通识教育"②。我国台湾学者林安梧认为："最早提倡通识教育的不是美国的哈佛大学，也非芝加哥大学，应是中国古代的大思想家——那日新又新、与时俱进的大教育家孔老夫子，仲尼先生。"③郭为藩指出："儒家的教育理念强调'士先器识而后文艺'，人文器识的涵养，正是今日通识教育的重要功能。"④黄俊杰认为："先秦儒家心目中的所谓'教育'，并不是一种以专业训练为导向的教育，而是一种现代人所说的'通识教育'。"⑤黄坤锦认为，中国古代的太学所教的科目四书五经，"其实也和西方'七艺'一

---

① 陈向明.大学通识教育模式的探索——以北京大学元培计划为例[M].北京：教育科学出版社，2008：93.
② 金耀基.大学之理念[M].北京：生活·读书·新知三联书店，2001：144-145.
③ 林安梧.孔子的六艺之教就是通识教育——世界最早的通识教育家[J].通识在线（台湾），2005：1.
④ 郭为藩.转变中的大学：传统、议题与前景[M].北京：北京大学出版社，2006：105.
⑤ 黄俊杰.大学通识教育的理念与实践[M].武汉：华中师范大学出版社，2001：71.

样,没有一门科目是职业性的、具有操作性的,都是 liberal education——博雅教育"①。可见,我国自古就有通识教育的传统。研究通识教育课程有必要理清我国古代通识教育课程的流变。

中国古代大学产生于先秦时期,包括官学和私学两种形式。张亚群教授在其著作《中国近代大学通识教育与创新人才培养》中,提出了我国古代大学通识教育的三种形态,即"先秦的'六艺'教育、汉唐的经学教育、宋代的书院教育"②,据此,也就将我国古代通识教育的发展演变划分为三个节点,即先秦、汉唐、宋代。尽管中国古代大学教育的内容和形式不断演变,但其所蕴含的通识教育精神一脉相承。

(一)先秦时期的通识教育形态:"六艺"教育

先秦时期,我国即设有"东序""瞽宗""成均""上庠""太学""筹学"等大学教育机构。先秦时期的大学教育主要是"六艺"教育。"六艺"教育传授礼、乐、射、御、书、数六种基本课程,以培养高层次统治人才为目标,具有"文武并重,诸育兼备""知能兼求""教有所别"等特点。我国台湾学者高明士认为,"三代在祭政合一下,'学'的教育活动是以文武教养以及礼仪教养为主"③。这些特征表明"六艺"教育具有通识教育的性质。

"六艺"教育按内容分为"小艺"和"大艺"两类。书、数为"小艺",包括识字和算术教学,是民生日用的技艺教育,属于小学的课程,为大学教育奠定必要的基础。礼、乐、射、御为"大艺",是从政所需的高层次教育,是大学的课程。"'六艺'作为奴隶社会的教育,具有鲜明的等级差异和阶级性,贵族子弟有权享受从'小艺'到'大艺'的完整教育,而一般庶民子弟大多只能受到'小艺'的初等教育。"④应该说,先秦的"六艺"教育与古希腊时代的"自由民"教育颇为相似,都是为少数人所接受的非职业性的教育。因此,"六艺"教育可以说是我国通识教育的源头。

---

① 黄坤锦.大学通识教育:心灵的攀登[N].解放日报,2009-10-18.
② 张亚群.中国近代大学通识教育与创新人才培养[M].福州:福建教育出版社,2015:18-19.
③ 高明士.中国教育史[M].台北:台湾大学出版中心,2004:1.
④ 毛礼锐,沈灌群.中国教育通史:第一卷[M].济南:山东教育出版社,2005:100.

在"六艺"教育中,"礼"是其大学教育的首要课程。贵族子弟必须学习"周礼",掌握其政治、军事、法律制度,遵守相应的礼仪规范。"乐"与"礼"相配合,发挥维系等级秩序、陶冶情操、调节身心等教育功能。① "射"与"御"是军事训练课程。贵族子弟须掌握射箭和驾车这两门重要的武艺。

东周时期,王室式微,"礼崩乐坏","六艺"教育受到极大冲击。其间,私学兴起。儒家、墨家、道家、法家、名家、纵横家等竞相开办私学,诸子私学的发展积累了丰富的办学经验,并且逐渐形成了我国早期的教育理论。其中,以儒家最具代表性,其教育理念蕴含丰富的通识教育思想。

儒家创始人孔子系统整理夏、商、周以来的文献典籍,删定《诗》《书》《礼》《乐》《易》《春秋》,成为"六书",作为其讲学的主要内容。在教育目标上,他致力于培养"君子人格"。在教育内容上,以"六书""六艺"为主要教学内容,主张学生应博学多才。"君子之学也博""儒有博学而不穷,笃行而不倦"② "文质彬彬,然后君子"③。在教学方法上,他重视因材施教,学思结合,知行一致。可见,孔子的教育思想中贯穿着通识教育精神。

孟子从"性善论"出发,认为"仁"是出于人之本来的善心,"义"是人所必由之路。他认为教育的作用在于存心养性,找回丧失的善心。在学习方面,他主张自求自得,由博返约。"君子深造之以道,欲其自得之也。自得之,则居之安;居之安,则资之深;资之深。则取之左右逢其原""博学而详说之,将以反说约也。"④。孟子的这些论述和见解也蕴含着丰富的通识教育意蕴。

荀子崇尚"性恶论",强调"礼""法"化民成俗的特殊作用。他崇尚"志安公,行安修,知通统类"的"大儒"⑤;在教育实践中,荀子

---

① 张亚群. 中国近代大学通识教育与创新人才培养[M]. 福州:福建教育出版社,2015:20.
② 参见《礼记·儒行》。
③ 参见《论语·雍也》。
④ 参见《孟子·离娄下》。
⑤ 参见《荀子·儒效》。

也十分重视传授儒家经典,并且批判性地吸收诸子学说,促进了通识教育的发展。

从战国至汉初,经过历代儒家学者的著述、整理与总结,形成以《大学》《中庸》《学记》《乐记》《射义》等为代表的教育著作,系统论述先秦大学教育的理念、目标、内容、步骤、过程与方式方法,使"六艺"教育理论化。[1]儒家学派作为先秦"六艺"教育的主要传承者,其历代传人通过典籍整理、理论阐释和教育实践,促进了我国早期通识教育的发展。

(二)汉唐时期的通识教育形态:经学教育

儒家通识教育主要是通过经典学习和主体自觉实践而实现的。由此产生了源远流长的"经学"。[2]汉武帝采纳了董仲舒的建议,推行"罢黜百家,独尊儒术"的教化政策,将儒学升至独尊地位。他通过兴办太学和推行察举的途径,将经学纳入政治轨道,开创士人读经入仕的传统。经学教育遂成为古代大学通识教育的基本形态之一。

两汉时期,读经是传道的基本途径。汉武帝兴办太学,置五经博士,招收博士弟子,建立经学传授体系。太学博士是朝廷最主要的学术官员,其"最专门最经常性的职责就是教授弟子"[3]。经学教育具有通识教育的一般特征。"经学是一门综合性学问,兼容哲学、伦理、语言、文字学、历史、文学、法律以及天文、地理、医学、算学、农学、音律等学科的知识。"[4]当时太学的教学材料主要有《诗》《书》《礼》《易》《春秋》五种儒家经典,尽管五经的教学内容各有不同,但作为一个知识整体,它们具有共同的目的性,即所谓"六艺异科而同道"[5]。太学生学习儒经,

---

[1] 张亚群.中国近代大学通识教育与创新人才培养[M].福州:福建教育出版社,2015:22.

[2] 张亚群.中国近代大学通识教育与创新人才培养[M].福州:福建教育出版社,2015:25.

[3] 俞启定,施克灿.中国教育制度通史:第一卷[M].济南:山东教育出版社,2005:332.

[4] 张亚群.中国近代大学通识教育与创新人才培养[M].福州:福建教育出版社,2015:26.

[5] 参见《淮南子·泰族训》。

不仅是要学到丰富的知识和掌握从政的本领，更重要的是进行道德意识的培养和道德行为的训练，从而完善自己的道德情操。①

唐代中央官学发达，经学教育科目增多，范围扩大，并被纳入科举考试体系，产生广泛的教育与文化影响。唐太宗"以经籍去圣久远，文字多讹谬，诏前中书侍郎颜师古考订五经，颁于天下，命学者习焉；又以儒学多门，章句繁杂，诏国子祭酒孔颖达与诸儒撰定五经义疏，凡一百七十卷，名曰《五经正义》，令天下传习"②，由此完成了经注的统一。高宗永徽四年（653年）颁行后，《五经正义》成为科举取士的标准经说。

总体来看，"隋唐以后，虽然科举逐渐替代了学校的功能，但是一般士大夫的教养课程，除了古典经籍，也重视诗词歌赋的涵咏"③。这表明，科举时代的经学教育也具有传统通识教育的特征。

（三）宋代的通识教育形态：书院教育

书院作为一种新型教育组织形式，萌芽于唐末，形成于五代，兴盛于两宋，是先秦私学传统、儒家理想人格追求及时代发展交相作用的产物。④"书院制度及其教育活动所贯穿的教育精神，一言以蔽之，即儒家人文精神与通识教育传统。"⑤张亚群教授认为，书院教育是对经学教育的创新，是古代大学通识教育的又一重要表现形态。

早期书院多由知名学者创立。在书院教学中，以阐发义理、砥砺品行为目标，注重人格教育，延续了儒家通识教育传统。书院积累了丰富的教育经验，堪称珍贵教育文化遗产。宋代书院秉承儒家通识教育传统，极为重视人格养成与自学能力培养。著名的"朱子读书法"六条"循序渐进、熟读精思、虚心涵泳、切己体察、着紧用力、居敬持志"⑥就鲜

---

① 俞启定，施克灿. 中国教育制度通史：第一卷[M]. 济南：山东教育出版社，2005：277.
② 参见《旧唐书》：卷一百八十九上，《儒学》上。
③ 郭为藩. 转变中的大学：传统、议题与前景[M]. 北京：北京大学出版社，2006：107.
④ 张亚群. 中国近代大学通识教育与创新人才培养[M]. 福州：福建教育出版社，2015：30.
⑤ 张亚群. 东亚书院制度与书院精神[J]. 通识在线（台湾），2012（45）.
⑥ 张亚群. 科举制下通识教育传统的演变及其启示[J]. 新华文摘，2009（22）：116-119.

明地体现了这一特征。书院采取包容开放的办学方式,自由讲学,流行讲会制度,体现了先秦儒家"有教无类"优良传统和君子人格之独立精神。

顾明远先生认为:"书院在中国大地上存在一千余年,繁荣了学术,培养了人才,不仅在中国教育史上具有不可忽视的地位,也是世界教育发展史上引人注目的现象。"[①]伍振鷟也指出,我国的书院"与西洋时代相同而年代略晚的现代大学的兴起相较,无论在制度、规模以及教育内容等各方面,均足以相提并论,东西辉映"[②]。比较教育学家许美德认为:"传统中国的书院,略为近似中世纪欧洲的大学。"[③]可见,书院教育在古代大学通识教育发展史上占有重要地位。

纵览我国古代的大学教育,注重"通识"和人格养成教育是其一贯之本性。西方古代的大学教育虽然也重视通识教育,但时不时地显露出对实用性职业课程的关注;而我国古代的大学教育则基本上是脱离生产实践的,整个课程体系注重治术人才的培养。

---

① 顾明远. 论中国传统文化对中国教育的影响[J]. 杭州师范学院学报(社会科学版), 2004(1): 1-9.
② 伍振鷟. 中国大学教育发展史[M]. 台北: 三民书局, 1982: 103.
③ Ruth Hayhoe. 中国的大学与西方学术的模式[M]//伍振鷟. 亚洲大学的发展——从依赖到自主. 台北: 师大书苑, 1990: 42.

第三章　大学通识教育课程的成型
（1912—1927）

在本研究中，将民国时期的通识教育课程变革分为三个阶段：1912—1927 年，通识教育课程的成型阶段；1928—1937 年，通识教育课程的发展阶段；1938—1948 年，通识教育课程的成熟阶段。其依据主要有三点：

其一，民国时期中央政权的变更。民国时期实际上分为北京国民政府时期（1912—1927）和南京国民政府时期（1927—1949）。其中，南京国民政府时期又可以分成两个阶段，第一个阶段是相对稳定的时期，即 1928—1937 年，第二阶段主要包括全面抗战时期和解放战争时期，即 1937—1949 年。因此，为了研究的方便，将 1912—1949 年这一时间段分成三个阶段。

其二，民国时期高等教育方针、政策及制度的变迁。北京国民政府时期（1912—1927），高等教育方面的政策变动很大，1912—1913 年，先后颁布《大学令》和《大学规程》；1917 年颁布《修正大学令》；1922 年颁布新学制；1924 年又颁布《国立大学校条例》，同时废除了《大学令》和《大学规程》。这一列的方针、政策及制度的变迁十分频繁，从而也导致这一时期高等教育课程体系不断变化。1928—1937 年，各种方针、政策及制度相对比较稳定。1929 年南京国民政府颁布《大学组织法》和《大学规程》，其后大学基本在这两个文件制定的制度下运行。所以，这十年是民国时期高等教育稳定发展的十年。1938—1948 年，受战争影响，高等教育的正常秩序被打乱。这一时期的高等教育方针、政策的运行颇受影响，高等教育艰难发展。因此，对民国时期通识教育课程变革的阶段划分也考虑了这些因素。

其三，民国时期大学通识教育课程的发展演变。民国时期的大学通识教育发展也呈现出一些内在的特征,这也是阶段划分的一个重要依据。1912—1924 年,我国大学是预科和本科并设的,这一时期的通识教育课程一大部分是开设在预科阶段的。1924 年《国立大学校条例》颁布后,预科废除。此后,通识教育课程集中于本科一、二年级开设。同时,《国立大学校条例》将大学课程开设权下放到学校,因此,1924 年之后,大学课程设置开始自由化,通识教育课程在各个学校也极不相同,这一状况直到 1938 年共同必修科目颁布才结束。自 1938 年开始,各学院共同必修科目表陆续颁布,通识教育开始以共同必修科目的方式在大学施行。

综合以上三个方面的考虑,本文将民国时期的大学通识教育课程变革分成了 1912—1927、1928—1937、1938—1948 三个时间段。本章属于民国时期通识教育课程变革的第一个阶段。

1911 年,辛亥革命推翻了在中国延续两千多年的封建君主专制统治,建立起中国历史上第一个资产阶级民主共和国。这一历史性的巨变,给近代中国社会的各个方面带来了前所未有的变化,尤其是在高等教育领域。由于高等教育与社会政治经济发展的直接相关性,当时教育领域的改革也率先在高等教育领域进行,而课程作为大学教育教学活动的核心,俨然成为大学改革的焦点所在。

活跃在这一时期教育舞台上的教育家、思想家、政治家们大都在传统文化方面有深厚素养和体验,同时,又因各种历史机缘而具有出国游历、考察的实际阅历。这使他们一方面保留了中国传统教育中本身就蕴含着的巨大的通识教育的渊源;另一方面,继承和转化了传统国学中的积极因素,完成中学与西学的借鉴与融合。因此,在这一时期的中国高等教育界,通识教育有着一批坚定的拥护者和践行者。

第一节 大学通识教育课程变革的时代背景

一、"通才教育"的提出

我国大学教育自古便具有深厚的通识教育底蕴,只是在提法上与西方有差异。近代以来，我国一般将"通识教育"或类似的具有"通识教育"意蕴的教育称为"通才教育"。

据李曼丽考证，"'通才'一词，最早出现在曹丕的《典论·论文》"①。曹丕在谈及古文中四种不同风格的文体时说："夫文本同而末异，盖奏议宜雅，书论宜理，铭诔尚实，诗赋欲丽，此四科不同，故能之者偏也，惟通才备其体。""通才"在这里是指四种文体都能娴熟运用的人，后来引申为"学识广博、具有多种才能的人"。

"通才教育"作为大学的教育宗旨和办学思想，是清朝末年提出来的。1902年，清政府派张百熙为京师大学堂第二任管学大臣。光绪二十七年（1901年）十一月初一日上谕载有其事："着派张百熙为管学大臣，将学堂一切事宜，责成经理，务期端正趋向，造就通才，明体达用，庶收得人之效。"②这是目前发现的最早将"通才"与"教育目的"联系在一起的文献。后来，张百熙在主持起草《钦定京师大学堂章程》时将这句话正式写入章程，"京师大学堂之设，所以激发忠爱，开通智慧，振兴实业，谨遵此次勋旨，端正趋向，造就通才，为全学之纲领"③。近代意义上的"通才教育"一词应当由此而起。

"通才"作为当时政府层面首次正式颁布的大学教育宗旨，其对人才的培养规格在"德"和"智"两方面都有具体的要求。"在'德'方面，要求'激发忠爱、端正趋向'；在'智'方面，要求用西学艺能'开通智慧'"④。清末政府对"通才"的要求显然更偏重于"德"，因为他们提倡的"德"主要是维护其统治地位的封建伦常道德和忠孝思想。《钦定学堂章程》指出："中国圣经垂训，以伦常道德为先；而外国学堂于智育、体育之外，尤重德育，中外立教本有相同之理，今无论京外大小学堂，于修身伦理一门视他学科更宜注意，以培植人才之始基。"⑤1904年，张

---

① 李曼丽. 通识教育——一种大学教育观[M]. 北京：清华大学出版社，1999：200.
② 参见《光绪朝东华录》，卷169。
③ 璩鑫圭，唐良炎. 中国近代教育史资料汇编——学制演变[G]. 上海：上海教育出版社，1991：233.
④ 王春春. 中国大学通识教育探索[D]. 武汉：华中科技大学，2004.
⑤ 璩鑫圭，唐良炎. 中国近代教育史资料汇编·学制演变[G]. 上海：上海教育出版社，1991：233.

百熙等在《重订学堂章程折》中更明确地说明"通才"应以"德"为先，"至于立学宗旨，无论何等学堂，均以忠孝为本，以中国经史之学为基。俾学生心术壹归于纯正而后以西学瀹其智识，练其艺能，务期他日成材，各适实用，以仰副国家造就通才、慎防流弊之意"①。

根据"通才教育"的宗旨，京师大学堂的课程包括两部分："溥（普）通学"和"专门学"。"溥（普）通学"，顾名思义，就是普通学，即所有学生都需要学习的课程；"专门学"即每一学生各专攻一门的科目或课程。"溥通学的功课，除经学、理学、中外掌故学、诸子学、初级算学、初级格致、初级政治学、初级地理学、文学和体操学等十种外，并须在英、法、俄、德、日五种外国语中，由学生各人自认一种，与溥通学同时并习；专门学的功课计有高等算学、高等格致学、高等政治学、高等地理学、农学、矿学、工程学、商学、兵学、卫生学等十种；凡学生俟溥通学卒业后，得各占一门或两门。"②不难发现，京师大学堂的课程设置中，"溥通学"与当时西方国家大学教育中的通识教育课程十分接近，而"专门学"则类似于西方大学的主修科或专业教育课程。

清末施行的"通才教育"既有对我国传统教育思想中注重"由博返约"的教育理念的继承，又是迫于当时列强入侵、西学东渐、洋务运动等外部力量的压力，在清政府试图摆脱内忧外患的局势下而提出来的；清末的"通才教育"既有为学生未来职业做准备的教育成分，也有拓宽知识面加强文化基础的"通识教育"成分。就当时的情形而言，清政府一方面被迫在教育上向西方学习新的知识和思想，另一方面又希望通过这种教育继续维护其"摇摇欲坠"的封建体制，因此，当时的教育不得不在中学与西学、传统与现代的冲突中妥协与调和。虽然，当时的"通才教育"仍然非常重视传统纲常礼教和中国传统文化教育，但它毕竟与传统教育有所不同，至少，它克服了传统教育与社会发展和实践需要相脱节的弊病，顺应了社会经济文化发展对人才提出的新要求。

---

① 璩鑫圭，唐良炎. 中国近代教育史资料汇编·学制演变[G]. 上海：上海教育出版社，1991：289.
② 张元济. 最近三十五年之中国教育[M]. 北京：商务印书馆，1931：72.

二、大学通识教育课程现状

1912 年北京国民政府教育部颁布《大学令》，次年又颁布《大学规程》，这两个文件对大学的学科划分、学科课程、学生修业年限等做了具体规定。在这一时期，中国的大学"以欧美发达国家大学课程设置为蓝本，正式把中国原有的以经史子集为代表的'四部之学'，转向包括理、工、农、医、文、法、商在内的'七科之学'"[①]。大学分文、理、法、商、医、农、工七科，以文、理为主。在课程设置上，各大学取消了清末的读经科，强调美育的重要作用，加强自然科学和实用生产技能课程的开设；要求在教育教学中关注青少年的身心发展特点，以更好地促进学生德、智、体、美等方面的和谐发展；在课程内容上，禁止使用清末学部颁行的教科书作为教学材料，同时规定新编教科书必须符合共和民国的教育宗旨；废除了一些代表封建传统文化，体现"忠君""尊孔"等封建人伦道德的经史科目，并将《诗经》并入文科，《尚书》与《左传》并入史学。同时，增加了大量反映西方文化精神和近代西方自然科学和技术的科目，例如：哲学、社会学、伦理学、心理学、生物学、法律、经济、美学等，使大学课程体系更趋完善。

民国初期的大学通识教育主要是通过预科来实施的。当时预科分为三部："第一部为志愿入文科、法科、商科者设之，科目为外国语、国文、历史、伦理、论理及心理、法学通论。在志愿入文科者，外加经济通论。在志愿入文科之哲学门者，外加数学、物理。第二部为志愿入理科、工科、农科并医科之药学门者设之，科目为外国语、国文、数学、物理、化学、地质学及矿物学、图画。在志愿入农科及医科之药学门、理科之动物学门、植物学门、地质学门者，外加动物学及植物学。在志愿入工科之土木学门、机械学门、电气工学门、采矿学门、冶金学门、造船学门、建筑学门，理科之数学门、物理学门、星学门，农科之农学门、农艺化学门、林学门者，外加测量学。第三部为志愿入医科之医学门者设之，科目为外国语、国文、拉丁语、数学、物理、化学、动物学及植

---

① 左玉河. 从四部之学到七科之学——学术分科与近代中国知识系统之创建[M]. 上海：上海书店出版社，2004：1.

学"①。这套通识教育课程模式的特点是：重视外国语、国文，无论学生的将来志愿为何，都要学习外国语和国文，同时还有第二外国语的要求。其他的课程针对学生将来的不同专业而有所侧重。它的弊端在于没有很好地实现"文理融通"，从而未达成养成学生广博而深刻的知识基础的目标。

1917 年 11 月 15 日，北京民国政府教育部召开北京各高等学校代表会议，会议提出在大学废除年级制，采用选科制的议案，具体办法规定为七项："（1）各科皆有系统之编制；（2）学生以习满若干单位为毕业，不必拘定年限；（3）预科 40 单位，以 3/4 为必习科，1/4 为选科，选科皆由各预科主任，因程度而指定之；（4）本科 80 单位，一半为必习科，一半为选科；（5）本科学生入校时，皆须择定本科教授一人为导师；（6）选科与本门专治一系外，更当兼治与专科有重要关系者，其尚愿旁洽他学者亦听之；（7）凡前一学年之平均分数在甲等者，本学年可择选科规定之最多单位。"②这一时期的课程比早期的预科课程设置更具科学性，体现了"文理兼修"的通识教育思想。预科主任和本科导师的设置对学生选修加以指导和限制，在一定程度上克服了选修制所导致的随意性。"选科制"的实行，充分调动了学生的学习自主性和积极性，使通识教育课程扩展到更多更广的范围供学生选习，大大改变了大学通识教育体系的结构，丰富了大学通识教育的内容。

第二节　大学通识教育课程变革的思想基础

一、各类期刊的创办与通识教育思想的传播

1909 年由上海商务印书馆创办的《教育杂志》，是中国近代最有影响力的教育刊物之一。该刊十分重视对高等教育方面的关注，特别是对外国大学教育的介绍，是国内了解近代欧美国家大学教育概况的重要窗

---

① 舒新城. 中国近代教育史资料：中册[M]. 北京：人民教育出版社，1981：657-658.
② 顾明远. 教育大辞典[Z]. 上海：上海教育出版社，1991：404.

口。《教育杂志》刊登过不少此类文章,如《美国大学之特长》《美国之大学》《德意志大学之特色》《法国巴黎大学之模样》《美国大学之推广教育》等。

1912 年由上海中华书局创办的教育月刊《中华教育界》,也是近代中国最早出版的教育期刊之一。该刊影响甚大,在其创办之时,适值"国基方才奠定,政体突然变更",在特殊的社会背景下,《中华教育界》本着"为民国服务"的宗旨,广泛探讨近代国内外新兴教育教学理论与实践。

1919 年创刊的《新教育》,由蒋梦麟担任主编。该刊设立专门的高等教育编辑组,"由蔡元培、蒋梦麟、胡适、郭秉文等当时高教界知名学者组成,张伯苓其后也加入进来,可谓阵容强大"①。该刊单介绍美国高等教育的文章有:《哥伦比亚大学选录新生法》(1919)、《论大学教育》(1919)、《美国组织全国教员会之动议》(1919)、《发明新理为大学之职责》(1919)、《将来之美国大学》(1919)、《美国大学内弊发微》(1919)、《美国之大学公会》(1920)、《美国大学校长及大学之管理》(1920)、《美国大学教员团》(1920)、《美国大学毕业生》(1920)、《美国大学董事部》(1920)等。这些文章的刊发使国人对国外特别是美国的大学教育有了比较清晰的认识和了解。

1922 年,中华教育改进社在济南召开第一次年会,把高等教育专门列为第二组。"参加高教组讨论的有蔡元培、蒋梦麟、张伯苓等十八人,大会提交的高等教育议案有十四件,涉及的问题非常广泛,多数是针对高校内部的教学和管理所提的具体建议,这可能是中国教育史上最早的高等教育研讨会。"②

同时,对西方教育研究的成果也日益增多,代表性的成果主要有:任鸿隽选译的斯宾塞的《教育论》(1923)、郑梦驯翻译的爱默生的《教育理想发展史》(1924)、孟承宪翻译的波特的《教育哲学大意》(1924)、瞿菊农编译的康德的《康德教育论》(1926)等。高等教育方面的代表性成果主要有:冯楷的《论近今美国高等学校之改良编制》(1914)、译自

---

① 李均.中国近代高等教育研究史略[J].北京大学教育评,2004(2):99-103.
② 李均.民国时期高等教育研究述论[J].学术研究,2004(10):108-111.

威斯康星大学部长的《论大学扩张制》(1918)①、陶孟和的《大学校之教育》(1925),以及谢冰翻译的美国哈佛校长艾略特的《大学之行政》(1928)等。

这些报刊的创办,一方面在国内宣传了西方先进的教育思想,另一方面也为当时国内的学者探讨教育问题提供了良好的平台。从这一时期发表的高等教育相关的文章来看,对美国高等教育关注较多。美国大学的通识教育理念与课程实践也随之进入国内。

二、著名教育家的通识教育思想

讨论民国初期的高等教育,不可能绕开近代我国高等教育的两位先驱:蔡元培和郭秉文。两位教育家一北一南,几乎引领了民国初年的整个高等教育界。他们不仅在高等教育的理论与理念上高人一筹,在高等教育办学实践上也是其他人难以望其项背的。

蔡元培(1868—1940),字鹤卿,号孑民,浙江绍兴人,近代民主革命家、教育家,民国时期第一任教育总长。民国初期的高等教育制度与高等教育改革几乎都是在其主导和参与下进行的,可以说民国初期的整个高等教育都或多或少有蔡元培的影子。1917年,蔡元培就任北京大学校长。其在主政北京大学期间,推行改革,使北大一跃成为全国首屈一指的知名学府,北京大学成为我国近代第一所国立综合大学。美国著名教育家杜威曾这样评价蔡元培:"拿世界各国的大学校长来比较,牛津、剑桥、巴黎、柏林、哈佛、哥伦比亚,等等,这些校长中,在某些学科上有卓越贡献的,不乏其人;但是,以一个校长身份而能领导那所大学对一个民族、一个时代,起到转折作用的,除蔡元培而外,恐怕找不出第二个。"②

郭秉文(1880—1969),字鸿声,江苏江浦人,早年卒业于上海清心书院,1908年赴美留学,1914年获哥伦比亚大学教育学博士学位。郭秉文是中国第一位教育学博士;南京高等师范学校校长;我国第二所国立

---

① 田正平.中外教育交流史[M].广州:广东教育出版社,2004:604-606.
② 刘宝存.大学理念的传统与变革[M].北京:教育科学出版社,2004:98.

综合性大学——东南大学的创始人、校长；上海商科大学，即现在的上海财经大学的创始人、校长；第一、二、三届世界教育会副会长，兼亚洲分会会长；留美中国学生联合会会长。1915年郭秉文回国后，即担任南京高等师范学校教务主任，参与学校筹建工作；1918年任代理校长；1919年任校长；1921年，东南大学成立，郭秉文任第一任校长；同时兼上海商科大学校长。1925年，易长风波迫使其离开国内教育界。郭秉文是个传奇的教育家，他在短短数年之间，使东南大学声名鹊起，一度与北大齐名，形成20世纪20年代中国大学南北"双峰对峙、二水分流"的格局，影响深远。不仅如此，郭秉文在国际教育界也颇有盛名，是"中国教育在国际舞台上的主要代言人"，"民国早期的教育界，郭秉文在打通国际与国内教育的联络渠道方面，发挥了当时其他教育家不可替代的作用"[①]。

因此，探讨民国初期的大学通识教育思想与理念层面的问题，有必要对这两位先驱人物的高等教育思想进行分析。

（一）蔡元培的通识教育思想

蔡元培是近代中国最早的留学生之一，曾多次出国，足迹遍及欧美各国，这使他能够"不断地吸取外国科学、文化和思想中的有益成分，并以更广阔的视野和胸襟兼收并蓄，推陈出新"[②]。蔡元培深受德国大学理念的影响。当时的德国大学是世界一流的，美、英、法、日等国家都有学生留学德国，并且仿效德国大学模式建立了自己国家的研究型大学。蔡元培曾三次负笈德国，在莱比锡大学、汉堡大学从事学习和研究五年有余，对德国大学的办学理念有着比较深刻的体会和理解，这也成为他主政北京大学的重要理论资源。蔡元培将德国的强大归功于教育，但是和当时一些急功近利的教育改革倡导者不同，他较少注重教育的实用功能，而更强调改善人的道德精神，以此来实现国家的富强。他对教育本质和功能的认识是："教育者，则立于现象世界，而有事于实体世界

[①] 许小青. 郭秉文与民国教育界[J]. 教育学报，2014（5）：67-79.
[②] 田正平，等. 中国教育史研究：近代分卷[M]. 上海：华东师范大学出版社，2001：504.

也;故以实体世界之观念为其究竟之大目的,而以现象世界之幸福为其达于实体观念之作用。"①教育帮助人摆脱现实社会的种种困扰,追求精神的独立和个性的发展,培养崇高的理想、优良的道德和美好的情操,使人的精神臻于高尚自由的境界。

蔡元培在当时复杂的社会背景中,始终坚持站在教育的"应然"高度,积极开展自由主义教育实践,促进了北京大学通识教育的发展,也为大学通识教育在近代中国的确立和发展奠定了坚实的基础。蔡元培的通识教育思想可以从核心理念、育人目标、实现路径、环境基础、基本保障五个方面来解读。

1. 通识教育的核心理念:"学""术"分离,文理通融

著名的《哈佛通识教育红皮书》认为,"广义地说,教育可以被分成两个部分:通识教育(general education)和专业教育(special education)……通识教育指学生整个教育中的一部分,该部分旨在培养学生成为一个负责任的人和公民,而专业教育这个术语,指的是旨在培养学生将来从事某种职业所需的能力的教育。此二者同为人的生活的两个方面,是不能完全分离的"②。其后的 American Council on Education Studies Report (1985)则更明确地指出:"通识教育指非职业性和非专业性的教育。"③可见,从广义上来说,通识教育(普通教育)是高等教育中非专业、非职业教育部分,指不直接为学生将来的职业活动做准备的那部分教育。

蔡元培通识教育思想的核心理念首先体现在其"学""术"分离的办学主张上。蔡元培认为,学术分为"学"与"术",学为"学理",术为"应用",即基础科学和应用科学两部分。两者是一种相辅相成的关系,"学必借术以应用,术必以学为基本,两者并进始可"④,所以"学为基本,术为支干"。按学科来划分,"纯粹的科学与哲学",也就是文、理科是"学";其他如"工商、法律、医学,非但研究学理,并且讲求适用",

---

① 高平叔. 蔡元培全集:第2卷[M]. 北京:中华书局,1984:12.
② 哈佛委员会. 哈佛通识教育红皮书[M]. 李曼丽,译. 北京:北京大学出版社,2010:40.
③ 张寿松. 大学通识教育课程论稿[M]. 北京:北京大学出版社,2005:11-12.
④ 高平叔. 蔡元培教育论著选[M]. 北京:人民教育出版社,2011:341.

皆属于"术"。①蔡元培比较重视和推崇"学"的研究。他主张仿效德、法等国的制度,坚持大学以研究基础理论为中心,而将发展应用科学的功能赋予专门学校,"治学者可谓之'大学',治术者可谓之'高等专门学校',两者有性质之别"②。"学"与"术"的分离,实质上是在强调大学的非职业性特征,这与通识教育的理念不谋而合。

"诸君来此求学,必有一定宗旨,欲知宗旨之正大与否,必先知大学之性质。今人肄业专门学校,学成任事,此固势所必然。而在大学则不然,大学者,研究高深学问者也。外人每指摘本校之腐败,以求学于此者皆有做官发财思想,故毕业预科者多入法科,入文科者甚少,入理科者尤少,盖以法科为干禄之终南捷径也……果欲达其做官发财之目的,则北京不少专门学校,入法科者尽可肄业法律学堂,入商科者亦可投考商业学校,又何必来此大学?所以诸君须抱定宗旨,为求学而来,入法科者非为做官,入商科者非为致富。宗旨既定,自趋正轨。"③

这段话是蔡元培1917年就任北京大学校长时的演讲词,从其表述来看,他明确表示了"大学"与"专门学校"是不同的。大学是研究高深学问的,想要做官发财的大可去上相应的专门学校,不必来大学敷衍了事,求得一纸文凭。在他看来,大学是培养学者、全面提高人的学术素养的,而高等专门学校则是造就高等职业技术性人才的。这也是其"学""术"分离思想的一个直接体现。

蔡元培通识教育思想的核心理念还表现在其"文理通融"的办学主张上。虽然蔡元培重视发展大学的文科和理科,但当时大学文、理分科造成两者之间的割裂,这种割裂造成了大学教育的重大危机。文科学生"因与理科隔绝之故,直视自然科学为无用,遂不免流于空疏"④。"因为想回避复杂的事物,就变得讨厌学习物理、化学、生物等科学。这样,他们还没有掌握住哲学的一般概念,就失去了基础,抓不住周围事物的

---

① 高平叔. 蔡元培教育论著选[M]. 北京:人民教育出版社,2011:341.
② 蔡元培. 北京大学月刊发刊词[J]. 北京大学月刊,1919(1).
③ 蔡元培. 就任北京大学校长之演说[M]//杨东平. 大学精神. 上海:文汇出版社,2003:221-222.
④ 高平叔. 蔡元培全集:第3卷[M]. 北京:中华书局,1984:331.

本质，只剩下玄而又玄的观念"①；而理科学生"以与文科隔绝之故，遂视哲学为无用，而陷于机械的世界观"②，他们"势必放弃对哲学与文学的爱好，使他们失去了在这方面的造诣机会，结果他的教育将受到机械论的支配，他最终会产生一种错误的认识，认为客观上的社会存在形式是一回事，而主观上的社会存在形式完全是另一回事，两者截然无关，这将导致自私自利的社会或机械社会的发展"③。事实上，很多学科也是很难按照文理的名称来明确划分的，"文科之史学、文学，均与科学有关，而哲学则全以自然科学为基础……理科各学，均与哲学有关，自然哲学，尤为自然科学之归宿……又有几种哲学，竟不能以文理分者，如地理学包有地质、社会等学理。人类学包有生物、心理、社会等学理"④。因此，蔡元培"决心打破存在于从事不同知识领域学习的学生之间的障碍"⑤，"融通文、理两科之界限，习文科各门者，不可不兼习理科中之某种（如习文学者，兼习地质学；习哲学者，兼习生物学之类）；习理科者，不可不兼习文科之某种（如哲学史、文明史之类）"⑥。

蔡元培"文理通融"的思想早在其1912年起草的《大学令》中就有体现。《大学令》提出："大学以文、理二科为主；必须文理二科并设，或文科兼法商二科者，或理科兼医、农、工三科或二科、一科者方能称大学。"这是其"文理通融"思想的早期体现。

"我那时候有一个理想，以为文、理两科，是农、工、医、药、法、商等应用科学的基础，而这些应用科学的研究，仍然要归到文理两科来……完全的大学，当然各科并设，有互相关联的便利。若无此能力，则不妨有一大学专办文理两科，名为本科，而其他应用各科，可办专科的高等学校，如德法等国的成例。以表示学与术的区别……那时候我又有一个理想、以为文理是不能分科的。例如文科的哲学，必植基于自然

---

① 蔡元培. 中国现代大学观念及教育趋势[M]//杨东平. 大学精神. 上海：文汇出版社，2003：5-10.
② 高平叔. 蔡元培全集：第3卷[M]. 北京：中华书局，1984：331.
③ 高平叔. 蔡元培教育论著选[M]. 北京：人民教育出版社，2011：515.
④ 中国蔡元培研究会. 蔡元培全集：第3卷[M]. 杭州：浙江教育出版社，1997：672.
⑤ 蔡元培. 中国现代大学观念及教育趋势[M]//杨东平. 大学精神. 上海：文汇出版社，2003：5-10.
⑥ 高平叔. 蔡元培全集：第3卷[M]. 北京：中华书局，1984：209.

科学；而理科学者最后的假定，亦往往牵涉哲学。从前心理学附入哲学，而现在用实验法，应列入理科；教育学与美学，也渐用实验法，有同一趋势。地理学的人文方面，应属文科，而地质地文等方面属理科。历史学自有史以来，属文科，而推原于地质学的冰期与宇宙生成论，则属于理科。"①

因此，蔡元培致力于把北京大学办成一所文理综合的大学。在主政北大期间，蔡元培对北大的内部结构进行了一系列改革。为了实现其"学""术"分离、文理通融的通识教育理念，他首先对北大进行学科调整。蔡元培将北大原有的文、理、法、商、工等多科，改为文、理、法三科。商科归入法科，工科并入北洋大学。同时，扩充文科和理科，"今既以文理为主要，则自然以扩张此两科，使渐臻完备为第一义"②。通识教育要给予学生专业之外的广博的知识基础，这些"基础"显然不仅仅在文科或理科某一科，因而，"文理通融"是通识教育的应有之义。

蔡元培"学""术"分离与文理融通的办学主张为通识教育在北大的发展奠定了基础。重视文理科的相互联系、相互渗透，主张一切学问要以理论科学为基础，重视基础知识和基本理论的学习，使学生具有比较全面的知识，为以后进一步的专门研究奠定扎实而宽厚的基础。这一系列思想和主张无不闪烁着"通识教育"的光芒。

2. 通识教育的育人目标：养成健全之人格

在蔡元培看来，通识教育的育人目标应该是养成学生的健全人格。蔡元培曾多次提到，"在普通教育（通识教育），务顺应时势，养成共和国民健全之人格"③。因此，健全人格的养成是其通识教育的最终目的。

1912 年，蔡元培在出任临时政府教育总长时就指出："民国教育应以养成共和健全之人格为根本方针。"④1917 年 1 月，在爱国女学校的演

---

① 蔡元培. 我在北京大学的经历[M]//杨东平. 大学精神. 上海：文汇出版社，2003：223-229.
② 中国蔡元培研究会. 蔡元培全集：第 3 卷[M]. 杭州：浙江教育出版社，1997：256.
③ 高平叔. 蔡元培全集：第 2 卷[M]. 上海：中华书局，1984：263.
④ 高平叔. 蔡元培教育文选[M]. 北京：人民教育出版社，1980：8.

说上,他再次提道:"造成完全人格①,使国家隆盛而不衰亡,真可谓爱国矣。"②他主张教育完成人格,反对教育造成器具,"教育是帮助被教育的人,给他能发展自己的能力,完成他的人格,于人类文化上能尽一分子的责任;不是把被教育的人,造成一种特别器具,给抱有他种目的的人去应用的"③。可以说,这种"健全(完全)人格"的培养目标,贯穿蔡元培一生的教育事业。

3. 通识教育的实现路径:诸育并进,协同发展

要实现通识教育养成学生"健全之人格"的目标,就必须"诸育并进,协同发展"。蔡元培指出,"健全(完全)人格"之教育,"不外乎五种主义,即军国民教育、实利主义、公民道德、世界观、美育是也"④,即其后来所概括的体育、智育、德育、美育四育。在蔡元培看来,体育是养成完全人格的基础,"健全之精神,宿于健全之身体";智育使人获得生活所必需的知识;德育让人辨明善恶,决定了人们行善的意志。蔡元培特别强调德育的重要性,"德育实为完全人格之本,若无德,则虽体魄、智力发达,适足助其为恶,无益也"⑤。美育是帮助德、智、体三育全面发展的重要环节。美育也称美感教育,是西方近代资产阶级追求理想人格的产物。"美育重在建立超越于现实的理想、信念与信仰,不在彼岸,而是在此岸,养成对学生形而上的终极关怀,充分实现人的个体精神自由,最大限度地培育与开发人内在的想象力与创造力"⑥。

蔡元培在中国历史上第一次把美育纳入教育方针,确立了美育在近代教育中的地位,推动近代美育思潮的蓬勃发展⑦。1921年,北大讲坛首开美学课程,蔡元培亲自执鞭,并编著了《美学通论》一书,这是他在北大期间讲授的唯一的一门课程。可见,蔡元培对美育的高度重视。

---

① 在蔡元培的表述中,既有"健全人格"之说,又有"完全人格"之说,本章视两者为同义;文中出现的不统一之表述皆以所引用原文为准。
② 高平叔.蔡元培教育论著选[M].北京:人民教育出版社,1991:75.
③ 蔡元培.教育独立议[M]//杨东平.大学精神.上海:文汇出版社,2003:90-91.
④ 高平叔.蔡元培全集:第2卷[M].北京:中华书局,1984:263.
⑤ 高平叔.蔡元培全集:第2卷[M].北京:中华书局,1984:178.
⑥ 李佳.近代中国大学通识教育课程研究[M].杭州:浙江大学出版社,2010:70.
⑦ 李佳.近代中国大学通识教育课程研究[M].杭州:浙江大学出版社,2010:71.

蔡元培还十分重视与美育相关的研究会的建设，"至于美育的设备，曾设书法研究会，请沈尹默、马叔平诸君主持。设画书研究会，请贺履之、汤定之诸君教授国画；比国楷次君教授油画。设音乐研究会，请萧友梅君主持"。不仅如此，蔡元培还将戏曲、小说、音乐、绘画这几门艺术作为正宗学问，搬上了北大的讲坛。这在之前是从未有过的。

蔡元培认为美育和科学是相互促进的。因此，他重视美育，也提倡科学。他认为"要透彻复杂的真相，应研究科学"[①]，但是，"专治科学，太偏于概念，太偏于分析，太偏于机械的作用，难免有萧索无聊的状态。无聊不过，于生存上强迫的职务以外，俗的是借低劣的娱乐作消遣，高的是渐渐地成了厌世的神经病。这种机械的人生观与世界观，不但使人对于自身竟无生趣，对于社会毫无爱情，就是对于所治的科学，也没有创造的精神"。要防止这种流弊，就要在治科学以外，兼治美术。因此，蔡元培提倡美育，就是要人类在自身被机器和工业文明所异化的时代，找回他们失落的人文世界。在教育实践中，他主张把美育贯彻到智育、德育中；同时又在智育、德育的各个学科中挖掘美育的材料，使智育、德育与美育相得益彰。

4. 通识教育的环境基础：学术自由，兼容并包

通识教育的实施必须要有一定的文化环境做基础。通识教育注重人格教育，那么，欲达到人格教育的目标，则学生必须是在一个个体人格自由发展的环境之中；通识教育注重授予学生广博的各方面知识，那么，学校必定应该赋予教师开设各类课程、讲授各种学问的权利。这一切都要求学校必须创造实施通识教育的环境。蔡元培提出的"学术自由、兼容并包"的思想正是从这一高度保证了通识教育在北京大学的开展。事实上，教育的对象是身心发展千差万别的学生，这必然要求教育应该具备一定的多样性和层次性。而作为人人都必须接受的通识教育它不仅应具备多样性和层次性的特点，还要具有一定的普遍性和综合性特征。这些都需要一个自由兼容的环境来予以保证。

大学者，"囊括大典，网罗众家"之学府也。《礼记·中庸》曰："万

---

① 蔡元培. 文化运动不要忘了美育[N]. 晨报副刊，1919-12-11.

物相育而不相害，道并行而不相悖"①，足以形容之。"各国大学，哲学之唯心论与唯物论，文学、美术之理想派与写实派，计学之干涉论与放任论，伦理学之动机论与功利论，宇宙论之乐天观与厌世观，常樊然并峙于其中，此思想自由之通则，而大学之所以为大也。"②蔡元培批评中国的传统学术缺乏自由之精神，"吾国承数千年学术专制之积习，常好以见闻所及，持一孔之论……中国素无思想自由之习惯，每好以己派压制他派，执持成见，加酿嘲辞"③。因此，蔡元培为了推行其通识教育的理想，积极主张思想自由、兼容并包，"循思想自由原则，取兼容并包主义"④。反对学问上的门户之见，主张"新旧""中西"兼收并蓄，融会贯通。无论何种学派，只要言之有理、持之有故，即使观点彼此相反，也应让他们并存发展。在教学内容改革上，蔡元培既积极引进国外最先进的科学文化，又重视对我国传统优秀文化的吸收借鉴，并用"新的方法"来整理我国丰富的文化遗产。由此，在北大开辟了一个思想自由、兼容并包的学术天地，为真正的学术提供了生长繁荣的环境，为通识教育的施行创造了条件。

蔡元培"学术自由，兼容并包"的办学方针为北京大学师生思想与学术的发展，乃至人格的培养提供了广阔多元的精神资源与自由宽松的人文环境，为通识教育的实施造就了良好的环境基础。

5. 通识教育的基本保障：重视师资，教授治校

通识教育的实施，不能缺少必要的师资保障。通识教育课程因其涉及的知识面较广，对教师的要求自然更高。又因通识教育课程应多样化和多层次性，因而，需要各个方面的学者来开设和讲授通识教育课程。因此，通识教育的首要基本保障是师资队伍建设。

蔡元培主政北大期间，不拘一格，广延人才。"延聘教员，不但是求有学问的，还要求于学问上很有研究的兴趣，并能引起学生的研究兴趣的。"⑤当时，北大聘任教师有三条标准：学有专长、献身学术研究的兴

---

① 《礼记·中庸》。
② 高平叔. 蔡元培全集：第3卷[M]. 北京：中华书局，1984：211.
③ 高平叔. 蔡元培全集：第3卷[M]. 北京：中华书局，1984：211.
④ 高平叔. 蔡元培全集：第3卷[M]. 北京：中华书局，1984：576.
⑤ 高平叔. 蔡元培全集：第3卷[M]. 北京：中华书局，1984：344.

趣以及善于引导学生的能力。除了"为官吏者，不得为本校专任教员"①这一点之外，其他任何问题都不构成蔡元培聘任教师的阻碍。

当时的北大既有马克思主义者陈独秀、李大钊，也有实用主义者胡适；既有主张文学革命，提倡白话文的钱玄同、刘半农、鲁迅，也有反对革新的复古主义者黄侃、刘师培、辜鸿铭；既有旧时代的进士，也有新时代的博士，还有什么资格也没有的人；既有20多岁的青年，也有白发苍苍的老者。另外，蔡元培也很重视邀请外国学者来校讲学和举办讲座。许多著名学者都曾先后到北大讲学。他认为对外国文化思想应择善而从，重在消化，反对简单模仿和全盘欧化的错误倾向。他在北大很重视派遣教员、学生出国留学，直接学习外国文化科学知识。

由于重视延聘选拔有真才实学的各方面人才，容纳各种学术和思想流派，北大的教师队伍发生了很大变化。20世纪二三十年代前后的北京大学，不仅在课程设置上有跨学科、跨专业的特点，而且许多教员既有扎实的国学功底，又有相当广阔的学术研究视野，以一己之力横跨文史哲等多个学科领域的情况并不鲜见。

蔡元培通识教育实践的另一个基本保障是"教授治校"，也就是说要让懂教育的人来办教育，来治理教育。教授治校"增加教员对于学校的兴趣与情谊；利用多方面的才智；使学校的基础稳固，不致因校长或学长的动摇而动摇全体"②。

教授治校的制度主要如下：第一，大学设总务处，主管全校的人事和财物工作。总务长由校长委任。第二，"设教务会议和教务处，统一领导全校的教学工作；教务会议由各系系主任组成，并由其互推教务长一人，任期一年；教务处即为主持全校教务的常设机构"③。第三，设立评议会及行政会议。"评议会是全校最高的立法和权力机构，评议会由评议员若干人组成；校长和各科学长是当然评议员，另每5名教授产生1名评议员，一年改选一次；校长任评议会议长，负责召集评议会会议和改选等事宜；评议会的任务是制定和修改大学规则及有关条例、决定学科的

---

① 高平叔. 蔡元培全集：第1卷[M]. 北京：中华书局，1984：218.
② 储朝晖. 中国大学精神的历史与省思[M]. 太原：山西教育出版社，2006：105.
③ 李江源. 略论蔡元培的大学制度思想[J]. 高教探索，2002（4）：79-82.

设立与撤销、审查教师的学衔和学生的成绩，提出经费的预决算等。"[1]"行政会议乃全校最高的行政机构和执行机构，掌握全校行政大权，负责实施评议会议决的行政方面的事务；其成员由各专门委员会的委员长、教务长、总务长构成，校长兼任议长。"[2]第四，设各科（系）教授会。各教授会各设主任一人，由本部会员投票选出，任期二年。"各教授会有讨论、决议之权的事项是：（甲）本部教授法之良否；（乙）本部教科书之采择。各教授会有参与讨论之权的事项是：（甲）本部学科之增设及废止；（乙）本部应用图书及仪器之添置。"[3]教授会会员从教授、讲师中产生，教授会主任由会员公举，任期二年。1919年改门设系后，改称各系教授会。各系主任由教授会投票选举，教授会负责规划本系的各项教学工作。

教授治校体现了专家治校的原则，大学应该由有学问的教授和真正懂得教育和学术的专家来进行管理。教授治校体现了民主办学的原则，能够有效地防止校长等少数人主观专断、任意办事。从而保障大学的运转不因校长的人选和去留产生重大影响。"教育者，与其守成法，毋宁尚自然；与其求划一，毋宁展个性。"这种由强大师资、教授治校来得以保障的学术民主和教学自由的风气，开阔了学生的视野，活跃了学生的思想，启发了学生的思路，提高了学生的智慧。同时，也培养了学生善于研究学问、独立思考的兴趣和能力，从根本上保证了通识教育的实施。

（二）郭秉文的通识教育思想

郭秉文学贯中西，文理兼通，具有深厚的教育理论素养。在中国近现代高等教育史上，郭秉文以其独特的教育理念和杰出的办学成就享誉海内外。他认为中国和西方国家均有悠久的自由教育传统。他高度评价先秦儒学的教育价值与历史地位，"在过去的教育制度下，经学成为学校课程的中心……以此为中心的主题不得不涉及人之个人、家庭与公民责任，受其教育熏陶，国人能养成高尚的道德和某些优美、稳定的品性，这成为维系中国文明经久不坠的力量"[4]。

---

[1] 冯用军. 蔡元培北大改革理念新诠释及其现代价值[J]. 高校教育管理, 2010（6）: 26-31.
[2] 李江源. 略论蔡元培的大学制度思想[J]. 高教探索, 2002（4）: 79-82.
[3] 李振东. 北大的校长们[M]. 北京: 中国经济出版社, 2003: 117.
[4] 张亚群. 郭秉文的通识教育理念及其现代价值[J]. 高等教育研究, 2014（11）: 85-91.

他指出"任何一国教育制度的成功,必须适合本国的需要。对于西方人是最好的教育未必能保证对中国人也是最好的。以西方教育之长,与我国数千年教育历史所证明适宜者相结合,才能建立良好的教育制度"①。郭秉文主张教育变革应弘扬古代通识教育优良传统,同时融入新的教育理念。"今日中国教育变革的精神与数世纪以来中国人的教育精神并无不同,就是说,仍保持对学习的高度尊敬。其变化不在好学的本质,而在学习的特征。"②1914年回国后,他在南京高师、东南大学长达十年的办学实践中,不断践行和丰富着通识教育的理念与内涵。

1. 通识教育的核心理念:"四个平衡"

郭秉文通识教育思想的核心在于其主张的"四个平衡"教育理念。所谓"四个平衡",即"通才与专才的平衡、人文与科学的平衡、师资与设备的平衡、国内与国际的平衡"③。

首先,大学教育应该注重通才与专才的平衡。郭秉文认为,我国传统教育"不为实际与日常生活而设,乃为官吏之养成"④,这种教育过于狭隘。新教育应"以农业、工业及其他生活之预备为其目的"⑤,为社会培养多种类型的人才。因此,郭秉文主张大学既要设置文、理等偏重于学理的"正科",又要设置农、工、商、教育等偏重于应用的"专修科"。"正科"分文史地部与数理化部,"专修科"设立工、农、商、教育、体育等科。⑥"正科注重通才教育",但不忽视应用;"专修科注重专才教育",但不忽视基础。"两者相辅相成,不可偏废……通才与专才互相调剂,使通才不致流于空疏,专才不致流于狭隘"⑦。

---

① 张亚群. 中国近代大学通识教育与创新人才培养[M]. 福州:福建教育出版社,2015:131.
② 张亚群. 郭秉文的通识教育理念及其现代价值[J]. 高等教育研究,2014(11):85-91.
③ 冒荣. 至平至善,鸿声东南——东南大学校长郭秉文[M]. 济南:山东教育出版社,2004:115.
④ 郭秉文. 中国教育制度沿革史[M]. 福州:福建教育出版社,2007:102.
⑤ 郭秉文. 中国教育制度沿革史[M]. 福州:福建教育出版社,2007:102.
⑥ 耿有权. 平衡创新:郭秉文办学治校思想精髓[J]. 东南大学学报(哲学社会科学版),2013(6):142-145.
⑦ 张其昀. 郭师秉文的办学方针[C]//郭秉文先生纪念集. 台北:中华学术院,1971:1.

在学科设置上,郭秉文认为大学是多种人才的培养基地,应当设多种学科。因此,当时的南京高等师范学校除了开设"注重通才教育"的国文、理化部的本科之外,还陆续增设了"注重专才教育"的体育、英文、教育、农、工、商等专修科。①南京高等师范学校的教育基础与应用相辅相成,"学"与"术"相互支撑,学生按照自己的兴趣和学科的特点选修相应的课程,从而获得"通"与"专"相结合的大学教育。

应该说,在对待"学"与"术"的态度上,郭秉文与蔡元培有所不同。蔡元培在主政北大期间主张"学""术"分离,而郭秉文明显地倾向于"学"与"术"的融合。这种不同与两人的求学经历不无关系。蔡元培接受的是德国的大学教育理念,郭秉文接受的是美国的大学教育理念。相比而言,蔡元培秉持的是一种古典的自由教育理念,郭秉文则接受了杜威的实用主义教育思想。在具体的教育实践中,蔡元培更多的是对各种"主义""学派"的接纳和政治态度、治学风格上的宽容,而郭秉文则更加看重"学科"的组合、学科之间的交融。②

其次,大学应该注重人文与科学的平衡。郭秉文指出中国传统教育偏重于人文学科,"数千年之教育性质,皆偏于文学、哲学与道德方面,而近世所谓实验教育,则百不得一焉"③。要改变这种状况,必须"有关系于受者之生活问题",在注重文、史、哲等"文字教育"的同时,还应"翻然变计,注重实用教育"④。

郭秉文之所以要提倡人文与科学的平衡,主要有两层目的。其一是开办综合性大学,需要人文社会科学与自然科学并重。其所组建的东南大学是我国近代第一所综合性大学。其二是大学不仅要吸纳西方文明,重视科技新知,更要提倡民族精神、重视民族文化。郭秉文创办《学衡》杂志,"主张发扬民族精神,沟通中西文化,不要仅作空泛的介绍,而当更作深入的研究"⑤。他还将创办于美国的"中国科学社"迁入东南大

---

① 王悦芳. 郭秉文"平衡"教育发展观论析[J]. 江苏高教,2012(1):146-149.
② 张大良,王运来. 郭秉文"四个平衡"的大学教学思想探微[J]. 中国大学教学,2007(10):8-12.
③ 郭秉文. 中国教育制度沿革史[M]. 福州:福建教育出版社,2007:102.
④ 郭秉文. 中国教育制度沿革史[M]. 福州:福建教育出版社,2007:102.
⑤ 张其昀. 郭师秉文的办学方针[C]//郭秉文先生纪念集. 台北:中华学术院,1971:5.

学，使东大成为中国重要科学研究中心。因此，在郭秉文看来，大学理应成为弘扬民族文化的基地和发展科学的重镇，成为人文精神与科学新知的交点，进而培养出文理兼修、既有人文情怀又有科学思维、既喜琴棋书画又好声光化电的高素质人才①。

再次，大学应该注重师资与设备的平衡。这实质上是在大学构建实施通识教育的"软件"和"硬件"基础。郭秉文认为，我国传统教育重科举而轻学校，致使学校的师资建设与设备建设处于无序状态。"大学教育当然以师资为第一，但物质条件亦不容忽视。"②因而，既要注重延揽人才，又要注意加强学校各项建设。在当时的中国大学校长中，"郭秉文先生专拉、能拉好教授出了名的"③，"东大所设文史地部、数理化部、教育专修科、农商业专修科，皆极整齐，尤以所延教授，皆一时英秀，故校誉鹊起"④。"北大以文史哲著称，东大以科学名世。然东大文史哲教授实不亚于北大。"可见，当时东南大学师资力量之强。

郭秉文在延揽师资的同时，又千方百计谋求办学条件的改善。"采取公家拨款、独资捐助、个人赞助、校董会集资、银行投资、外国基金会捐资等多种渠道"⑤，为东大募集到大量的资金，教学设施与科研设施、生活设施、体育与休闲设施等配备齐全。他为了改善地学系的办学条件，争取到了北极阁中央观象台江宁测候所，作为地学系师生实验、实习的场所。为了改善农科的办学条件，郭秉文把玄武湖建成了东大农科的水生植物和鱼类试验池，并建立了总共近4 000亩的农业试验场。⑥东南大学的图书馆、体育馆于1923年落成；而1927年竣工的专事研究的"科学馆"则可能要算当时中国大学中最大的科研楼。⑦

---

① 张大良，王运来.郭秉文"四个平衡"的大学教学思想探微[J].中国大学教学，2007（10）：8-12.
② 张其昀.郭师秉文的办学方针[C]//郭秉文先生纪念集.台北：中华学术院，1971：2.
③ 王成圣.中国哲人郭秉文先生[C]//郭秉文先生纪念集.台北：中华学术院，1971：63.
④ 朱耀祖.郭秉文先生与南高东大[C]//郭秉文先生纪念集.台北：中华学术院，1971：63.
⑤ 朱斐.东南大学史：第一卷[M].南京：东南大学出版社，1994：131.
⑥ 王悦芳.郭秉文"平衡"教育发展观论析[J].江苏高教，2012（1）：146-149.
⑦ 张大良，王运来.郭秉文"四个平衡"的大学教学思想探微[J].中国大学教学，2007（10）：8-12.

高水平的师资和优良的教学科研设施使南高、东大的声誉迅速上升，"南高、东大办理优良的呼声，几乎浸被于中华教育界。而南高之善，尤过于北大，所以一般学子先生们，都均用全副眼光来注重，人人都有'一瞻仰门墙'之愿。"①

最后，大学应该注重国际与国内的平衡。郭秉文认为中国人有一种崇拜圣贤的"好古心"，"自宗教、政治而外，尚有一物，大影响于吾国之教育者，曰'好古心'是也……以为时代愈古，文明愈甚……崇拜古之圣贤，其一言一动，后生所矜式而唯恐不及"②。他认为这种"好古心"容易局限人们的视野。大学校长必须克服这种弊端，办学既要关注国内，又要放眼世界。

在人才培养上，郭秉文主张"广求智识于世界，务使同学们放宽眼界，开拓心胸，则爱国之心，油然而生"③。郭秉文提出了包括交换教师、交换学生、交换访问、交换出版物，建立联合的教育事业，开设有关外国文化与国际问题的课程，组织国际大学联盟等手段，加强国际交流。郭秉文主校期间，不仅派遣教师、学生出国留学或访学，"还延揽了一批从国外著名大学毕业的中国留学生，使东南大学留学教师占总数的64.4%"④。同时，还邀请了一批世界著名学者访问东大并进行短期讲学，如孟禄、杜威等。郭秉文还出席了三届世界教育会，曾以"大学教育与世界和平"为题，阐明大学里的"平天下"的志趣。可以说，"在20年代的国际科教文舞台上，国内似没有比郭秉文更活跃的了"⑤。

2. 通识教育的育人目标：共和国民

郭秉文关于培养"共和国民"的思想，首先在其归国初期撰写的《学校管理法》一书中提出来，这本书全面论述了学校管理的原理及方法，"其目的首先在于国民新道德的推行，建立起与共和新制配套的教育管理

---

① 冒荣. 至平至善 鸿声东南——东南大学校长郭秉文[M]. 济南：山东教育出版社，2004：150.
② 郭秉文. 中国教育制度沿革史[M]. 福州：福建教育出版社，2007：102.
③ 张其昀. 郭师秉文的办学方针[C]//郭秉文先生纪念集. 台北：中华学术院，1971：3.
④ 王德滋. 南京大学百年史[M]. 南京：南京大学出版社，2002：97.
⑤ 朱斐. 东南大学史：第一卷[M]. 南京：东南大学出版社，1994：131.

方法，积极推行共和国民的教育"①。归国初期，他在江苏省教育会的专题演讲中，也明确呼吁教育界自觉承担起培养国民新道德的重任。

"夫欲培养国民之道德，为巩固民国之基础。非当今吾教育界之惟一大问题乎？共和国民不当以刑威，不可以法制，而宜以德道之。学生者未来之国民也，不先有以培养之，则今日为不道德之学生，安能他日为道德之国民乎？是故当今吾国之教育家，如不欲培养国民之道德为民国之基础也，则亦已耳。否则，此惟一之大问题不能竭尽心力以解决之，将谁负其责，而谁任其咎也？"②

可见，郭秉文的通识教育育人目标在于培养"共和国民"，而且特别重视"共和国民"的道德养成教育。

"共和国民教育新理念，成为郭秉文一切教育思想的出发点，这种观念集中反映出民国初期中国社会转型对教育思想领域新的时代吁求。"③郭秉文理想中的"共和国民"应该"能思想以探智识之本源，能应用以求智识之归宿"，要有"坚强之体魄、充实之精神"④。要使学生"具有国士的志节和风度，以国家为己任，以天下为己任"⑤。具体而言，就是要造就具备"钟山之崇高、大江之雄毅、玄武之深静"⑥这样一种"国士"人格，"于道德、学术、才识三者又有适当之培养"的学生。

3. 通识教育的实现路径：三育并举

在通识教育的实现路径上，郭秉文主张"三育并举"，即通过德育（训育）、智育、体育三者并重而使大学生的才能、体魄、精神、道德和学术等诸方面都得以"相当的发达"⑦。从而使学生具有"国士的志节和风

---

① 许小青. 郭秉文与民国教育界[J]. 教育学报，2014（5）：67-79.
② 郭秉文. 学校教育法[J]. 教育杂志，1914，6（12）：1.
③ 许小青. 郭秉文与民国教育界[J]. 教育学报，2014（5）：67-79.
④ 郭秉文. 代理校长郭秉文关于本校概况报告书[M]//上海财经大学校史研究室. 郭秉文与上海商科大学. 上海：上海财经大学出版社，2010：111-115.
⑤ 张其昀. 郭师秉文的办学方针[C]//郭秉文先生纪念集. 台北：中华学术院，1971：4.
⑥ 张其昀. 郭师秉文的办学方针[C]//郭秉文先生纪念集. 台北：中华学术院，1971：4.
⑦ 朱沛莲. 五十年前之南高[C]//郭秉文先生纪念集. 台北：中华学术院，1971：109.

度,以国家为己任,以天下为己任,成为平正通达的建国人才"①。1918年10月,郭秉文在南京高师做了《代理校长郭秉文关于本校概况报告书》的报告,系统阐明了训育(德育)、智育、体育并重的办学方针。

首先,关于训育(德育)。郭秉文认为训育应"以诚为本","取训练和管理兼重主义",要达到知行合一。"训练注意启发,使知其所以然;管理注意实践,使行其所当然。二者交相为用,以期知行合一。"其目标是要"养成对于国家负责任之国民为意想中之人格"②。郭秉文认为道德包含品性和行为,"品性要趋于中正,行为要趋于和平"。"所谓中正、和平……则要皆本于至诚。"③

实施训育,一方面要重视修养,另一方面要重视服务。"在修养方面,于学生则重躬行与省察,于职员则重感化与考察;在服务方面,于学生则重实践与研究,于职员则重示范与检查"④。

其次,关于智育。郭秉文认为智育"亦以诚为本"。要"依据诚训,以养成思想及应用能力为智育标准。必使学者能思想以探智识之本源,能应用以求智识之归宿"。"明智识之本源,然后乃能取之无尽;明智识之归宿,然后乃能用之无穷。""所思想、应用之事物,则以适合于社会需要为本,总期所思、所用,皆与社会生活有密切之关系。"⑤

智育的实施,主要有四种途径。其一是重视学科建设。依据智育标准和社会需要,学校开设国文、理化两部及体育、工艺、农业、商业、英文、教育专修科,培养各类人才。其二是重视教学工作。在教学方法上,注重启发和自修,增加参考书,增设教务研究会;理工科教学注重实验,"一以为学理之佐证,一以养发明之习惯"。其三是注重科学研究。郭秉文认为"研究亦为锻炼思想独立之一法",因此,他要求各部及各专修科"于

---

① 张其昀. 郭师秉文的办学方针[C]//郭秉文先生纪念集. 台北:中华学术院,1971:4.
② 郭秉文. 代理校长郭秉文关于本校概况报告书[M]//上海财经大学校史研究室. 郭秉文与上海商科大学. 上海:上海财经大学出版社,2010:111.
③ 郭秉文. 代理校长郭秉文关于本校概况报告书[M]//上海财经大学校史研究室. 郭秉文与上海商科大学. 上海:上海财经大学出版社,2010:111-112.
④ 郭秉文. 代理校长郭秉文关于本校概况报告书[M]//上海财经大学校史研究室. 郭秉文与上海商科大学. 上海:上海财经大学出版社,2010:112.
⑤ 郭秉文. 代理校长郭秉文关于本校概况报告书[M]//上海财经大学校史研究室. 郭秉文与上海商科大学. 上海:上海财经大学出版社,2010:113.

末一学年均定有研究一项，凡各该科之各种重要问题，令学生各认一题或两题，详细研究，各撰报告书留校，以养成独立思想，并以是征其心得"。其四是重视实地学习。通过"实科之实习"，养成学生各科之技能；通过"实地教授"，养成学生应用教育原理之方法；通过组织学生"观摩"活动，使学生开阔视野，学生毕业之前均往相关单位"参观一切"[1]。

最后，关于体育。郭秉文认为"体育为德、智二育基本，欲求德智高尚，苟使身体孱弱不徒，任重道远，难以负担，且不足以表示优秀国民之完全人格"[2]。"体育之标准"是要"养成坚强之体魄、充实之精神"[3]。他在主政东南大学期间，十分重视体育及卫生防疫。在疾病预防、膳食卫生、日常锻炼等方面都做出了详细的规定和实施举措。

可见，郭秉文在人才培养上不仅要求学生成为人格高尚、身心健康、能担任建设国家重任的国民；同时，要具备思考、推理、哲学思辨和动手实验的能力，具有对价值的认知和判断能力。这些不仅是对传统教学思想的突破，也是对美国进步主义通识教育思想的吸纳。

4. 通识教育的实践指向：注重能力

郭秉文的通识教育思想深受美国实用主义思想的影响。在他的通识教育实践中，不仅注重学生对文理各方面基本知识的掌握，更重视学生的能力养成。

民国初年，中国的高等教育还处在"前象牙塔"时代，"大学对于'服务'和'应用'的意义与作用还没有完整的概念"[4]。大学主要是传授学生知识，对于学生能力的培养很少有明确的提及。郭秉文认为教育不重视学生能力的养成，则"成绩甚少，进步甚迟""教授、训练、管理等，必不能深合于社会之需要"。

---

[1] 郭秉文. 代理校长郭秉文关于本校概况报告书[M]//上海财经大学校史研究室. 郭秉文与上海商科大学. 上海：上海财经大学出版社，2010：112-114.
[2] 郭秉文. 代理校长郭秉文关于本校概况报告书[M]//上海财经大学校史研究室. 郭秉文与上海商科大学. 上海：上海财经大学出版社，2010：115.
[3] 郭秉文. 代理校长郭秉文关于本校概况报告书[M]//上海财经大学校史研究室. 郭秉文与上海商科大学. 上海：上海财经大学出版社，2010：115.
[4] 王运来. 学术与事功平衡——郭秉文高等教育思想蠡测[J]. 南京师大学报（社会科学版），2011（2）：16-23.

郭秉文认为学生能力的培养不能脱离社会。"学生之抛弃社会而求学于学校,毕业后既不能为农,又不能为工商,教育之本旨安在哉?"① 郭秉文的通识教育实践不仅在于要"发达学子身心",还在于"注意于学子职业之选择,而予以正确之引导"②。最终达到使学生"养成思想"和掌握"应用能力"的目的。郭秉文在考察和研究英美教育之后指出,教育若不注重学生能力的培养,中国很快就会面临"高等游民"浪潮的冲击。因为"当今吾国教育,尚未普及,彼毕业于学校者,已供过于求。若教育大兴,则毕业于学校者……势必流为高等游民而不止也。则教育为世诟病,学生被人唾弃,在所不免矣"③。郭秉文还特别注重知识的活化和能力的迁移,"注重理想与实际之联络",强调"所学者皆有所用,所用者皆本所学"。郭秉文重视学生能力培养的教育思想成为中国现代高等教育的一份丰富遗产,留给后人许多启迪。

5. 通识教育的制度保障:民主治校

郭秉文深谙教育管理之道,他曾著有《学校管理法》一书,书中详细阐述教育管理的方法和原理。在南京高等师范学校和东南大学的办学实践中,郭秉文引入民主管理和民主治校的思想。郭秉文认为,建设当前中国的大学要"搜集前清至今兴新教育之经验,再参用欧美制度之所长,以及保存吾国自古教育之所宜是也"④。秉承着这样的大学理念,郭秉文开展了学者治校、学术自由、学生自治的办学实践。

郭秉文民主治校的理念,首先体现在一套行之有效的学校管理制度的确立与施行。郭秉文强调"持中之道",在大学管理上也很注重这一点。他坚持实行"三会制"。所谓"三会制",即评议会、教授会、行政委员会,校长兼此"三会"的主席。"三会"各有分工,各司其职,达到相互制衡的效果。"评议会,属于议事机构,决议学校教育方针、学校规划与各项经济支出等重大事项;教授会,负责全校教务的机构;行政会,是

---

① 郭秉文. 中国教育制度沿革史[M]. 福州:福建教育出版社,2007:93.
② 郭秉文. 中国现今教育问题之一:职业之引导[M]//上海财经大学校史研究室. 郭秉文与上海商科大学. 上海:上海财经大学出版社,2010:106.
③ 郭秉文. 中国现今教育问题之一:职业之引导[M]//上海财经大学校史研究室. 郭秉文与上海商科大学. 上海:上海财经大学出版社,2010:107-108.
④ 郭秉文. 中国教育制度沿革史[M]. 福州:福建教育出版社,2007:110.

负责执行全校行政事务的机构，协助校长处理校务。"①郭秉文还创造性地在大学设立了董事会。董事会作为全校最高的立法和决策机构，地位和校长并列甚至更高。董事会的最大作用是沟通大学和社会各界的联系，使学校发展得以获得来自社会各方面的舆论、物质、经济等大力支持。

郭秉文的民主治校理念还突出地表现在对自治管理的重视。他认为大学本质上是学术机构，自治管理最适合学术和人才的发展。"自治管理不仅指教师的自我管理，而且指学生在学习上的自学和自力研究、在生活上的自立和自我管理，以及各种学术活动、文体活动的自行组织和主办。"②在他的指导下，学校建立学生自治会，下设评议会、执行部、仲裁院三个机构。"评议会是议事机构，讨论决定学生自治会的计划、任务、章程等重大事项；执行部是执行机构，主办各种学术、文艺等活动，参与宿舍、食堂等管理；仲裁院是调解处理各种矛盾的机构。"③同时，为加强学生工作，东南大学专门设立一个学生自治委员会，选聘德高望重的教授担任委员。

郭秉文的教育实践，鲜明地反映了美国大学通识教育理念和大学模式对他的影响。同时，也体现了他对中国传统教育的批判、继承与扬弃。"中国教育家之所当保持者，古代文化之长与其精英，而非其糟粕也。所当取注者，西方文化之所长与其精英，而非其糟粕也。采西方文化时，融会而非变置，以渐进而非以骤几。"④郭秉文的办学理念与实践，无论是强调培养健全人格的国民，还是对独立思考和应用能力的关注；无论是强调以社会需求为旨归设置学科和课程，还是对实验、践行的关注，都可体味到以学生为中心、以社会为学校教育之本源和目标的美国进步主义通识教育的精髓。⑤

---

① 耿有权. 平衡创新：郭秉文办学治校思想精髓[J]. 东南大学学报（哲学社会科学版），2013（6）：142-145.
② 耿有权. 平衡创新：郭秉文办学治校思想精髓[J]. 东南大学学报（哲学社会科学版），2013（6）：142-145.
③ 耿有权. 平衡创新：郭秉文办学治校思想精髓[J]. 东南大学学报（哲学社会科学版），2013（6）：142-145.
④ 田正平. 中外教育交流史[M]. 济南：山东教育出版社，2004：607.
⑤ 李佳. 近代中国大学通识教育课程研究[M]. 杭州：浙江大学出版社，2010：48.

第三节　大学通识教育课程变革的制度规约

一、壬子癸丑学制的颁布

1912年9月3日，北京国民政府教育部公布《学校系统令》，因这年是壬子年，故又称壬子学制；1913年，又陆续颁布了各种学校令，由于其中有的规定与壬子学制相左，随即又将这些规定与壬子学制加以调整和综合，制订了一个统一的学制系统，称为壬子癸丑学制。这个学制一直实行到1922年新的学制诞生，为时近十年。

从纵向上来看，壬子癸丑学制将整个教育期限规定为17~18年，共分为三段四级。"初等教育二级，初等小学4年……毕业后入高等小学或实业学校；高等小学3年……毕业后入中学或师范学校或实业学校。中学教育4年……毕业后入大学或专门学校或高等师范学校。大学6年至7年，即预科3年，本科3至4年。大学之上的大学院，不定年限。"[①]从横向方面看，壬子癸丑学制分成三个系统，即普通教育系统、师范教育和实业教育系统。"师范教育分为师范学校和高等师范学校两级，相当于中等和高等教育阶段。实业教育分乙种实业学校和甲种实业学校，相当于高小和中等教育阶段。还有专门学校相当于高等教育阶段"[②]。

1912—1913年壬子癸丑学制从制度上确立了普通教育、职业（实业）教育、师范教育三个平行的教育系统，将职业教育与大学教育分离，从而从体制上保证了大学教育的通识本性。

二、《大学令》与《大学规程》的颁布

1912年10月，北京国民政府教育部颁行《大学令》。《大学令》对

---

① 教育部公布学校系统令[G]//璩鑫圭,唐良炎.中国近代教育史资料汇编·学制演变.上海：上海教育出版社，1991：651-653.
② 熊明安.中华民国教育史[M].重庆：重庆出版社，1990：25-27.

大学的教育宗旨、学科建置、学制年限、入学资格、教师职级、管理体制等，都做了明确规定。《大学令》使我国近代的大学管理逐渐走向近代化，并日趋规范化。它废除清末《奏定学堂章程》规定的以"忠孝为本，以经史之学为基"的教育宗旨，废止经学科目和奖励毕业生科举出身等封建性规制。在教育宗旨上，《大学令》明确规定，"大学以教授高深学术，养成硕学闳材，应国家需要为宗旨"①。"大学分为文科、理科、法科、商科、医科、农科、工科，以文、理二科为主。"②须合于下列各款之一者，方得名为大学："（1）文理二科并设者；（2）文科兼法商二科者；（3）理科兼医农工三科或二科一科者。"③《大学令》规定大学预科必须附设于大学之中，不得单独设立，以保证大学生源的质量。同时，规定大学预科修业3年，大学本科修业3~4年。

1913年1月12日，北京国民政府教育部颁布《大学规程》。《大学规程》是对《大学令》的补充和完善，旨在进一步加强和规范政府对大学的管理以及推动《大学令》的有效贯彻与执行。《大学规程》分六章三十条，对大学、预科、大学院的学科及科目、修业年限、入学资格等，做了更加具体的规定。

1912年《大学令》和1913年《大学规程》规定了大学的学制体系及学科、课程设置。它首先明确了大学的教育宗旨，即"教授高深学术，养成硕学闳材"，这个宗旨体现出了鲜明的通识教育理念和主张。其次，它规定了大学"三年预科+三年本科"的修业年限，这一规定对大学通识教育课程的整体设计影响重大，它直接影响通识教育课程在哪一阶段哪些年级开设。最后，它规定了大学的具体学科，特别是每一学科的基本课程设置，为大学开设课程提供参考标准，虽然这一时期各大学的课程设置有所不同，但基本上参照这一文件规定的标准来开设。这对通识教育课程的实施模式、具体科目设置都有一定影响。

---

① 教育部公布大学令[G]//璩鑫圭，唐良炎. 中国近代教育史资料汇编·学制演变. 上海：上海教育出版社，1991：663.
② 教育部公布大学令[G]//璩鑫圭，唐良炎. 中国近代教育史资料汇编·学制演变. 上海：上海教育出版社，1991：663.
③ 教育部公布大学令[G]//璩鑫圭，唐良炎. 中国近代教育史资料汇编·学制演变. 上海：上海教育出版社，1991：663.

三、《修正大学令》的颁行

1917年9月27日，北京国民政府教育部颁布《修正大学令》。《修正大学令》从形式上看是对《大学令》的废止，其实是对《大学令》的补充和发展，从而使大学学制更为完备。众所周知，《大学令》是在蔡元培任教育总长期间所主持的全国临时教育会议上通过的，蔡元培任北京大学校长后，在执行《大学令》的实践中发现了一些不切合中国高等教育发展实际情况的地方，因此，需要对这些不切实际的地方予以调整。可见，《修正大学令》是对《大学令》的修订而不是否定，是对《大学令》的增补和完善。《修正大学令》对大学的规格、修业年限、教学组织机构等方面做了一些新的调整。

《修正大学令》将原《大学令》第三条的规定"大学以文理二科为主；须合于下列条款之一，方得名为大学：一、文理二科并设者；二、文科兼法商二科者；三、理科兼医农工三科或二科一科者。"[①]改为"设二科以上者得称为大学。其但设一科者称为某科大学"[②]。将原《大学令》中规定的"大学各科修业年限三年或四年，预科三年"[③]修订为"大学本科之修业年限四年，预科二年。"[④]《修正大学令》规定"大学设评议会"，取消了《大学令》中"大学各科各设教授会"的规定，减少了机构重叠，使行政管理与发挥教授作用相结合。[⑤]

可见，《修正大学令》虽然颁布于北洋军阀混战时期，但它是对民初《大学令》的修订，是对高等教育体制进行的一次有益的探索和改进，使中国近代高等教育体制更加趋于合理和完善。《修正大学令》规定了"二年预科＋四年本科"的修业年限，这对大学的课程设置产生影响，大学通识教育课程的设置不得不重新予以规划。

---

① 教育部公布大学令[G]//璩鑫圭，唐良炎．中国近代教育史资料汇编·学制演变．上海：上海教育出版社，1991：663．
② 教育部公布修正大学令[G]//璩鑫圭，唐良炎．中国近代教育史资料汇编·学制演变．上海：上海教育出版社，1991：815．
③ 教育部公布大学令[G]//璩鑫圭，唐良炎．中国近代教育史资料汇编·学制演变．上海：上海教育出版社，1991：663．
④ 教育部公布修正大学令[G]//璩鑫圭，唐良炎．中国近代教育史资料汇编·学制演变．上海：上海教育出版社，1991：815．
⑤ 教育部公布修正大学令[G]//璩鑫圭，唐良炎．中国近代教育史资料汇编·学制演变．上海：上海教育出版社，1991：815．

四、壬戌学制与《国立大学校条例》对高等教育的规定

自 1915 年以来,在新文化运动的推动下,在各种资产阶级教育思潮的影响下,中国教育界发现在民国初年按照日本模式制定的壬子癸丑学制仍然存有诸多弊端,必须对学制做进一步修改。

1922 年新学制对高等教育有如下一些规定:"(1)大学校设数科或一科均可。学校设一科者称某科大学,如称医科大学、法制大学之类;(2)大学修业年限 4~6 年,各科按其性质繁简,在此限度内斟酌确定修业年限;(3)大学校采用选科制;(4)因学科及地方特殊情形,可设专门学校,高级中学毕业生升入,修业年限 3 年以上,年限与大学校同者待遇亦同;(5)大学校及专门学校可附设专修科,修业年限不等,凡志愿修习某种学术或职业,而有相当程度者入之;(6)为补充初级教员之不足,可设二年制师范专修科,附设于大学校教育科或师范大学校;(7)大学院为大学毕业生及具有同等程度者研究之所,年限无定。"①新学制自 1922—1923 年颁行后,直到 1949 年中华人民共和国成立才废止,长达 36 年,对中国高等教育的发展和提高发挥了重要的作用。

1924 年 2 月 23 日,北京国民政府教育部颁布了《国立大学校条例》,条例共 20 条。《国立大学校条例》宣布废除 1912 年和 1913 年先后颁行的《大学令》和《大学规程》。其规定中对大学通识教育产生直接影响的主要体现在如下规定上:"规定国立大学各科设立学系,学习课程采用选科制。国立大学各科、各学系及大学院,各设主任 1 人,取消各科学长。大学教员设正教授、教授,必要时可延聘讲师;各科、各学系及大学院主任由正教授或教授兼任。各科、各学系及大学院设立教授会,由正教授、教授组成,负责本单位的课程设置与教学安排。国立大学校暂设预科……预科不设于大学校内。"②

---

① 大总统颁布施行之学校系统改革案[G]//璩鑫圭,唐良炎.中国近代教育史资料汇编·学制演变.上海:上海教育出版社,1991:989-993.
② 国立大学校条例[J].教育公报,1924(3):1-3.

1922—1923 年新学制规定大学修业年限为 4~6 年，大学不再附设预科，大学采用选科制。1924 年《国立大学校条例》基本认同了新学制的规定，同时废除了《大学令》和《大学规程》。这两个文件对大学课程变革影响巨大。首先是预科的废除，使得大学不得不重新规划课程；其次，选科制的施行，尊重了学生个性的发展，但对学校课程提出了更高的要求；再次，随着《大学规程》的废止，国家层面的对学校各科课程设置的基本规定便也终止了。其后，大学各科课程设置基本由学校及各科系自行商定，课程设置日趋自由化。

第四节 大学通识教育课程变革的实践探索

这一时期大学通识教育课程的实践与变革，以 1917 年颁布的《修正大学令》和 1924 年颁布的《国立大学校条例》为界，可以大致分为三个阶段：第一阶段为 1912—1917 年；第二阶段为 1918—1924 年；第三阶段为 1925—1927 年。

一、1912—1917 年：预科模式

在这一阶段，按照《大学令》规定，大学分预科和本科两个阶段，其中预科三年，本科三至四年，"大学各科之修业年限三年或四年，预科三年"[①]。当时的大学基本上施行的是预科三年，本科三至四年，共计六至七年的年的大学教育。严格来说，当时我国近代意义上的大学尚在萌芽阶段，以欧美为代表的近代大学教育制度在我国尚未成型。这一阶段，大学通识教育课程实践主要体现在预科阶段。下以 1917 年北京大学文、理预科课程为例，做一分析。（见表 3-1）

---

① 大学令[G]//潘懋元，刘海峰. 中国近代教育史资料汇编·高等教育. 上海：上海教育出版社，1993：367.

表 3-1　北京大学 1917 年文、理预科课程①

文科预科			理科预科		
年级	科目	周课时	年级	科目	周课时
一年级	英文或德文	10	一年级	国文	3
	国文	7		英文文法	3
	本国史	4		英文读本	3
	本国地理	3		英文作文	3
	西洋文明史	3		数学	9
	数学	3		物理	3
	体操	2		化学	3
二年级	英文	10		博物	2
	国文	7	二年级	国文	3
	法文	4		英文作文	3
	本国史	2		英文文学	3
	本国地理	2		德文文法	2
	西洋文明史	3		德文读本	3
	数学	3		代数	3
	体操	2		解析几何	2
三年级	英文	7	三年级	国文	3
	法文	4		英文作文	3
	国文	7		英文文学	3
	本国史	2		德文文法	2
	西洋文明史	3		德文读本	3
	数学	3		微积分	4
	论理学	2		物理	2
				物理实习	2
				力学	1
				化学	2
				化学实习	2
				图画	3

① 王学珍，郭建荣. 北京大学史料：第 2 卷[M]. 北京：北京大学出版社，2000：1049-1051.

由表 3-1 可见，这一阶段的通识教育课程（预科课程）具有以下特点：第一，文、理预科共同科目仅有国文、外语、数学三门。第二，重视语言学科，尤其重视外语。首先，重视国文。无论文、理预科，三年中都有国文课程。但是又根据文、理科性质不同，国文所体现的重要性的程度有所不同。文预科每年的国文均为每周七课时，理预科则为每周三课时。其次，重视外语。文预科除了对英语有大量的课时要求之外，还另外要求修习德文和法文，相当于有三门外语的要求。理预科主要是英文和德文，其中分类较细，英语分为文法、读本、作文和文学四种不同课型，德文分为文法和读本两种课型。体现了当时国人重视外语、积极利用外语这一工具实现向西方国家学习的共识。第三，重视数学课程的学习。文、理预科都比较重视数学课程的学习，理预科尤甚。究其原因，可能因数学乃是众多学科的基础。第四，重视服务专业教育的基础课程的学习，这一点从预科课程表可以看出来。文预科课程侧重历史、地理、论理（逻辑）学等文史哲课程的学习；理预科课程侧重数学、物理、化学、博物、力学等基础课程的学习，同时，还开设了相应的实习和图画课程。但是，也不难看出，这一阶段大学通识教育课程缺乏文理融通，通识课程在设计理念、课程结构、课程内容等方面也总体显得比较单薄。

二、1918—1924 年：预科+本科模式

1917 年，《修正大学令》颁布后，按照《修正大学令》的规定，"大学本科修业年限四年，预科二年"[①]。预科和大学修业年限的调整使得大学课程结构有所变化。下仍以北京大学为例进行分析。1917 年 11 月 15 日，教育部召开北京各高等学校代表会议，提出废除年级制、采用选科制的议案。议决通过，交北大试办。同时，"教员中有自美国回者，力言美国学校单位制之善。遂提议改年级制为单位制"[②]。由此，北大于 1918 年率先废除年级制，实行选科制。

[①] 教育部公布修正大学令[G]//璩鑫圭，唐良炎. 中国近代教育史资料汇编·学制演变. 上海：上海教育出版社，1991：815.

[②] 中国蔡元培研究会. 蔡元培全集：第 3 卷[M]. 杭州：浙江教育出版社，1997：672.

代表们认为年级制阻碍了学生个性的发展,限制了学生的选课范围,使学生不能兼习其他系的课程。同时,年级制"使锐进者无可见长。而留级者每因数种课程之不及格,须全部复习,兴味毫无,遂有在教室中瞌睡、偷阅他书及旷课之弊,而其弊又传染于同学"①。而选科制"比现行年级制、划一制可以发展个性"②。因此,通过实行选科制,给学生提供选择学习内容、学习进度、调动学习积极性的机会。"盖世界为有机的组织,有特长者不可强屈之以普通。世界有进化之原则,有天才者尤当利用之以为先导。此后新教育,必将改年级制而为选科制。"③

北京大学实行的"选科制"是中国正式推行学分制的标志,它大大提高了学生的学习兴趣,并且迅速被全国大学所采用,被公认为"我国大学教育上一个极大的进步"④。学分制和选科制相结合的教学制度的实施标志着北大通识教育课程体系的正式确立。

北大的这次改革实质上是从1919—1920学年开始的。从1919—1920学年北大课程实施新制。新制规定"大学预科二年,自为一级,须习满五十单位。每一单位约计三十小时之课,实验时间倍之。本科四年为一级,须习满八十单位。惟习完六年者得毕业文凭。其习完预科者得修业文凭""预科之课程以语言文字及论理学大意、哲学概论等为共同必修科,全体同习之。此外为分部必修,分为甲乙两部。甲部稍偏重数学物理,乙部稍偏重历史地理等科。随学生性质所近,任择一部习之""大学本科第一年之课程,以大学学生所不可少之基本学科及在预科所曾习之外国语为共同必修科,全体同习之。此外为选修科,分为五组,每组各有所偏重,令学生随性之所近于 组内选习八或十一单位,以为一年后之专习一系之预备。"五组之科目设置如下:"第一组:数学、物理、天文等;第二组:生物、地质、化学等;第三组:哲学、心理学、教育学等;第四组:中国文学、英文学、德文学、法文学等;第五组:史学(政治、经济、法律)等"⑤。

---

① 高平叔.蔡元培全集:第3卷[M]北京:中华书局,1984:332.
② 高平叔.蔡元培全集:第3卷[M]北京:中华书局,1984:395.
③ 冯惠敏.中国现代大学通识教育[M].武汉:武汉大学出版社,2004:93-94.
④ 李振东.北大的校长们[M].北京:中国经济出版社,2003:118.
⑤ 尚小明.抗战前北大史学系的课程变革[J].近代史研究,2006(1):115-133.

由以上表述可以看出,这一阶段北大通识教育主要通过预科(两年)的共同必修科和分部必修科、本科第一年的共同必修科和分组选修科来实施的,总共历时三年。在预科两年的学习中,学生学完共同必修科,将根据自身的兴趣和特征,在甲、乙两部中选择一部来学习,其中甲部稍偏重数学物理,乙部稍偏重历史地理。在本科一年级,学生修完共同必修课,将根据自身性质,在五组课程中选择一组课程继续学习。下面以北京大学 1919—1920 学年预科及本科一年级课程设置为例,做一具体分析。(见表 3-2、表 3-3、表 3-4)

表 3-2 1919—1920 学年北京大学预科课程[①]

科目类别	第一年		第二年	
	科目	周学时	科目	周学时
共同必修科	国文(模范文、学术文、文法)	5	国文(模范文、学术文、文法)	5
	第一种外国语(读书、文法及作文)	7	第一种外国语(读书、文法及作文)	7
	第二种外国语	3	第二种外国语	3
	论理学大意	1	哲学概论	1
分部必修科(甲部)	数学(二)	5	数学(二)	5
	物理(二)	2	物理(二)	2
	化学(二)	2	化学(二)	2
	博物	1	博物	1
分部必修科(乙部)	数学(一)	2	数学(一)	3
	化学(一)	2	物理(一)	2
	博物	1	博物	1
	本国通史	3	西洋通史	3
	本国人文地理	2	物理实验	2
选修科			化学实验	2
			图画	2
			法学通论	3
			经济通论	3
			文字学	2

---

① 王学珍,郭建荣. 北京大学史料:第 2 卷[M]. 北京:北京大学出版社,2000:1092-1093.

从表 3-2 可以看出，北京大学预科课程体系为"共同必修科 + 分部必修科 + 选修科"。这一阶段的预科课程体现出了较强的通识性质。首先，它设置了全体学生都需修习的共同必修科目，分别是：国文、第一种外国文、第二种外国文、论理学大意、哲学概论。其次，在分部必修课程中，虽然甲、乙两部所习课程有所差异，但两部学生都需要修习数学、物理、化学、博物四门课程，尽管这四门课程对于甲、乙两部学生所要求掌握的程度不同。最后，预科课程还为全体学生设置了部分任意选习的课程，照顾了学生的个性发展，该部分课程基本涵盖文理各科内容。纵观这一阶段的预科通识教育课程体系，不难发现以下特征：第一，重视语言学科课程的学习。除了对国文的要求外，还要求学生掌握两种外语。第二，重视数学、博物课程的学习。无论甲、乙两部，两年时间都需要修习这两门课程。第三，重视自然科学课程的学习。所开设课程中人文社科类课程较少。总体而言，这一阶段的预科课程兼顾了人文、社会、自然科学方面的知识，但略偏重自然科学课程和语言学方面课程，且没有涉及体育课程。

表 3-3　1919—1920 学年北京大学本科一年级共同必修课程[①]

科目	周课时
哲学史大纲 （习哲学者免习）	2
科学概论	2
社会学大意	2
第一种外国语 （习英法德文学者免习）	3
第二种外国语	3

[①] 王学珍，郭建荣. 北京大学史料：第 2 卷[M]. 北京：北京大学出版社，2000：1080-1082.

表 3-4　1919—1920 年北京大学本科一年级分组选修课程[①]

第一组 (数学、天文、物理等系)		第二组 (化学、地质学等系)		第三组 (哲学系)		第四组 (文学各系)		第五组 (史学系)	
科目	周学时	科目	周学时	科目	周学时	科目	周学时	科目	周学时
立体解析几何	2	无机化学	3	中国哲学史大纲	2	中国文学史要略	2	中国通史	4
方程论	2	化学实验(A)	3	西洋哲学史大纲	3	中国文学史(一)	2	西洋史	3
微积分	4	实验物理(B)	4	论理学	2	中国诗文名著选	4	学术史(一)	3
实验物理(A)	4	数学	3	伦理学	2	欧洲文学史大纲	3	史学研究法	2
实验物理(B)	4	地质学	3	心理学	3	英文学梗概	6	法制史	3
无机化学	3	矿物学	2	生物学大意	2	英文作文	1	交通史	2
化学实验(B)	1	矿物学实习	1.5	地质学大意	2	法文学梗概	6	经济学	3
力学	2	动植物学	2	经济学	3	法文修词学及作文	3	心理学	3
天文	2			数学	2	法文演说	2	论理学	2
				哲学概论	1	法国文学史	3		
						法国近世史	2		
						德文学梗概	6		
						德文修词与文体学	2		
						德文作文	1		

---

① 王学珍，郭建荣. 北京大学史料：第 2 卷[M]. 北京：北京大学出版社，2000：1080-1082。

从北京大学本科第一年的共同必修课程来看，包括哲学史大纲、科学概论、社会学大意、外国语等课程，知识覆盖面较广，其要旨在于扩充学生的知识面，为一年后的专业学习打下基础。分组选修科依然体现了一种宽口径的专业基础教育，让学生广泛学习相关领域的课程，一年后再聚焦到专业领域。北京大学本科一年级课程设置具有以下特点：第一，重视外国语言的学习。第二，共同必修课程的设置在一定程度上体现了学科课程的融合，出现了诸如社会学大意、科学概论等总览性课程。第三，分组课程的设计，实际上是避免学生盲目选习课程，以为日后专业学习做准备。这是从大类领域的角度对专业学习进行关照，进一步帮助指导学生今后的专业学习。

本科第二、三、四年课程，全用选科制。要求"每人于此三年内，须在某一系及其相关系内选修三十至四十单位"。同时，依然重视外语学习，"此外尚须继续所习之第一、二种外国语，每种选修六单位，合计十二单位。合前三年所习外国语单位，共计每人至少须习第一种外国语二十三单位，第二种外国语十五单位。总期于毕业时，至少能用二种外国语读书作文"。并且规定学生必须"在不相关系内得选习六单位以上"。①

综上所述，本阶段大学通识教育课程的实施主要是通过预科＋本科（本科第一年）的模式落实的。具体而言，预科与本科一年级课程，都包括共同必修课程和分部（分组）必修课程。这种通识教育模式，实质上与欧美施行的"集中分配"制通识教育模式类似，是一种基于共同必修基础上的有限制的自由选修制度。一方面，所有学生都要修习一定的共同课程，另一方面通过选科制与学分制的结合，学生可以自由选习课程，但为了防止学生所选课程过于分散或过于简单，又要求学生必须在某一领域集中选习一系列课程。

---

① 王学珍，郭建荣. 北京大学史料：第 2 卷[M]. 北京：北京大学出版社，2000：1079.

三、1925—1927 年：多元模式

1922—1923 年新学制颁布后，特别是 1924 年《国立大学校条例》颁布后，《大学令》与《大学规程》被废止。《国立大学校条例》明确规定：大学不再附设预科，大学课程得采用选科制。大学不再单独设立预科，意味着大学课程又得重新规划和设计，原本在预科阶段进行的通识教育不得不挪到大学教育阶段。同时，《国立大学校条例》对大学课程设置没有做任何明确和具体的要求，各大学遂有设置课程的自由。《国立大学校条例》规定："国立大学校各科各学系及大学院各设教授会，规划课程及其进行事宜。各以本科本学系及大学院之正教授、教授组织之。各科系规划课程时讲师并应列席。"①由此大学课程制定权遂落到各科系，大学课程设置遂开始自由化。这一段时间，大学通识教育课程实施模式各具特色，但因为缺乏必要的规定，大学通识教育课程良莠不齐。一些大学的通识教育课程设置比较成熟合理，一些大学则完全是专业教育，甚至同一所大学不同院系的通识教育课程都大相径庭。

1925—1926 年度，北京大学地质系一、二年级课程如表 3-5 所示。根据当时地质学系课程指导书的说明，该系"第一年、第二年生所习功课，均为地质学基础科目。经教授会审慎编定后，自民国 14 年（1925 年）上学期始一律作为必修科。第三第四年功课，多属专门性质，科目亦复繁多……学者之精力有限，势不能于两年期间之内，尽将全部学习完毕，于是有分门之必要"②。因此，地质系三、四年级课程分为三大门类，即矿物岩石学门（注重矿物岩石及地质构造学）、经济地质学门（注重矿产学及应用地质学）、古生物学门（注重古生物学及地层学）。学生可按本人性情与某门最相接近，自由选习一门。

---

① 国立大学校条例[J]. 教育公报，1924（3）：1-3.
② 王学珍，郭建荣. 北京大学史料：第 2 卷[M]. 北京：北京大学出版社，2000：1118.

表 3-5　1925—1926 年度北京大学地质系一、二年级课程①

年级	科目	周课时
一年级	地质学概论	3
	矿物学及实习	6
	平面测量及实习	6
	动植物学及实验	4
	投形几何及图画	3
	无机化学及实验	5
	物理学	4
二年级	地史学及实习	4
	岩石学及实习	4
	地文学及实习	4
	经济地质学	2
	地质测量及构造地质学	5
	动物学	2
	动植物学实验	3
	定性分析化学及实验	7
	物理化学	2

由表 3-5 可以看出，北京大学地质系课程注重专业教育，但相对来说这是一种比较宽口径的专业教育，与地质学相关的领域都要求学生学习，以为第三、四年的更精深的专业教育服务。但也不难看出，其课程设置缺少必要的人文、社会科学的课程，同时，除专业领域的专业必修课程外，缺少必要的全体学生共同修习的公共必修课程。显然，这与通识教育的理念相差甚远。

然而，让人惊讶的是，同样是北京大学，其哲学系和史学系的课程设置却彰显出鲜明的通识教育的色彩。这一时期，北大哲学系课程分为哲学门和心理学门两类。从课程类别看，分为共同必修科、分门必修科、

---

① 王学珍，郭建荣. 北京大学史料：第 2 卷[M]. 北京：北京大学出版社，2000：1118-1119.

选修科。其中，共同必修科要求学生在一、二年级修习完毕。在其共同必修科目中有：科学概论、逻辑、中国哲学史、西洋哲学史、行为论、普通心理学、社会学原理、教育学等课程。几乎涵盖了自然科学、社会科学、人文科学三个领域，且在一年级就让所有学生进行修习，以奠定学生发展的必要的广博的共同基础。另外，该系选修课程也非常丰富，学生可选择面广。哲学系学生"除外国语另有规定外，须习满六十四单位，方得毕业。在六十四单位中，至少须选习本系功课四十单位"[1]，也就是说另有二十四单位学生可以在全校范围自由选习。同时，该系的课程设置也注意到专业教育的问题，因此设置了分门必修科，让学生所学不至于空泛，而有所侧重。总体来说，该系的课程设置较好地体现了通识教育的意蕴。（见表 3-6）

表 3-6　1925—1926 年度北京大学哲学系课程概况[2]

科目类别	科目	周课时
共同必修科	科学概论	2
	逻辑	2
	中国哲学史	3
	西洋哲学史	3
	行为论	3
	普通心理学	3
	社会学原理	2
	教育学	2
分门必修科（哲学门）	认识论	
	印度哲学	2
	宗教哲学	2
分门必修科（心理学门）	实验心理学	3
	教育心理学	2
	儿童心理学	2

[1] 王学珍，郭建荣. 北京大学史料：第 2 卷[M]. 北京：北京大学出版社，2000：1123.
[2] 王学珍，郭建荣. 北京大学史料：第 2 卷[M]. 北京：北京大学出版社，2000：1123-1124.

续表

科目类别	科目	周课时
分门必修科（心理学门）	社会心理学	2
	变态心理学	2
选修科	中国古代思想史	4
	明清思想史	3
	永嘉哲学	2
	老子哲学、庄子哲学	4
	二程哲学、王阳明哲学	3
	中国认识论史	2
	康德哲学	3
	孔德学说与近世各种社会主义	3
	英文哲学选读（甲）	2
	英文哲学选读（乙）	2
	法文哲学选读	2
	德文哲学选读	2
	西洋近世认识论史	2
	古印度宗教史	2
	唯识哲学	2
	因明学	2
	宗教史大纲	4
	基督教史	2
	美学	2
	西洋美术史	2
	美学名著选读	2
	社会问题：贫穷与犯罪	1
	精神病学	2
	心理书报研究	2
	心理学史	2
	陈述心理学	2

同样的，北京大学史学系的课程设置也体现了强烈的通识教育意蕴。北大史学系课程分为必修科与选修科两类，其课程设置囊括了人文、社会、自然等各个方面的知识。要求学生选修科与必修科各需修满四十单位，学习进度讲求循序渐进，遵循史学学习与研究的规律。"本国与外国同时代之历史，均宜于同一学年学习""学史学者，先须习基本科学……所谓基本科学者，即地史学、人文地理、生物学、人类学及人种学、社会学、政治学、经济学、宪法、社会心理学等，必须与二年之内先行学完，乃可研究史学"。"研究史学，既以全部人类历史为归宿，则外国语至关重要，盖不同外国语，无以研究历史。"可见，史学系的课程重在打下学生坚实广博的史学基础，注重通识教育。（见表3-7）

表3-7　1925—1926年度北京大学史学系课程概况①

科目类别	科目	周课时
必修科	本国史学概论	2
	历史学	2
	欧美史学史	2
	本国上古史	3
	本国中古史	3
	本国近世史	3
	欧洲上古史	3
	欧洲中古史	3
	欧美近世史	4
	日本史	3
	政治学	3
	经济学	4
	社会学	2
	外国语	

---

① 王学珍，郭建荣. 北京大学史料：第2卷[M]. 北京：北京大学出版社，2000：1125-1126.

续表

科目类别	科目	周课时
选修科	地史学	1
	人文地理	3
	生物学	2
	人类学及人种学	3
	金石学	3
	本国文字学	3
	言语学	3
	统计学	2
	本国史学名著讲演	1
	社会心理学	2
	宪法	2
	欧美经济学说	3
	欧洲文化史（甲、乙）	3+3
	宗教史	4
	政治史	3
	外交史	3
	欧美政治思想史	4
	经济史	3
	美术史	3
	本国法制史	3
	本国经济史	3
	本国美术史	3
	本国哲学史	3
	本国文学史	3

正如当时史学系课程指导书中所言，史学系之课程，"就史学应有之常识，务求设备完全。至于得此常识以后，欲专研究人类全史，以成所谓世界史或普通史；或专研究一国史……或专研究学术史，则任各生之志愿。此则大学院或研究所之责任，而非本系四年内所能谋及"①。这段表述鲜明地反映了当时史学系广大教师的通识教育思想。其对大学的定位，乃使学生具备"应有之常识"，并为专业学习做好准备。这些思想直至今天依然闪烁着智慧的光芒。

这一阶段，清华大学的通识教育课程设置相对来说更趋合理，似乎更接近当时欧美大学的通识教育课程模式。1927年，清华大学大学部分11个学系，分别为：国文学系、西洋文学系、物理学系、化学系、生物学系、历史学系、政治学系、经济学系、教育心理学系、农业学系、工业学系。②"各系学生毕业至少须得136学分（体育学分除外），工程学系学生之毕业学分另定。"③清华大学大学部当时的课程分为公共必修科、本系必修科、选修科（包括本系选修科、他系选修科）。所谓公共必修科，即全校学生皆需修习的课程。清华大学大学部规定各学系公共必修科目为：国文（6学分，第一年必修）、英文（6学分，第一年必修）、自然科学（8学分，于物理、化学、生物学中任选一门，第一年或第二年选修）、社会科学（6或8学分，于政治、经济、社会、历史、现代文化中任选一门，第一年或第二年选修，工程学系学生得于第三或第四年选修）、体育（每学年4学分，毕业以前均为必修）。以上五门课程，所有清华大学学生均须修习。下面以清华大学国文学系、西洋文学系、化学系课程为例进行分析。（见表3-8、表3-9、表3-10）

---

① 王学珍，郭建荣. 北京大学史料：第2卷[M]. 北京：北京大学出版社，2000：1125.
② 清华一览（1927）[G]//李森. 民国时期高等教育史料汇编：第2册. 北京：国家图书馆出版社，2014：27-30.
③ 清华一览（1927）[G]//李森. 民国时期高等教育史料汇编：第2册. 北京：国家图书馆出版社，2014：27-30.

表 3-8　1927 年清华大学国文学系课程[①]

学年	科目	学分	备注
第一年	古今文选	6	公共必修
	英文	6	
	自然科学：物理、化学、生物学（任选一门）	6	
	社会科学：政治、经济、社会、历史、现代文化（任选一门）	6	
	文论辑要	6	本系必修
	古今诗选	6	
第二年	文字学（一）	4	本系必修
	文史学	6	
	古书词例及校读法	6	
	中国文学书选读	6	本系选修（任选一项）
	中国史学书选读	6	
	中国哲学书选读	6	
	中国政治学书选读	6	
	西洋文学系课程	6	他系选修
	历史学系课程	6	
	政治经济或教育心理学系课程	6	

由表 3-8 不难看出，国文学系一、二年级课程偏重于为学生发展的共同基础和广阔视野以及今后专业发展的广博基础做准备。这一点从该系三、四年级的课程设置理念也可体现，该系第三、四年以国文系专业课程为主，"以读专书为原则"，其中国文系三年级必修科目包括：诗（4学分）、词（4学分）、曲（4学分）、小说（2学分）、散文（4学分）、韵文（4学分）、文字学（二）（4学分）；国文系本系选修科目包括：集部概论（6学分）、诗史（4学分）、词史（4学分）、曲史（4学分）、小说

[①] 清华一览（1927）[G]//李森.民国时期高等教育史料汇编：第 2 册.北京：国家图书馆出版社，2014：31-34.

史（2学分）、金石文（2学分）、考据文（4学分），要求选修5~6学分。同时还要求在其他学系选修一定科目，包括：西洋文学（英国文学或德法文学）、历史、哲学、教育心理、政治、经济。第四年继续第三年的课程。①

清华大学西洋文学系课程之编制，"本于两种原则，同时并用。其一则研究西洋文学之全体，以求一贯之博通，其二则专治一国一国之语言文字及文学，而为局部之深造。课程表中，如西洋文学概要及各时代文学史，皆属于全体之研究，包含所有西洋各国而为本系学生所必修者，但每一学生必须于英德法三国中择定一国之语言文字及文学为精深之研究，庶同时可免狭隘及空泛之病"②。可见，清华大学西洋文学系课程的设置理念在于使学生"由博返约"，先有"博通"之基础，再有"专深"之研究。（见表3-9）

表3-9　1927年清华大学西洋文学系课程③

学年	科目	学分	备注
第一年	国文	6	
	英文	6	
	自然科学：物理、化学、生物学	8	任选一门
	社会科学：政治、经济、社会、历史、现代文化	6	任选一门
	第一年德文或法文	8	任选一门
	任选（本系、他系均可）	4	
第二年	英文	6	
	第二年德文或法文	8	任选一门
	西洋哲学或西洋中世及近世史	6	任选一门
	西洋文学概要	8	
	专集研究（一）	4	
	专集研究（二）	4	

① 清华一览（1927）[G]//李森.民国时期高等教育史料汇编：第2册.北京：国家图书馆出版社，2014：31-34.
② 清华一览（1927）[G]//李森.民国时期高等教育史料汇编：第2册.北京：国家图书馆出版社，2014：40-41.
③ 清华一览（1927）[G]//李森.民国时期高等教育史料汇编：第2册.北京：国家图书馆出版社，2014：41-45.

续表

学年	科目	学分	备注
第三年	英文或第三年德文或第三年法文	8	任选一门
	西洋文学史分期研究（一）	4	
	西洋文学史分期研究（二）	4	
	西洋文学史分期研究（三）	4	
	言语学入门	4	
	专集研究（三）	4	
	专集研究（四）	4	
	任选	4	
第四年	英文或第四年德文或第四年法文	8	任选一门
	西洋文学史分期研究（四）	4	
	西洋文学史分期研究（五）	4	
	文学各体研究	4	
	文学专项研究	4	
	专集研究（五）	4	
	任选	8	
选修科目	英、法、德文	6-8	各年选修学科
	科学德文	4	
	浮士德	4	
	第一年拉丁文	8	
	翻译术	6	

从表 3-9 不难看出，该系课程设置除了注重通识教育以外，尤其重视外国语课程的学习。该系明确要求"文学而外语言文字之研究特为注重，普通功课皆以英文讲授，而选修德、法文者，在本系须续修四年以得专长而求实效"[1]。此外，该系还有不少选修课程学分。其中，所谓

---

[1] 清华一览（1927）[G]//李森. 民国时期高等教育史料汇编：第 2 册. 北京：国家图书馆出版社, 2014: 40-41.

任选者，选他系或选本系之学科均可。除本系必修课程已有选择者外，西洋文学系学生在校四年可在他系自由选修之功课共为 16 学分。

清华大学化学系的通识教育课程，除了全校共同必修科目之外，其突出之处在于其选修课程学分极高，为 30 学分，其中，一年级可选习 8 学分，二年级可选习 8 学分，三年级可选习 4 学分，四年级可选习 10 学分。学生于各年级学完规定之必修课程，皆可选习自己感兴趣之课程。（见表 3-10）

表 3-10　1927 年清华大学化学系课程[①]

学年	科目	学分	备注
第一年	国文	6	
	英文	6	
	普通化学与定性分析	8	
	混合数学代数等	6	
	德文或选习	8	
第二年	国文或英文	6	
	定量分析	10	
	物理学	8	
	微积分或社会科学一门	6	
	德文或选习	8	
第三年	有机化学	12	
	水的分析	4	
	无机物制法	2	
	高等分析	4	
	社会科学或微积分	6	
	生物学或选习	4	
	矿物学或选习	3	
	德文或选习	4	

[①] 清华一览（1927）[G]//李森. 民国时期高等教育史料汇编：第 2 册. 北京：国家图书馆出版社，2014：67-69.

续表

学年	科目	学分	备注
第四年	化学史	2	
	物理化学	12	
	工业化学	6	
	有机物分析	3	
	化学问题研究	3	
	高等化学选习或其他科选习	10	

这一阶段，光华大学的课程设置也颇具特色。1926年光华大学大学部分文、理、商、工四科，各科分设若干学系。光华大学大学部课程分下列三种：共同必修学程、主系学程（各生须认定一系为主系）、选修学程。大学学生须修满一百五十四学分，并考试及格者，准予毕业。①光华大学共同必修学程包括：国学、英文、第二外国语、数学、自然科学、社会科学、体育等七门。其共同必修学程各科虽所习科目一致，但学分要求不一。最具特色的是要求学生认定一系为主系，并对主系所需修习课程学分和内容做出具体要求。

例如，光华大学文科课程总体要求如下：第一，学生必须修习共同必修学程103学分，包括国学24学分、英文24学分、第二外国语12学分、数学6学分、自然科学12学分、社会科学18学分、体育7学分。第二，学生须在所认定之主系修习课程27学分。第三，学生须修习其他选修课程24学分。②除了对文科学生的总体的共同要求外，针对文科各系学生又有具体的课程要求。例如，文科政治学士须习社会科学共48学分，其中42学分须在政治学及历史学两系。③该两系必修学程为：政治学原理（6学分）、法学概论及罗马法（6学分）、市政学（3学分）、

---

① 光华大学章程（1926）[G]//李森. 民国时期高等教育史料汇编：第27册. 北京：国家图书馆出版社，2014：38.
② 光华大学章程（1926）[G]//李森. 民国时期高等教育史料汇编：第27册. 北京：国家图书馆出版社，2014：39.
③ 光华大学章程（1926）[G]//李森. 民国时期高等教育史料汇编：第27册. 北京：国家图书馆出版社，2014：39.

政党论（3学分）、政治思想史（6学分）、近代西洋文化史（6学分）、中国文化史（6学分）、科学发达史（4学分）、中国哲学史（6学分）。

光华大学理科课程总体要求为：第一，学生须修习共同必修学程 115 学分。包括国学 24 学分、英文 24 学分、第二外国语 12 学分、数学 18 学分、自然科学 24 学分（高等普通物理、普通无机化学、普通生物学）、社会科学 6 学分、体育 7 学分。第二，在所认定之主系修习 24 学分。第三，其他选修课程 15 学分。[①]理科生物、化学、物理、数学学士须习自然科学 64 学分，其中 42 学分须在所认定之主系。[②]

此外，这一时期北京交通大学的通识教育课程设置也比较有特色。北京交通大学要求学生大学本科四学年内以习满 160 单位为及格，体育除外。该校学程科目分为必修学科与选修学科两种。必修科目分四年修完。以铁路管理科为例，该校铁路管理科各年级必修科目如表 3-11 所示。

表 3-11　1926—1927 学年度北京交通大学铁路管理科必修科目[③]

学年	科目	单位	
		上学期	下学期
第一学年	国文	1.5	1.5
	英语	2.5	2.5
	第二外国文（德法日俄）	2.5	2.5
	商业数学	2.5	2.5
	经济学原理	2.5	2.5
	簿记	2.5	2.5
	铁路运输	2.5	2.5
	体育	0	0

[①] 光华大学章程（1926）[G]//李森.民国时期高等教育史料汇编：第 27 册.北京：国家图书馆出版社，2014：40.
[②] 光华大学章程（1926）[G]//李森.民国时期高等教育史料汇编：第 27 册.北京：国家图书馆出版社，2014：40.
[③] 北京交通大学学科一览（1926—1927）[G]//李森.民国时期高等教育史料汇编：第 11 册.北京：国家图书馆出版社，2014：44-48.

续表

学年	科目	单位	
		上学期	下学期
第二学年	英文	2.5	2.5
	第二外国语（德法日俄）	2.5	2.5
	公司财政	2.5	2.5
	银行货币	2.5	2.5
	水道运输	2.5	
	会计学	2.5	2.5
	铁路经济		2.5
第三学年	第二外国语（德法日俄）	2.5	2.5
	会计及审计	2.5	2.5
	旅客运输及运价	2.5	
	货物运输及运价		2.5
	统计学	2.5	
	商业统计		2.5
	铁路管理	2.5	2.5
	铁路财政	2.5	
	铁路行车		2.5
	铁路警察		0.5
	军事学	0.5	
第四学年	第二外国语（德法日俄）	2.5	2.5
	铁路会计	2.5	
	铁路统计		2.5
	运输政策	2.5	
	劳动问题		2.5
	商法	3	3
	车站及路线终点管理	2.5	2.5
	铁路法规	2.5	
	铁路问题		2.5

除了必修课程外,该校选修学科分为三组,每组应选修规定单位的课程,第一组课程学生于四年内至少选修12单位,第二组课程学生于四年内至少应选修12单位,第三组课程学生于四年内至少应选修14单位;且选修学科,学生每学年至少应选10单位以上。[1]该校铁路管理科选修科目如下。(见表3-12)

表3-12 北京交通大学铁路管理科各组选修课程一览[2]

组别	科目	单位	
		上学期	下学期
第一组 (四学年共应选12单位以上)	政治学	2	2
	社会学	2	2
	商业道德	2	
	应用心理学	2	2
	国际公法	2	2
	经济学史	2	2
	中国财政史		2
	中国铁路史	2	
	商业史		2
	财政学	2	2
	商业原理	2	
第二组 (四学年共应选12单位以上)	商品学		2
	工业管理	3	
	国外汇兑	3	
	证券交易		2
	投资论	3	
	商船管理法	3	

---

[1] 北京交通大学学科一览(1926—1927)[G]//李森.民国时期高等教育史料汇编:第11册.北京:国家图书馆出版社,2014:43.
[2] 北京交通大学学科一览(1926—1927)[G]//李森.民国时期高等教育史料汇编:第11册.北京:国家图书馆出版社,2014:48-51.

续表

组别	科目	单位 上学期	单位 下学期
第二组 （四学年共应选12单位以上）	汽车运输		2
	电车运输		2
	军事运输	2	
	交通特别会计		2
	国际商业	2	
	商业组织及管理	2	2
	广告及商业习惯		2
	商业政策		2
	保险学	2	2
	工业法规	2	
第三组 （四学年共应选14单位以上）	高等数学	2	2
	土木工学	2	2
	机械工学	2	2
	电机工学	1	1
	建筑材料	2	
	材料管理		2
	机关车	2	
	客货车		2
	工业化学	2	2
	电话电报	2	2

由表 3-12 可见，该科学生所选习之科目非常丰富，囊括了文、理、法、工、商等诸多学科的课程。这对于培养学生的丰富而广博的知识面，具有很大的作用。而这也正是通识教育的重要目标，大学课程的设置不在于使学生成为专于一隅的专才，而在于养成学生"通"的功夫和基础，至于"专"的水平则是研究生教育或职业教育要解决的问题。

综上所述，这一时期，由于政府层面上对大学课程设置放开了限制，各大学拥有了设置课程的自主权。因而，从整体上来看，这一时期大学通识教育课程缺乏统一性，各科系开设课程较为自由，通识教育的模式也显现出多元化的趋势，但其课程质量和实施效果难免良莠不齐。由于大学预科的取消，使得原本预科承担的部分通识教育任务全部落到大学里面，因此，各院系课程都在适应和调整当中。而选科制的施行，使得学生能够更加自由地在全校范围内选修自己感兴趣的课程，但由于不少大学并没有规定所有学生的共同必修课程，而是将课程设置的权利完全下放到各院系，因而，学生修习的课程难免集中在一个领域，反而窄化了学生的知识面，使得通识教育的理念演变成了服务专业教育的工具。总体而言，这一阶段的课程变革的特点主要有两方面，"一方面高等学校的各系科科目，由各校自行订立，往往忽略基本，从总体上看整个课程体系显得凌杂；另一方面高等学校的课程设置由忽视或压制学生学习主动性向重视和鼓励学生学习自由和个性发展转变"①。另外，这一时期高等学校的课程改革，经由了从全国统一课程向分散课程的转变。各高等学校在课程设置上有了自主权，这"在一定程度上促进了原有学科的发展和新学科的形成"②。

第五节　大学通识教育课程成型之反思

一、借鉴模仿与现实国情

民国初年，我国近代意义上的大学初步现形，但如同襁褓中的婴儿，柔弱不堪。我国传统的大学教育模式与近代西方大学教育制度差异很大，不仅仅学制上完全不能对接，在课程上也大为不同，再加上经学教育传统，导致我国大学课程实质上成为诸多学科内容的综合，各种内容交织在一起，并未形成近代意义上的学科门类。也正因如此，近代的诸多新

---

① 熊明安. 中国近现代教学改革史[M]. 重庆：重庆出版社，1999：152.
② 熊明安. 中国近现代教学改革史[M]. 重庆：重庆出版社，1999：152.

兴学科未能在我国的传统大学里诞生。这种先天的不足，导致我国大学教育的改革与发展困难重重。

这一阶段的大学通识教育课程的开设实质上以借鉴模仿欧美国家为主。蔡元培在北大的办学理念和实践，有诸多德国大学教育的影子；郭秉文的通识教育理念与实践则体现了对美国大学通识教育模式的借鉴。尽管当时一批留洋归国的学者，怀着满腔报国热血投入到教育事业中，尽管当时大学的学制与课程可以直接借鉴或模仿欧美的现成版本，但在当时的情境下，我国大学通识教育课程的建设与发展至少面临着两大重要挑战，其一是来自学生的，其二是来自社会现实的。

从当时大学通识教育课程的变革来看，办学者最先考虑到的是学生的因素。大学有了，课程、师资也有了，然而所招的学生实则并没有达到大学的入学水平。也正因如此，我国当时的大学才有三年的预科，1917年改为二年，1924年大学预科才取消。当时的大学预科教育实则担负着高中教育的任务。从当时预科的课程设置可以看出，其实这就是基础教育的升级版。因而，在课程上，尽管有欧美国家的课程体系可供借鉴，但面对当时的学生，大学办学者不得不将这些课程重新改造，以适应学生的学习。当时大学学科体系的规定多源自西方，其教材也多是直接使用欧美国家的教材，特别是自然科学方面的课程教材，因而，对学生的外语要求就比较高，这也是当时大学预科乃至大学本科都极其重视外语学习的原因之一。

来自社会现实的挑战，一方面是在振兴中华的爱国心态下，寄希望于通过教育尽快培养出能于世界其他国家人才相当的各类人才，因此，表现在课程上，就是对西方课程体系的借鉴与模仿，企图借用西方成熟的课程体系来培养满足近代社会需求的高素质人才；另一方面是我国当时落后的社会经济状况，尽管大学教育借鉴西方的课程体系，培养出了一批近代意义上的大学生，但实质上，在当时的情境下，他们没有用武之地。一个银行系毕业的大学生，走进中国当时的银行以后，发现根本没法工作。究其原因，乃是因为其不会用算盘。这虽是一则笑话，但也说明在借鉴西方课程的同时，我们还是较少考虑本国的实际情形，结果往往事倍功半。当然，这与当时的历史背景不无关系，在当时的情境下，有识之士难免有一种"急于求成"的心态,这是可以理解的,民族危难之时,试问谁不想顷刻之间使之强大,重新屹立于世界民族之林?

值得一说的是,这一时期,尽管在课程的设置上面临着诸多问题,但我国优秀的通识教育传统却一直没有改变。在民国初年的课程设置上,也明显地感觉出当时的办学者注重培养"通才",中国传统教育中主张的"由博返约"的思想与近代大学通识教育的理念不谋而合。

二、课程目标:掌握基本知识

1912年颁布的《大学令》将大学的宗旨阐述为"大学以教授高深学术,养成硕学闳材,应国家需要为宗旨"[①]。这一宗旨将大学与专门教育区别开来,大学只教授学生以高深的学问,其目的在于使学生成为"硕学闳材",学生既已成才,便可为国家之需要而服务。从这段关于大学宗旨的表述来看,大学的培养目标是"硕学闳材"。何以养成"硕学闳材"?则通过教授"高深学术"以达成这一目标。而"应国家需要",某种程度上是"硕学闳材"的本身的价值体现之一。因此,从国家层面来看,这一时期大学教育的目标,或者说大学人才的培养规格要求是"硕学闳材"。仅从字面意思来看,"硕"与"闳"显然区别于"专"与"精"。《说文》有言,"硕,头大也",后引申为"学识渊博、德高望重的"之意。"闳"同"宏",有"宏大"之意。可见"硕学闳材",是一种学识渊博、品性高尚的"大才"。这与通识教育致力于培养博学多能、健全人格的人的目标如出一辙。因而,从这一人才培养目标来看,当时的大学教育实则是一种通识教育,或者说是以通识教育为基本的教育。

当时,各个大学除了遵照《大学令》中规定的大学宗旨,各自也有学校自身的甚至各个院系的培养目标。众所周知,培养目标的达成,最终要落实到课程上,课程的设置不可能不受到培养目标的影响,因此,在某种程度上课程目标是培养目标的具体化,课程目标在一定程度上也能代表培养目标。

---

① 教育部公布大学令[G]//璩鑫圭,唐良炎.中国近代教育史资料汇编·学制演变.上海:上海教育出版社,1991:663.

从通识教育课程设置来看，这一时期，大学通识教育课程的最直接目标在于使学生掌握一定的必不可少的基本或基础性知识。这一目标在预科阶段表现为对文理科基本课程的重视，如国文、外文、数学、物理、化学、博物等。1917年之后，通识教育逐渐由预科过渡到本科一、二年级，从本科一、二年级的通识教育课程来看，也比较重视外语、国文以及社会科学、自然科学方面常识性或者概览性知识的了解和掌握。当然，使学生掌握一定的必不可少的基本或基础性知识并非大学通识教育的最终目标，其最终目标在于为学生今后的更高层次的发展打下基础，使学生成为视野开阔、心胸豁达的"博雅"之人。且看北大史学系通识教育课程的目标，"学史学者，先须习基本科学……所谓基本科学者，即地史学、人文地理、生物学、人类学及人种学、社会学、政治学、经济学、宪法、社会心理学等，必须与二年之内先行学完，乃可研究史学"①。"本系课程，就史学应有之常识，务求设备完全。至于得此常识以后，欲专研究人类全史，以成所谓世界史或普通史；或专研究一国史……或专研究学术史，则任各生之志愿。此则大学院或研究所之责任，而非本系四年内所能谋及。"②从这段话不难看出，其所开设通识教育课程（基本科学者）的根本目的，乃是为学生今后之专业研究打下基础，致力于为学生今后的专门研究奠基。除了这一最终目标外，通识教育课程还希望将学生培养成"博古通今"的"博雅之人"。清华大学西洋文学系在阐述其课程编制的目的时，明确指出"为使学生得能成为博雅之士，了解西洋文明之精神，熟读西方文学之名著，谙习西方思想之潮流……创造今世之中国文学，汇通东西之精神思想而互为介绍传布"③。

综上所述，这一时期的大学通识教育课程目标，可以分为三个层次，第一，在于使学生掌握广博的基本知识；第二，在于为学生以为今后之专门发展做准备；第三，在于使得学生最终成为一个知识渊博的"博雅"之士。

---

① 王学珍，郭建荣. 北京大学史料：第2卷[M]. 北京：北京大学出版社，2000：1125-1126.
② 王学珍，郭建荣. 北京大学史料：第2卷[M]. 北京：北京大学出版社，2000：1125-1126.
③ 清华一览（1927）[G]//李森. 民国时期高等教育史料汇编：第2册. 北京：国家图书馆出版社，2014：40-41.

三、课程结构：结构不一，课程多样

"课程结构是课程的命脉，课程结构内部的矛盾运动是课程发展的动力。只有深入了解课程的结构，才能深刻认识课程的本质。"[①] 关于课程结构，不同的学者理解有所差异。施良方认为："课程结构指课程各部分的组织和配合，即探讨课程各组成部分如何有机地联系在一起的问题。"[②] 石鸥则指出："课程结构是课程内部各要素、各成分、各部门之间合乎规律的组织形式。"[③] 丛立新认为课程结构是"某一种特定的课程体系中，各种门类和种类的课程所占比例及其相互关系"[④]。钟启泉认为："课程结构是指在学校课程的设计与开发过程中将所有课程类型或具体科目组织在一起所形成的课程体系的结构形态。这种形态的形成以既定的课程目标和各类课程固有的价值为依据，以此所确立的课程结构明确了各种课程类型以及具体科目在课程体系中的地位差异和比例关系。"[⑤]

从以上不同学者提出的课程结构的概念来看，其共同点在于都强调课程体系中各个组成要素的组织形式及其相互关系，分歧在于课程结构究竟由哪些要素构成这一问题。本书采用钟启泉的定义，将民国时期大学通识教育课程机构界定为一种大学通识教育课程体系的结构形态，这一结构形态是由所有的课程类型和具体科目及其固有的价值组合在一起形成的。因此，本书在考察大学通识教育课程结构的时候，主要着眼于大学通识教育的课程类型和具体科目。关于大学通识教育课程的类型，依据其修习的对象不同，可分为公共课程与专业课程，公共课程又可细分为全校性的公共课程和院系层面的公共课程；依据修习的方式不同，可分为必修课程与选修课程，必须课程又可细分为公共必修与专业必修两种，选修课程又可细分为专业选修和非专业选修两种。

---

① 廖哲勋. 课程学[M]. 武汉：华中师范大学出版社，1991：64.
② 施良方. 课程理论——课程的基础、原理与问题[M]. 北京：教育科学出版社，1996：123.
③ 石鸥. 选择一种课程就是选择一种未来——关于高中多样化、选择性课程结构的几点认识[J]. 中国教育学刊，2003（2）：4-8.
④ 丛立新. 课程论问题[M]. 北京：教育科学出版社，2000：230-231.
⑤ 钟启泉，崔允漷，张华. 为了中华民族的复兴，为了每位学生的发展：《基础教育课程改革纲要（试行）》解读[M]. 上海：华东师范大学出版社，2001：55.

这一时期的大学通识教育课程结构可以分两个阶段来分析。其一是预科阶段；其二是本科阶段。预科阶段的课程结构，从其开设的课程之类型来看：1917年之前的课程都是公共课程，全体学生分为文、理两科都需修习。因而，课程结构非常单一，主要为"共同必修科"。1917—1924年的课程已出现公共课程与专业课程之分，修习方式也已有必修与选修之分。具体而言，在预科二年中，课程结构为"共同必修科＋分部必修科＋选修科"；在本科一年级，其课程结构为"共同必修科＋分组选修科"。1925—1927年，大学通识教育的形式比较丰富，由于此时，预科已废除，大学通识教育主要集中在一、二年级。其结构既有"公共必修课＋分门必修＋选修"的机构，又有"必须科＋选修科""公共必修＋本系必修（主系必修）＋选修""必修＋分组选修"等形式。从具体的科目来看：以1917年之前的预科阶段，科目较多，内容丰富。主要科目包括国文、外语、数学、物理、化学、博物等，文预科还开设本国史、本国地理、西洋文明、论理学、体操等课程，理预科还开设力学、微积分等课程，另外对德文和英文要求颇高。1917—1924年，大学通识教育科目主要有：国文、外国文（第一外国语、第二外国语）、论理学大意、哲学概论、数学、物理、化学、博物、科学概论、哲学史大纲、社会学大意等。1925—1927年，这段时间各个大学具体科目极不一致，总的来说大致涉及国文、外语、社会科学（某一种）、自然科学（某一种）四类课程。

综上所述，这一时期大学通识教育课程结构尚处于借鉴与模仿阶段，课程结构比较多样，具体科目也极不统一。各大学根据自身办学理念及实际情况，各自为政。

四、课程内容：内容丰富，通专难分

课程内容是课程研究中的核心问题。根据不同的视角和价值取向，人们对于课程内容又有不同的理解。"从知识本位出发，课程内容就是学生所学习的知识。这些知识是由学科专家进行选择和组织的。若从活动本位出发，课程内容的重点不是学科专家为学生选择了哪些知识，而是学生在学习活动中做了些什么。若从经验本位出发，课程内容则被视为学生的学习经验,即学生与外部环境的相互作用。"①相比较而言,虽然知识本位的理解是最古老且最有争议的,但是知识本位的视角也是最稳定并相对更可控的。因此,本书拟基于知识本位的视角,将课程内容理解为主要指学生所学习的知识。吴康宁认为,"并非学生在学校学习的所有知识都可以看作课程内容,只有经过了政府或者是政府制定的专门机构审定的教育文本,即教材,才可以作为课程内容,因为教材被指定为教学活动的基本依据,已经成为一种"特殊的制度文化与法定知识"②。本文亦将采用这个观点,以科目教材为对象,对大学通识教育课程内容展开研究。

这一时期,大学通识教育的课程内容比较繁杂。这从预科三年、两年的课程量便可见一斑,其时预科课程基本都有十几门课程,内容遍及语言、历史、地理、生物、化学、物理、数学、哲学等多个领域。究其原因,在于此时的预科实则承担了中学教育的课程任务。预科废除后,由于缺乏全国统一的制度规定,各大学所开设之科目大相径庭。有些大学直接取法欧美大学的通识教育课程模式,例如清华大学大学部,其通识教育主要通过全校的共同必修科目来实现,且课程内容较为规范简洁。具体而言包括以下科目:国文、英文、社会科学(任选一门)、自然科学(任选一门)、体育。这是对全校学生的要求,具体到各个院系,又会有各自的院系必修与选修。其课程设计层层递进。其他大学,大多各院系自行设计课程,至于该设哪些课程,全由各系自行商定,因此,有些大学或院系通识教育课程内容较为繁重,甚至将部分专业课程也纳入共同必修课程;有些大学几乎没有通识教育课程,直接让学生进行专业课程的选习。

五、课程实施:注重基本知识

课程实施是将课程方案化为课程事实的重要一环,"学习结果35%

---

① 施良方. 课程理论——课程的基础、原理与问题[M]. 北京:教育科学出版社,1996:107-109.
② 吴康宁."课程内容"的社会学释义[J]. 教育评论,2000(5):20-22.

的差异可归因于实施过程的差异"①。狭义地说，课程实施就是教学。广义上的课程实施观，把课程实施视为"把某项课程变革计划付诸实践的具体过程"②，或将之视为"把新的课程计划付诸实践的过程"③。后现代课程观进一步认为，"课程实施不能仅仅被看成一个计划的落实过程，课程方案不是固定的、不可变更的"④，课程实施是各种人群对于课程计划的实施，实施者会将个人的意志与喜好融进对课程方案的解读当中，从而使课程实施成为一个目标基本确定但路径却充满不确定性的动态过程。于是，在综合各种观念后，有学者将人们对课程实施的理解归纳为三种观点："一个具体的课程方案是如何执行的，是指课程方案的落实程度；一个将有关的变革付诸实践的过程，实施与采纳不同，实施关注的是在实践中真正变革的程度和影响变革程度的因素；一个涉及缩短现存实践与创新所建议的实践之间差异的过程。"⑤在此，我们将站在第二个观点的立场上，对这一时期的通识教育课程实施进行分析。

课程实施是学校教育的一个核心环节，它主要集中地反映在课程实施的核心与目的上。"课程实施的核心是指课程培育的重点。从理论上来说，学生的知识、能力、素养、情义、审美等都可以成为课程实施的核心。这里所说课程实施目的，指的是通识教育课程的整体实施目的。"⑥通识教育课程实施目的当然是培养"完整的人"，但民国时期各阶段的社会要求与文化条件一直在发生变化，所以通识教育的目的也经历了一个变化过程。从课程实施的核心来看，这一阶段的课程实施注重学生对基本知识的掌握。所开设课程大多是各个学科的基础知识课程，或是工具性学科课程，其直接目的在于奠定学生专业学习的知识和方法基础。

---

① 张华. 论课程实施的涵义与基本取向[J]. 外国教育资料，1999（2）：28-33.
② 张华. 论课程实施的涵义与基本取向[J]. 外国教育资料，1999（2）：28-33.
③ 叶丽新. "课程实施"的三维理解[J]. 现代教育论丛，2000（6）：9-13.
④ 马云鹏. 课程实施及其在课程改革中的作用[J]. 课程·教材·教法，2001（9）：8-13.
⑤ 靳玉乐. 课程实施：现状、问题与展望[J]. 山东教育研究，2001（11）：3-7.
⑥ 周宁之. 近代中国师范教育课程研究[D]. 长沙：湖南师范大学，2012：181.

这一时期，通识教育课程实施的特点主要表现在以下方面：其一，重视外国语课程的教学，各大学对大学生都有掌握两门外国语的要求。其二，重视数学课程的教学，特别是在预科阶段。其三，重视自然科学课程的教学，预科尤甚。

六、课程管理：从统一到分散

这一时期的课程管理，经历了一个由统一规定到自主设置的过程。1912年颁布的《大学令》将大学分为文科、理科、法科、商科、医科、农科、工科等七科。1913年颁布的《大学规程》是对《大学令》的补充与完善。《大学规程》详细地规定了各科所应设之门与类，以及各类中所应开设之基本课程。实际上，《大学规程》确立了民初大学"学科—门—类"的三级体系，类似于今天大学的"学科—院系—专业"。例如，《大学规程》规定："大学之文科分为哲学、文学、历史学、地理学四门。其中，哲学门分为两类，即中国哲学类和西洋哲学类。中国哲学类应开设下列课程：（1）中国哲学（《周易》《毛诗》《仪礼》《礼记》《春秋·公、谷传》《论语》《孟子》《周秦诸子》《宋理学》），（2）中国哲学史，（3）宗教学，（4）心理学，（5）伦理学，（6）论理学，（7）认识论，（8）社会学，（9）西洋哲学概论，（10）印度哲学概论，（11）教育学，（12）美学及美术史，（13）生物学，（14）人类及人种学，（15）精神病学，（16）言语学概论。西洋哲学类应开设下列课程：（1）西洋哲学，（2）西洋哲学史，（3）宗教学，（4）心理学，（5）伦理学，（6）论理学，（7）认识论，（8）社会学，（9）中国哲学概论，（10）印度哲学概论，（11）教育学，（12）美学及美术史，（13）生物学，（14）人类及人种学，（15）精神病学，（16）言语学概论。"[1]由此可见，当时政府对各学科和专业的课程有较为明确的统一规定。实质上也就是国家对各所大学的课程拥有最高的管理权限。当时各大学评议会作为大学最高决策机构，只有审议下列诸事项的权利："各学科之设置及废止；讲座之种类；大学内部规则；审查大学院生成绩

---

① 大学规程（1912）[G]//潘懋元，刘海峰. 中国近代教育史资料汇编·高等教育. 上海：上海教育出版社，1993：369.

及请授学位者之合格与否；教育总长及大学校长咨询事件。凡关于高等教育事项，评议会如有意见，得建议于教育总长。"①各科教授会审议下列诸事项："学科课程；学生试验事项；审查大学院生属于该科之成绩；审查提出论文请授学位者之合格与否；教育总长、大学校长咨询事件。"②1917年《修正大学令》又将审议学科课程的权利纳入大学评议会的审议范围，教授会遂不再有这项权利。可见，评议会只有审议学科之设置及废止的权利，教授会虽能审议学科课程，但并没有直接设置课程的权利。

不仅如此，《大学规程》对预科的课程设置也有详细规定。"预科分为三部：第一部为志愿入文科、法科、商科者设之，第二部为志愿入理科、工科、农科并医科之药学门者设之，第三部为志愿入医科之医学门者设之。"③"第一部之科目为外国语、国文、历史、伦理、论理及心理、法学通论。在志愿入文科者，于前项科目之外加课经济通论。在志愿入文科之哲学门者，于前二项科目中缺伦理及心理，加课数学物理。外国语除继续中学校所习外，并须选习英、德、法之一种，为第二外国语。在志愿入法科者，于第一项科目之外，得加拉丁语为随意科。第二部之科目为外国语、国文、数学、物理、化学、地质学及矿物学、图画。在志愿入农科及医科之药学门、理科之动物学门、植物学门、地质学门者，于前项科目之外，加课动物学及植物学。在志愿入工科之土木学门、机械学门、电气工学门、采矿学门、冶金学门、造船学门、建筑学门、理科之数学门、物理学门、星学门、农科之农学门、农艺化学门、林学门者，并加课测量学。外国语之选习，与第一部同；但志愿入农科之林学门及工科之电气工学门、应用化学门、造兵学门、采矿学门、冶金学门及医科之药学门者，应习德语。在志愿入医科之药学门，理科之动物学门、植物学门、地质学门、矿物学门、并农科之兽医学门者，得加拉丁语为随意科。第三部之科目为外国语、国文、拉丁语、数学、物理、化

---

① 教育部公布大学令[G]//璩鑫圭，唐良炎. 中国近代教育史资料汇编·学制演变. 上海：上海教育出版社，1991：663.
② 教育部公布大学令[G]//璩鑫圭，唐良炎. 中国近代教育史资料汇编·学制演变. 上海：上海教育出版社，1991：663.
③ 大学规程（1912）[G]//潘懋元，刘海峰. 中国近代教育史资料汇编·高等教育. 上海：上海教育出版社，1993：369.

学、动物学及植物学。外国语之选习与第一部同，但应以德语为主。"①

1924年《国立大学校条例》规定："国立大学校各科各学系及大学院各设教授会，规划课程及其进行事宜。各以本科本学系及大学院之正教授、教授组织之。各科系规划课程时讲师并应列席。"②从此，大学课程设置开始自由化。

综上所述，这一阶段大学通识教育课程管理由"国家—评议会—教授会"的自上而下的三级管理模式逐渐演变为各大学院系教授会自行设置与管理自由的模式。

七、课程评价：注重过程性评价

作为一种"反馈—调节"手段，课程评价是自有教育以来即已产生的一种教育现象，它直接影响着教育能否向良好的方向发展，是引导课程开发、实施的重要手段。课程评价包括在教学过程中自然产生的相互评价，也包括通过某些机构专门设计而产生的有社会统一认可度的关于教与学的评价。

关于通识教育课程的评价，从总体上来看各学校都有过程性评价和终结性评价两种，主要包括平时测试、学期测试、毕业考试。下面以光华大学为例做一分析。光华大学对通识教育课程的评价主要有平日成绩分、月考、学期考三种，以三项平均计算其等第。学生成绩依据前述三项之平均分高低分为五个等级，甲等（90~100分）、乙等（80~89分）、丙等（70~79分）、丁等（50~69分）、戊等（0~49分）。③学生在学期或学年终了时，成绩为甲、乙、丙等，方为及格，及格者给予相应学分。针对考核不及格的学生，也有相应规定，考核等级为丁等者，为不及格，但可以在下学年秋季开学时补考一次。四年级学生第一学期成绩列入丁等者，于第二学期春假时特予补考一次，补考不到或考后仍不及格者则

---

① 大学规程（1912）[G]//潘懋元，刘海峰. 中国近代教育史资料汇编·高等教育. 上海：上海教育出版社，1993：369.
② 国立大学校条例[J]. 教育公报，1924（3）：1-3.
③ 光华大学章程（1926）[G]//李森. 民国时期高等教育史料汇编：第27册. 北京：国家图书馆出版社，2014：48-49.

须重习。列戊等者必须重习，不得补考。①此外，在平时考核中，也有严格要求。学生于一学期中旷课逾 15 时者扣 1 学分，若继续旷课在 15 小时以上者，每 5 小时扣 1 学分。凡学生旷课逾两星期者，该学程教师得不准其应学期考试。②当然，遇到一些特殊情况，经过相关人员和部门同意的，另当别论。例如，因病经医生证明、丧亲请假的，需经由教务长审核办理。凡学生因病旷课已逾上课时间三分之一时，所缺平时或学期试验，如经医生证明并得本校教务长之许，可准予补考。③另外，针对所有学生，如需毕业，则必须"修满一百五十四学分，并考试及格者，准予毕业"。④

可见，这一时期的通识教育课程评价制度已基本成型。针对学生学习的课程不仅有平时考核、月考，还有学期考试与毕业考试。且对于考核等级的规定、补考、旷课、请假等方面的规定都相当具体。

---

① 光华大学章程（1926）[G]//李森.民国时期高等教育史料汇编：第 27 册.北京：国家图书馆出版社，2014：48-49.
② 光华大学章程（1926）[G]//李森.民国时期高等教育史料汇编：第 27 册.北京：国家图书馆出版社，2014：48-49.
③ 光华大学章程（1926）[G]//李森.民国时期高等教育史料汇编：第 27 册.北京：国家图书馆出版社，2014：48-49.
④ 光华大学章程（1926）[G]//李森.民国时期高等教育史料汇编：第 27 册.北京：国家图书馆出版社，2014：38.

第四章 大学通识教育课程的发展（1928—1937）

1928—1937年，是民国时期相对稳定的十年。这一时期，我国社会经济与文化教育有所发展，尤其是高等教育，迎来了发展的十年。伴随着社会经济的发展，大学人才的规格问题——究竟是培养"专才"还是"通才"，引起了各界的争论；此外，由于上一时期的课程自由化，学生缺乏共同基础，因此，为全体学生设置共同必修科目也被提上议程。而此时，国民党政府为加强对高等教育的控制，推行"党化教育"（后改称三民主义教育），要求学校课程充分贯彻这一思想。

第一节 大学通识教育课程变革的时代背景

一、十年稳定与"党化教育"的推行

1927年，蒋介石在发动"四·一二"反革命政变后，建立了南京国民政府。南京国民政府时期的高等教育分为三个阶段，即国民政府初建时期、抗战时期及败亡时期。如果说第一阶段是相对稳定的时期，那么第二阶段则是动荡时期，而第三阶段则是由盛转衰的时期。大学通识教育课程大发展阶段则处于这个相对稳定的时期。在这10年中，即1928—1937年，我国大学教育获得长足发展。南京国民政府在这十年间，推行"一党专政"，高等教育无疑深受影响。在教育上，为了贯彻"一个党""一个主义"的政策，实行"党化教育"，即以"党义"为根据来制定教育方针、改组课程和审编教科书，从而达到其控制学校教育的目的。

1927年8月，国民党教育行政委员会制定了《学校施行党化教育办法草案》。蒋介石毫不掩饰地宣称，党化教育就是"以党治国"。不难看

出,"党化教育"已成为国民党一党专政的工具。1928年5月,中华民国大学院在南京召开第一次全国教育会议,讨论教育方针问题,会议代表认为"党化教育"太空泛,解释不一,主张变更"党化教育"的名称为"三民主义教育",遂获得与会代表赞同并通过。1929年3月,国民党召开第三次全国代表大会,国民党中央宣传部提出了"教育方针及实施原则案",经大会讨论,最后决定中华民国的教育宗旨为:"中华民国之教育,根据三民主义,以充实人民生活,扶植社会生存,发展国民生计,延续民族生命为目的;务期民族独立,民权普遍,民生发展,以促进世界大同。"①

1929年4月26日,国民政府正式公布了教育宗旨,并附实施方针八条,该方针是国民政府的基本实施方针。方针第一条对各级、各类教育做了总的规定,以"三民主义"贯彻始终。"各级学校之三民主义之教育,应与全体课程及课外作业相贯连,以史地教科阐明民族之真谛,以集团生活训练民权主义之运用,以各种生产劳动的实习,培养实行民生主义之基础,务使智识道德融合贯通于三民主义之下,以收笃信力行之效。"②

1931年9月3日,国民党中央执行委员会第157次党务委员会,又通过了《三民主义教育实施原则》,共计八章,分别是:"初等教育、中等教育、高等教育、师范教育、社会教育、蒙藏教育、华侨教育和留学教育。每章又分为目标及实施纲要两节,实施纲要又分为课程、训育及设备三段,每段若干条,使三民主义教育实施方针进一步具体化"③。

从本质上看,三民主义教育是国民党右派的"党化教育",是为大地主大资产阶级的利益服务的。

二、大学课程自由分散

自1924年《国立大学校条例》颁布后,国家于大学课程不再进行统

---

① 第一次中国教育年鉴(甲编)[Z]. 上海: 开明书店, 1931: 8.
② 中华民国教育宗旨及其实施方针[G]//中央教育科学研究所教育研究室. 中华民国教育法规选编(1912—1949). 南京: 江苏教育出版社, 1990: 45.
③ 三民主义教育实施原则(1931)[G]//中央教育科学研究所教育研究室. 中华民国教育法规选编(1912—1949). 南京: 江苏教育出版社, 1990: 53.

一规定。大学课程设置权下放到学校，学校教授会拥有商讨审定各科课程设置的权利。自此以后，各高校基本上实行分散课程。

南京国民政府成立后，大学课程设置自由化的现状依然没有改变，但南京国民政府进行了统一课程标准的尝试。但由于各校各科开设的课程颇为繁杂，这项工作一直持续到1938年才完成。尽管这一时期，南京国民政府在推动大学课程从分散走向统一过程中工作成效不大，但毕竟是在朝统一的方向上努力。

这一时期，南京国民政府通过组织专家进行了大量的调查和广泛的论证后，颁布了"医学院暂行科目表"和"全国大学各学院课程比较表"，并且，在组织制度上，建立了大学课程及设备标准起草委员会，并颁布了《教育部大学课程及设备标准起草委员会章程》。这些工作和努力，使相关人士从思想认识上达成了统一大学课程的共识，也从这项艰难的工作中充分认识到大学课程繁复凌乱、缺乏体系所带来的种种弊病，特别是在课程的管理上。

第二节 大学通识教育课程变革的思想基础

一、关于大学共同必修科目的讨论

关于共同必修科目的讨论的根源要从选科制的推行说起。1917年11月15日，教育部召开北京各高等学校代表会议，提出废除年级制，采用选科制的议案。大意是："学生修满若干单位，即可毕业，不拘年限。其中，本科须修满八十单位，半数为必修料，半数为选科。"[①]议决通过后，由北京大学首先试行。

选科制是美国大学通识教育理念的具体表现形式之一。它"强调学生的个性和兴趣，在人才培养过程中赋予学生一定的选择权，即给予学生若干可以选择的课程组作为主修科，其他课程组作为选修的内容，共

---

① 许春东，覃丽. 论蔡元培高等教育思想及当代价值[J]. 当代教育论坛，2011（7）：15-17.

同组成知识板块"①。北京大学实行的"选科制"是中国正式推行学分制的标志,它大大提高了学生的学习兴趣,并且迅速被全国大学所采用,被认为是"我国大学教育上一个极大的进步"②。

1922年新学制正式规定,大学废止预科,采用选科制。这一举措"增加了大学办学自主性与选择性,推动了大学数量的扩张,但也对大学基础课程产生冲击,导致办学质量下降"③。1924年《国立大学校条例》又将课程设置权下放到各个科系和学院。"国立大学校各科各学系及大学院,各设教授会,规划课程及其进行事宜。"④同时,在《国立大学校条例》的附则中又规定"私立大学应参照本条例办理"⑤。这实际上是授予各大学及其各系自行安排课程的权利,从而致使各大学在课程设置日益凌杂,往往忽略了基本课程。由此导致大学课程的多样化和不统一。同一个院系,在不同的大学,其课程设置都有很大差异。最重要的问题是缺乏一个有效统一的标准,使得学生缺乏共同的基础,教学质量难以保证。

因此,不少专家学者及社会人士提出,大学各系应该确定一些所有学生都应该修习的共同必修课程,以确保学生在课程学习中具有共同部分,这不仅为学生的专业学习做准备,也将成为大学乃至全社会的共同的文化。1932年冬,朱家骅主掌教政时,在其发表的《九个月来教育部整理全国教育之说明》一文中,特别强调了大学的课程改革应重视基本科目。"今日大学设置课程,其序次轻重先后之际,必须尊重学术体系,使学生习于自力研究。专深之学,可任学生于毕业后继续求成,不必虑其专深之不穷,而纷设各种专门问题之课程,贪多鹜高,反掩基本课程之重……尚须注意客观条件之设备,苟无充分设备,而纷设专门课程,则此专门课程皆为滥设。故基本课程,其分量应特别加重。"⑥"轻于基

---

① 肖玮萍. 中国近代大学外语专业人才培养研究[D]. 厦门:厦门大学,2013.
② 李振东. 北大的校长们[M]. 北京:中国经济出版社,2003:118.
③ 张亚群. 中国大学通识教育传统的现代价值[J]. 华中师范大学学报(人文社会科学版),2014(1):146-154.
④ 中央教育科学研究所教育研究室. 中华民国教育法规选编(1912—1949)[G]. 南京:江苏教育出版社,1990:46.
⑤ 国立大学校条例[J]. 教育公报,1924(3):1-3.
⑥ 朱家骅. 九个月来教育部整理全国教育之说明[J]. 教育部公报,1932(49-50):22-47.

本而重于专门，先于专门而后于基本，则学生先已乱其门径，研究学术，安得有济。专门学术之研究，就体系言，原无止境，决非大学四年之教育所能为功。必待学生于毕业后继续不断作专深之研究，方为有济。"① 朱家骅的这段论述表明了通盘筹划、统一设置大学各学院基本课程的重要性。

当时的国民政府，也在某种程度上意识到了这一问题。1929 年 8 月 14 日，教育部公布《大学规程》，其中与通识教育有关的条款如下："第七条规定，大学各学院或独立学院各科学生（医学院除外），从第二年起，应认定某学系为主系，并选定他学系为辅系。第八条规定，大学各学院或独立学院各科，除党义、国文、军事训练及第一第二外国文为共同必修课目外，须为未分系之一年级设基本课目。第九条规定，大学各学院或独立学院各科课程，得采学分制。但学生每年所修学分须有限制，不得提早毕业。"②从国家层面规定了国文、外国文等共同必修科目，同时，要求各大学及独立学院为一年级学生设置基本必修科目。但由于缺乏国家层面的具体要求，各大学及独立学院设置的课程往往由每个院系自行设定，实质上依然是各行其是。

为了编订大学（包括独立学院）课程与设备的标准，1929 年，南京国民政府教育部成立了"大学课程及设备标准起草委员会"。委员会确定了关于课程方面的工作任务："（1）议定大学各院系各种必修及选修科目的标准；（2）议定大学各院系必修及选修科目的教材标准；（3）议定大学各院系必修及选修课目在各学年的分配标准。"③这一时期，南京国民政府教育部开始有计划、有组织地进行大学课程标准的编制工作。"查大学课程之编制，在民国十九年（1930 年）时已有所编订，彼时所订对于大学各科课程之详细内容，都逐一列举，比较繁复，各大学实行方面较为困难。"④1931 年 10 月南京国民政府教育部公布大学课程标准起草的步骤，大体分四步：首先聘请各系专家一人一个月内拟定本系课程标准

---

① 朱家骅. 九个月来教育部整理全国教育之说明[J]. 教育部公报, 1932 (49-50): 22-47.
② 大学规程（1929）[G]//中央教育科学研究所教育研究室. 中华民国教育法规选编 (1912—1949). 南京：江苏教育出版社，1990：407.
③ 熊明安. 中国近现代教学改革史[M]. 重庆：重庆出版社，1999：152.
④ 教育部着手编订大学课程纲目[N]. 申报，1935-02-13.

草稿；其次，教育部聘请同系数名专家集体讨论，审订草稿；然后，请一名专家整理出适用的草案；最后，由教育部公布课程标准。教育部对此次大学院系课程及设备标准制订工作十分重视，聘请一批当时国内顶尖级专家学者组成各系课程标准草拟人员，计划用两年时间编制大学课程及设备标准。

但由于大学各学院各系科课程繁杂等原因，高等学校的课程整理工作进展缓慢。这一时期，除1935年颁布的"医学院暂行科目表"外，其他各院系的科目表直到1937年仍未公布。其课程设置由大学根据实际需要，参照欧美各国的标准和办法自行商讨决定，没有全国统一的大学课程标准。

二、关于"通才"与"专才"之争

抗战前后，中国高等教育界对大学到底应该培养通才还是专才，以及应该先通后专还是先专后通的问题进行了广泛的争论。

一种意见认为，"今日之大学必为造就专才之所，具备专识之后，然后以之为中心而向各方面发展接触，以取得各方之常识，进可以为通人，退仍不失为专才"[①]。大学四年，时间有限，学校应着重于专门知识技能的训练。高等学校本就是培养专门人才的场所，大专院校毕业生理应成为某一方面的专才。学生也可以在具备了专门学识之后，以专门学识为中心，向各方面发展，求各方面知识。教育部虽曾按《国民政府的抗战建国纲领》提出："大学教育应为研究高深学术，培养能治学治事治人的创业之通才与专才之教育。"但是，在政策的具体运行过程中，战前国民政府曾推行"提倡理工"的方针，战时更是进一步提倡"实用科学"，限制文法科，更重专才于通才，更重实科于文理科。

另一种意见则恰恰相反，认为大学教育应该是通才教育，主要是给学生打基础，没有广博宽厚的基础，学生难以专得深。专业只是引入门，应该由博返约，在通的基础上再专，由通入专。这种安排虽然看似太杂太慢，但教育的目光必须远大。通识教育给了学生向专业发展的必备知

---

① 霍益萍.近代中国的高等教育[M].上海：华东师范大学出版社，1991：212.

识和能力，学生以后将受用无穷，对整个民族和国家的发展也是大有裨益的。例如，联大教授们认为："大学应该顾到百年大计，不应该为一时偏倚的需要而变质。近年来，因为种种原因，大学生更只拥挤在工学院和经济系里。这是眼光短浅，只看在一时应用上。这是大学教育的不健全的现象。"①主张大学教育应该注重通才而不应该一味注重专家。

当时教育部和一些较有影响的教育家们都比较倾向于第二种意见。1932年，国联教育考察团从欧洲传统高等教育价值观出发，批评中国大学中"各科之基本要素在教学计划上向无充分之地位，殊不知研究该科之学生，对于基本要素，必先能彻底精通，乃能对于次要方面之研究获得实益"②。

当时，一些学者也纷纷发表文章阐述自己的改革主张。如：《教育杂志》上分别刊有董任建的《大学课程还不应改造吗》（1930），吴泽霖的《中国大学教育的改革》，徐则敏的《中国大学教育的现状》（1931），孙晓楼的《大学教育应行改进的几点》，赵廷为的《课程改造》（1935），谢循初的《修改课程标准问题》和《美国芝加哥大学课程之改革》，鲁继曾的《明日之课程》（1936）和《对教育部所拟大学史学系二三四年级课程科目表之意见》，孙晓楼的《当前改进我国高等教育之商榷》和《抗战建国中我国高等教育概况》（1937）。这些文章从教育的各个方面进行了探讨和论证，强调通识教育的重要性，提出要从通识教育的视野出发，对当时的大学课程进行改革。

第三节　大学通识教育课程变革的制度规约

一、"三民主义"及其对大学通识教育课程的规约

以蒋介石为首的南京国民政府成立后，为了使教育适应其政权统治的需要，于1928年5月召开了第一次全国教育会议，讨论全国教育问题。会议议决采取三民主义的教育宗旨。1929年3月，国民党召开第三次全

---

① 方惠坚，等.清华大学志[M].北京：清华大学出版社，2001：102.
② 国联教育考察团报告书要点[J].中华教育界，1933（11）：59-103.

国代表大会，国民党中央宣传部提出了"教育方针及实施原则案"，经大会讨论，最后决定中华民国的教育宗旨为："中华民国之教育，根据三民主义，以充实人民生活，扶植社会生存，发展国民生计，延续民族生命为目的；务期民族独立，民权普遍，民生发展，以促进世界大同。"①1929年4月26日，国民政府正式公布了《中华民国教育宗旨及实施方针》，该文件是南京国民政府教育的基本实施方针。方针第一条对各级各类教育做了总的规定："各级学校之三民主义之教育，应与全体课程及课外作业相贯连，以史地教科阐明民族之真谛，以集团生活训练民权主义之运用，以各种生产劳动的实习，培养实行民生主义之基础，务使智识道德融合贯通于三民主义之下，以收笃信力行之效。"②方针第四条对大学教育做了如下规定："大学及专门教育，必须注重实用科学，充实学科内容，养成专门知识技能，并切实陶融为国家社会服务之健全品格。"③

1931年9月3日，国民党中央执行委员会第157次党务委员会，又通过了《三民主义教育实施原则》，共计八章，分别是："初等教育、中等教育、高等教育、师范教育、社会教育、蒙藏教育、华侨教育和留学教育。"④每章又分为目标及实施纲要两节，实施纲要又分为课程、训育及设备三段，每段若干条。这个实施原则是国民政府建立初期各级教育实施的重要依据。它是国民政府制定的教育宗旨及其实施方针的具体化，也是国民政府的基本教育政策。其中第三章高等教育部分对高等教育的目标规定了五条："（一）学生应切实理解三民主义的真谛，并具有实用科学的知能，稗克实现三民主义之使命；（二）学校应发挥学术机关之机能，稗成为文化的中心；（三）课程应视国家建设之需要为依归，以收为国家储材之效；（四）训育应以三民主义为中心，养成德智体群美兼备之人格；（五）设备应力求充实，并与课程训育相关联。"⑤关于高等教育

---

① 中华民国教育宗旨及其实施方针[G]//中央教育科学研究所教育研究室. 中华民国教育法规选编（1912—1949）. 南京：江苏教育出版社，1990：45.
② 中华民国教育宗旨及其实施方针[G]//中央教育科学研究所教育研究室. 中华民国教育法规选编（1912—1949）. 南京：江苏教育出版社，1990：45.
③ 中华民国教育宗旨及其实施方针[G]//中央教育科学研究所教育研究室. 中华民国教育法规选编（1912—1949）. 南京：江苏教育出版社，1990：46.
④ 三民主义教育实施原则（1931）[G]//中央教育科学研究所教育研究室. 中华民国教育法规选编（1912—1949）. 南京：江苏教育出版社，1990：48-62.
⑤ 三民主义教育实施原则（1931）[G]//中央教育科学研究所教育研究室. 中华民国教育法规选编（1912—1949）. 南京：江苏教育出版社，1990：52-54.

的实施纲要,主要从课程、训育、设备三个方面做了具体的规定。这些规定都是以三民主义为根本指导原则的。其中对高校课程的要求是:"关于社会科学者:一、应以三民主义之精神,融贯东西文化之所长。二、应以中山先生全部遗教,贯通教材,以建立三民主义的社会科学。三、应精研学理之究竟,以期创造三民主义的文化价值。"① 关于自然科学者:"一、应注重生产技术的知识和技能。二、应以物资建设之完成为研究或设计之归结。三、应彻底从事科学之研究,并致力于有益人类增进文明之发明发现。"② "关于党义课程者:一、应以阐扬孙中山先生全部遗教及本党政纲、政策及重要宣言为主要任务。二、应以理论事实,证明三民主义为完成国民革命,促进世界大同之唯一的革命原理。三、应依据三民主义,比较批判其他社会主义学说。"③

从上述国民党的教育宗旨及其实施方针,以及《三民主义教育的实施原则》等规定,可以看出国民政府的教育是围绕着三民主义这个核心的,是为实现国民党的政治、经济纲领服务的。从通识教育的内涵来看,三民主义教育的宗旨及其实施方针和原则,实质上是对学生灌输一种意识形态,或者说是一种价值共识的灌输,这种价值共识是服务于国民党一党专政。

二、《大学组织法》与《大学规程》对通识教育课程的规约

(一)大学培养目标的转变

1929年7月26日,国民政府公布《大学组织法》。《大学组织法》对大学的标准、院系的设置、修业年限等都做了详细规定。"大学分文、理、法、教育、农、工、商、医各学院;凡具备三学院以上者,始得称为大学。大学各学院或独立学院各科,得分若干学系。大学修业年限,

---

① 三民主义教育实施原则(1931)[G]//中央教育科学研究所教育研究室.中华民国教育法规选编(1912—1949).南京:江苏教育出版社,1990:52.
② 三民主义教育实施原则(1931)[G]//中央教育科学研究所教育研究室.中华民国教育法规选编(1912—1949).南京:江苏教育出版社,1990:53.
③ 三民主义教育实施原则(1931)[G]//中央教育科学研究所教育研究室.中华民国教育法规选编(1912—1949).南京:江苏教育出版社,1990:53.

医学院五年，余均四年。"①

在《大学组织法》中，与通识教育课程直接相关的有两条规定。其一是《大学组织法》对大学人才培养目标的规定，《大学组织法》第一条即规定"大学应遵照十八年（1929年）四月二十六日国民政府公布之中华民国教育宗旨及其实施方针，以研究高深学术养成专门人才"②。这是自1912年以来，大学人才培养目标的首次转变，由之前的养成"硕学闳材"转变为"专门人才"。这一转变，一方面说明当时社会经济的发展需要大量的专业人才；另一方面也说明这一时期通识教育的理念和实践受到冲击和质疑。其二就是《大学组织法》第十六条的规定，"大学课程由校务会议审议决定"，这说明这一时期大学课程设置权依然在各学校。

（二）《大学规程》对通识教育课程的规定

1929年8月14日南京国民政府教育部颁布《大学规程》。《大学规程》是对《大学组织法》的必要补充与完善。大学规程对通识教育课程的规约主要体现在三个方面。

第一，从总体上强调了大学课程的实用性。《大学规程》第二条明确规定，大学"遵照中华民国教育宗旨及其实施方针，大学教育注重实用科学之原则，必须包含理学院或农工医各学院之一"。从这条规定来看，特别强调对实用科学的重视，这对通识教育课程的影响是很大的。

第二，基本规定了大学通识教育的课程结构。《大学规程》第七条规定，"大学各学院或独立学院各科学生（医学院除外），从第二年起，应认定某学系为主系，并选定他学系为辅系"③。这一规定说明，在大学第一年，各学院学生并不分系，到第二年才开始分系，并要求学生选定主系之外，再选择其他学系为辅系。这就是民国时期施行的"主辅系"制度。同时，针对第一年不分系的学生，《大学规程》第八条又规定，"大学各学院或独立学院各科，除党义、国文、军事训练及第一第二外国文

---

① 大学组织法[G]//中央教育科学研究所教育研究室.中华民国教育法规选编（1912—1949）.南京：江苏教育出版社，1990：415-418.
② 大学组织法[G]//中央教育科学研究所教育研究室.中华民国教育法规选编（1912—1949）.南京：江苏教育出版社，1990：415.
③ 大学规程（1929）[G]//中央教育科学研究所教育研究室.中华民国教育法规选编（1912—1949）.南京：江苏教育出版社，1990：407.

为共同必修课目外，须为末分系之一年级设基本课目"①。这一规定有两个要点：其一，规定了全校所有学生应修的共同必修科目；其二，要求各学院为一年级学生开设基本科目，即各学院的共同必修科目。自此，《大学规程》将大学的理想课程结构基本勾勒出来，当时大学的课程结构可以概括为"校共同必修科目+院共同必修科目+主系科目+辅系科目+自由选修科目"；其中，通识教育的课程结构为"校共同必修科目+院共同必修科目+辅系科目+自由选修科目"，简而言之，即"共同必修科目+辅系科目+自由选修科目"。但遗憾的是，《大学规程》所明确规定的全校共同必修科目过于注重语言等工具学科和思想意识层面的课程，缺少学生发展所需的共同基础知识课程的规定；此外，没有明确各院系的共同必修科目究竟应该有哪些，这也导致了各院系的共同必修科目大相径庭。

第三，注重通识教育课程学习的质量。大学采用选科制之后，学生有了选课的自由；而学分制②的实施，使得学生修完规定学分即可毕业。若学生在极短时间内修完规定学分，虽达到毕业要求，但并不能保证课程学习的质量。因此，《大学规程》第九条要求"学生每年所修学分须有限制，不得提早毕业"。这一时期，各个学校在学生每学期、每学年所应修学分数量上均有明确规定。

第四节 大学通识教育课程变革的实践探索

一、清华大学的通识教育课程实践

这一时期，清华大学在对全校学生设置共同必修课程时，除了将《大学规程》中规定的党义、国文、外国语、军事训练等课程纳入之外，在

---

① 大学规程（1929）[G]//中央教育科学研究所教育研究室.中华民国教育法规选编（1912—1949）.南京：江苏教育出版社，1990：407.
② 1929年8月14日颁布的《大学规程》第九条规定：大学各学院或独立学院各科课程，得采学分制。1931年1月，教育部公布《学分制划一办法》，规定各校一律采用学年兼学分制，凡采用积点制或其他名称者，一律改为学分制。并规定了大学学生应修学分的最低标准，除医学院外，4年须修满132学分，始准毕业。其学分计算标准，也有明文规定。凡需要课外自修的科目，以每周上课1小时，满1学期为1学分。实习和不需要课外自修的科目以2小时为1学分。

其他课程方面考虑到了文理均衡的需要，设置的课程中，人文社会与自然科学兼顾，要求学生在人文社会科学课程（政治、经济、社会、历史、现代文化）、自然科学课程（物理、生物、化学、逻辑）中各选一门进行学习。有利于学生了解这两个领域的基本常识，培养学生的宽广的知识面和通识修养。（见表4-1）

表4-1　清华大学1929—1930年各学系共同必修课程[①]

科目	学分
国文（第一年必修）	6
英文（第一年必修）	6
物理、生物、化学、逻辑 （四选一，于第一年或第二年修习）	10、8、8、8
政治、经济、社会、历史、现代文化 （五选一，于第一年或第二年修习）	6、6、6、6、6
体育（必修四年，每年2学分）	8
军事训练（第一、第二年必修，每年3学分； 第三、第四年选修，学分不详）	6
党义	不详

清华大学中国文学系课程的设置，"一方面注重研究我们自己的旧文学；一方面再参考外国的新文学"[②]。同时，在课程安排上"依着年级分配，第一年是普通学科及历史的根底，特别是中国文学史，先给大家开一个路径。第二年、第三年是泛滥于各体的研究，如上古文、汉魏六朝文、唐宋至近代文、诗、赋、词、曲、小说以至新文学等都于此二年中养成普通的知识。文字学、音韵学列在二年之始，是因为必须有了这类的工具，才能研究诗赋词曲及韵文。到了第四年，大家对于文学的各体都熟悉了，再贯之以中国文学批评史；对于中外文学都造成相当的概念了，再证之以中外比较文学；对于某家或某体文学养成相当的倾向了，再继之以文学专家研究。这就是排别次第的根据"[③]。由上述论述不难

[①] 国立清华大学本科程一览（1929—1930）[G]//李森.民国时期高等教育史料汇编：第2册.北京：国家图书馆出版社，2014：241-242.
[②] 国立清华大学本科程一览（1929—1930）[G]//李森.民国时期高等教育史料汇编：第2册.北京：国家图书馆出版社，2014：243.
[③] 国立清华大学本科程一览（1929—1930）[G]//李森.民国时期高等教育史料汇编：第2册.北京：国家图书馆出版社，2014：245.

看出该系的人才培养是基于由"博"而"专"的路径,与通识教育的理念一脉相承。清华大学中国文学系课程如表 4-2 所示。

表 4-2　清华大学中国文学系 1929—1930 年课程[①]

年级	科目	学分	备注
一年级	国文	6	
	英文	6	
	中国通史	6	
	中国文学史	6	
	生物学、物理学、化学、逻辑	8	任选一门
	政治学、经济学、社会学、西洋通史、现代文化	6	任选一门
	任选课程		
二年级	文字学	4	
	音韵学	6	
	赋	4	
	诗	4	
	文(上古至秦)	3	
	英文	6	
	古书词例	3	
	任选课程		
第三年	中国音韵沿革	4	
	词	3	
	戏曲	3	
	小说	4	
	文(汉至隋)	4	
	文(唐至现代)	3	
	西洋文学概要	8	
	任选课程		

---

① 国立清华大学本科学程一览(1929—1930)[G]//李森. 民国时期高等教育史料汇编:第 2 册. 北京:国家图书馆出版社,2014:246-249.

续表

年级	科目	学分	备注
第四年	文学专家研究	6~8	
	中国文学批评史	4	
	西洋文学专集研究	4	
	任选课程		
本系选修科目	修辞学	3	
	中国新文学研究	3	
	当代比较小说	4	
	乐府	6	
	歌谣	3	
	高级作文	6	
	古书校读法	3	
	目录学	3	
	文选学	3	
	国故论著	3	
	佛经翻译文学	4	
他系选修科目	现代西洋文学	4	
	美学	6	
	中国哲学史	6	
	西洋通史	6	
	西洋哲学史	6	
	哲学问题	6	
	言语学入门	4	
	第一、二年外文（日法德）	8	任选一门

由表 4-2 可知，清华大学的中国文学系除了注重基础科目的学习外，还开设了大量选修课程供学生修习。清华大学中国文学系不仅在理念上契合通识教育讲求的"由博返约"的精神，在课程结构上也为通识教育课程的开设创造了条件，但所开设课程中人文社科类居多。

清华大学哲学系的通识教育课程主要体现在全校共同必修科目和大量的跨系选修科目上。具体而言有以下特点：第一，较为重视自然科学课程的学习。自然科学类课程（论理或物理、生物、化学）在一、二年级都要求修习，且学分很高，共计16学分。第二，重视他系课程的修习。清华大学哲学系学生四年内要求修习他系课程达36学分之多。（见表4-3）

表4-3 清华大学哲学系 1929—1930 年课程①

年级	科目	学分	备注
第一年	国文	6	
	英文	6	
	论理或物理、生物、化学	8	任选一门
	政治、历史、经济、社会、现代文化	6	任选一门
	哲学概论	4	
	第一年德文或法文	8	
第二年	中国哲学史	6	
	西洋哲学史	6	
	普通心理学	6	
	论理或物理、生物、化学	8	任选一门
	第二年德文或法文	8	
	他系课程	4	
第三、四年	伦理学	4	
	美学	4	
	知识论	4	
	形上学	4	
	印度哲学概论	4	
	哲学专题或专家研究	24	
	他系课程	32	

① 国立清华大学本科学程一览（1929—1930）[G]//李森. 民国时期高等教育史料汇编：第2册. 北京：国家图书馆出版社，2014：267-269.

另外，清华大学数学系的课程主要分为本系必修课程、本系选修课程、他系必修课程三种。本系必修与本系选修基本是与专业相关的课程，旨在打下学生坚实的专业基础。其通识教育体现在他系必修课程中。该系的他系必修课程包括：国文（6学分），英文（6学分），第二外国语（16学分），哲学或逻辑（6~8学分），大学普通物理（8~10学分），政治学、经济学、社会学、西洋通史、现代文化（6学分，任选一门）。

综上所述，清华大学的通识教育课程主要包括以下几类：其一，依据《大学规程》所规定的外语、国文、党义、体育、军事训练等科目；其二，清华大学规定的全体学生必修的科目，如自然科学类课程（物理、生物、化学、逻辑，四选一，于第一年或第二年修习）、社会科学类课程（政治、经济、社会、历史、现代文化，五选一，于第一年或第二年修习）。其三，大量的他系选修课程。具体的选修课程各院系自行设定，因此很不统一。总而言之，清华大学的通识教育课程已形成了一些固定的共同必修课程：外语、国文、党义、体育、军事训练、自然科学一门、社会科学一门。

二、国立中央大学的通识教育课程实践

国立中央大学设自然科学院、文学院、社会科学院、教育学院、哲学院、医学院、农学院、工学院、商学院。"大学各学院本科暂作四年，总学分以128学分计算（必修体育不计学分，但另定标准，不合格者不得毕业），医学院卒业年限及学分另定之。"[①]

国立中央大学的课程体系可以概括为：共同必修科目+分组必修科目+主系辅系科目+随意选修科目，其中，共同必修科目、分组必修科目是针对全校学生的。其通识教育课程主要体现在共同必修科目、分组必修科目、主系辅系科目、随意选修科目中。国立中央大学规定，全体学生共同必修科目为：国学（4学分）、第一外国文（6学分）、第二外国文（6学分）。另外，还有五组选修科目，甲组包括国学、外国文、东方

---

① 国立中央大学一览（1929）[G]//李森. 民国时期高等教育史料汇编：第29册. 北京：国家图书馆出版社，2014：69.

文学、西方文学、艺术等科目；乙组包括社会、历史、政治、经济、法律、商业等科目；丙组包括哲学、数学、心理学、教育学等科目；丁组包括地学、生物、人类、生理卫生、农艺等科目；戊组包括物理、化学、工程等科目。要求所有学生于五组课程每组至少选修4学分，但五组合计至少20学分（换言之，即五组中必有一组或数组在4学分以上，不得皆从至少数也）。①五组选修科目所包含之课程非常丰富，人文、社科、自然科学各方面知识都有涉及，学生于每组都需选习。通过五组选修课程的学习，学生于各科之基本概况都会有所了解，其知识面和视野得以打开。在主系辅系课程方面，"由学生于本科各系中选取一系为主系，然后由主系教授指定数系任学生选取其一，以为辅系。主系学程至少36学分，辅系学程至少15学分。"②此外，学生还可随意选修一定科目，"悉任学生自选，惟须取得指导员之同意"③。

以上为国立中央大学从全校层面对大学课程做的整体要求，除此而外，国立中央大学各学院也设置学院共同必修科目，以使得学生在进入具体学系之前，对整个学科有一个全局之把握。例如，自然科学学院学生，除依据学校制定的选课规程外，还应遵循下列条件：第一，自然科学学院本科学生大别为（甲）数理化地组、（乙）动植心理人类组；于第一年入本科时认定。第二，自然科学院学生至迟应于第三年之初认定主辅系。第三，甲组学生于本学院选课，至少应选：微积分（6学分）、普通物理（11学分）、无机化学（8学分）、普通生物与地学气象（任选其一，6学分）。④第四，乙组学生于本学院选课，至少应选：普通物理（6学分）、动植生理解剖（12学分）、无机化学（8学分）、地学气象（6学分）。第五，自然科学院学生至迟须于第四年第一或第二学期之初应第二

---

① 国立中央大学一览（1929）[G]//李森. 民国时期高等教育史料汇编：第29册. 北京：国家图书馆出版社，2014：72.
② 国立中央大学一览（1929）[G]//李森. 民国时期高等教育史料汇编：第29册. 北京：国家图书馆出版社，2014：73.
③ 国立中央大学一览（1929）[G]//李森. 民国时期高等教育史料汇编：第29册. 北京：国家图书馆出版社，2014：73.
④ 国立中央大学一览（1928）[G]//李森. 民国时期高等教育史料汇编：第30册. 北京：国家图书馆出版社，2014：362.

第四章 大学通识教育课程的发展（1928—1937） / 137

外国文口试，不及格者不能毕业。①可见，自然科学学院为防止学生过早进入专门学系课程的学习，或者盲目选习课程，对自然科学学院学生进行大类分组，各组学生在选定主辅系之前，都需要学习各组的共同必修课程。学生修完学院共同必修课程，方可进入具体学系学习专业课程，这时，各学系开设课程基本属于专业课程。例如自然科学学院物理学系必修学程。（见表4-4）

表4-4 自然科学学院物理学系必修学程②

科目	学分
普通物理（子）	8
分子物理及热学	3
光学	3
数学物理	6
近代物理（乙）	3
普通物理（寅）	3
电磁学	3
力学	6
近代物理（甲）	3

同样的，国立中央大学社会科学学院课程也是如此。社会科学学院分为史地学、社会学、经济学、政治学、法律学五系。社会科学学院学生"至迟应于第三年之初认定主系及辅系，学生除依据各学院选课规程外，在第一年与第二年之间应修毕本院必修学程。本学院学生均须选读第二外国文一种，在毕业前应试第二外国文，不及格者不能毕业"③。值得注意的是，学生所选之辅系可以是其他学院的某一系，但"选定时须经主系教授之认可"④。（见表4-5）

---

① 国立中央大学一览（1928）[G]//李森.民国时期高等教育史料汇编：第30册.北京：国家图书馆出版社，2014：363.
② 国立中央大学一览（1928）[G]//李森.民国时期高等教育史料汇编：第30册.北京：国家图书馆出版社，2014：366-367.
③ 国立中央大学一览（1928）[G]//李森.民国时期高等教育史料汇编：第30册.北京：国家图书馆出版社，2014：467.
④ 国立中央大学一览（1928）[G]//李森.民国时期高等教育史料汇编：第30册.北京：国家图书馆出版社，2014：467.

表 4-5　社会科学学院必修学程①

科目	学分
东洋通史或西洋通史（择一）	4
世界地理	4
社会学	4
经济学原理	4
政治学	4
法理学	3
统计学	2

综上所述，国立中央大学的课程是一种"倒金字塔"型的课程体系，课程设置由广博到专精，通识教育意蕴贯穿始终，即便是到了专业课程（主系课程）的学习时，依然不忘通识之精髓，并辅以辅系课程及任选课程，以防止学生陷入狭隘的专业领域。

三、金陵大学的通识教育课程实践

金陵大学文科包括：中国语文系、外国语文系、史学系、政治学系、经济学系、社会学系、哲学系、宗教学系、心理学系、教育学系、图书馆学系。理科包括：算学系、物理学系、化学系、生物学系。②学生修习规定学程满160学分，且修毕一主系一辅系之各学程及其他必修科者，准予毕业。③

金陵大学的课程体系可以概括为：分组必修科目＋主辅系科目＋任选科目。学生于一年级时认定文、理两科中的一科，认定后进入各科必修课程进行学习。"本科一年级生必须于学年开始时认定志愿，选习文科

---

① 国立中央大学一览（1928）[G]//李森. 民国时期高等教育史料汇编：第30册. 北京：国家图书馆出版社，2014：468.
② 金陵大学文理科概况（1928—1929）[G]//李森. 民国时期高等教育史料汇编：第27册. 北京：国家图书馆出版社，2014：578.
③ 金陵大学文理科概况（1928—1929）[G]//李森. 民国时期高等教育史料汇编：第27册. 北京：国家图书馆出版社，2014：582.

或理科学程，认定后即须遵照定章修读课程，不得自由任意增减。""本科学生须于第二学年开始之时，于本科各学系内选定一系为其主系，并另选定与主系性质相关联其他之一系为辅系，主系学程须选修 40~60 学分，辅系学程须选修 25~35 学分。"①具体课程见表 4-6 和表 4-7。

表 4-6　文理科一年级必修学程②

学科	科目	学分	
		第一学期	第二学期
文科	英文	5	
	国文		5
	历史	5	5
	生物学	5	
	心理学	5	
	经济学		5
	体育	1	1
	其他选修科		5
理科	算学	2	3
	国文	3	2
	英文		5
	化学	5	5
	物理	5	5
	历史	5	
	体育	1	1

---

① 金陵大学文理科概况（1928—1929）[G]//李森. 民国时期高等教育史料汇编：第 27 册. 北京：国家图书馆出版社，2014：584-585.
② 金陵大学文理科概况（1928—1929）[G]//李森. 民国时期高等教育史料汇编：第 27 册. 北京：国家图书馆出版社，2014：585-586.

表 4-7 文理科二年级共同必修科①

学科	科目	学分
文科	历史	5
	哲学	5
理科	经济学	5
	历史	5
	哲学	5

综上所述，金陵大学的通识教育课程主要体现在分组必修科目、辅系科目及任选科目中，分组科目虽然将学生分为文、理两组，但两组的课程实际上是融通的，并非有严格的学科限制和分割。

四、安徽省立大学的通识教育课程实践

安徽省立大学设文学、理学、法学、教育学、农学、工学、商学七学院，各院设若干系。②安徽省立大学采用学分制，肄业期限为四年，至少须修满172学分，始得毕业。③安徽省立大学课程体系为：普通必修学程＋各院必修学程＋各系必修学程＋选修学程。其中，普通必修学程为全体学生皆需修习之课程，各院必修学程为各学院学生分系前共同必修之课程，由各学院自行订定。各系学程由各系自订，合计至少48学分，该系学生必须修满方准毕业。④以安徽省立大学文学院课程为例，分析如下。(见表 4-8)

---

① 金陵大学文理科概况（1928—1929）[G]//李森.民国时期高等教育史料汇编：第27册.北京：国家图书馆出版社，2014：586-587.
② 安徽省立大学一览（1929）[G]//李森.民国时期高等教育史料汇编：第33册.北京：国家图书馆出版社，2014：296.275.
③ 安徽省立大学一览（1929）[G]//李森.民国时期高等教育史料汇编：第33册.北京：国家图书馆出版社，2014：296.298.
④ 安徽省立大学一览（1929）[G]//李森.民国时期高等教育史料汇编：第33册.北京：国家图书馆出版社，2014：296.299.

表 4-8　安徽省立大学普通必修学程（各学院学生均须必修）①

科目	学分
党义	8
国文	12
自然科学	6
社会科学	6
英文	10
军事训练	4
体育	2

安徽省立大学文学院分中国文学及教育学两系，文学院学生除修满全校普通必修学程外，于毕业以前须修满文学院共同必修学程②。（见表4-9）

表 4-9　文学院共同必修学程

科目	学分
社会科学（普通必修以外）	3
哲学大纲	3
历史	6
论理学	2
普通心理学	6
文学通论	3
教育学	3

---

① 安徽省立大学一览（1929）[G]//李森.民国时期高等教育史料汇编：第 33 册.北京：国家图书馆出版社，2014：298.
② 安徽省立大学一览（1929）[G]//李森.民国时期高等教育史料汇编：第 33 册.北京：国家图书馆出版社，2014：385.

文学院中国文学系学生于本系必修选修学程中至少须修满 85 学分方准毕业。本学院教育学系学生于本系必修选修学程中至少须修满 42 学分，此外须依本系主任之指导于各院中任选二系为第一辅系及第二辅系，第一辅系学程须修满 24 学分，第二辅系学程须修满 18 学分，方准毕业。①在普通必修、本院必修及各系必修、选修以外，得选习若干学程作为随意选修。

另外，文学院已开始对学生的毕业论文提出具体要求。这是已掌握的资料中首次出现的情况。"学生于修学最后一年内，应依学院院长及教授之指导择定题目，撰成毕业论文一篇，经审查合格后方准毕业。论文题目须于该学年始业后四星期内择定，其论文须于毕业考试一个月前缴卷，否则扣发文凭一学期。"②

综上所述，安徽省立大学的课程体系也呈现出"倒金字塔"型，课程由"博"而"精"，课程设置层级鲜明，由学校—学院—各系，使学生慢慢聚焦于专业课程。另外，安徽省立大学十分重视对学生毕业论文的考察。

五、私立燕京大学的通识教育课程实践

私立燕京大学文学院分国文学系、外国文学系、历史学系、哲学系、心理学系、教育学系、新闻学系、音乐学系等。学生均须在二年级起始时，选定其主修学系，如学生不得已须迟选者，必须得院长之许可。文学院学生不但须遵守一年级学程之规定与其主修学系之学则，并且须修习主修学系之课程 32 ~ 68 学分；有关系之课程 16 ~ 24 学分。有关系之课程由主修学系规定之，③方能毕业。（见表 4-10）

---

① 安徽省立大学一览（1929）[G]//李森. 民国时期高等教育史料汇编：第 33 册. 北京：国家图书馆出版社，2014：385.
② 安徽省立大学一览（1929）[G]//李森. 民国时期高等教育史料汇编：第 33 册. 北京：国家图书馆出版社，2014：386.
③ 私立燕京大学本科各学院课程概要（1936）[G]//李森. 民国时期高等教育史料汇编：第 8 册. 北京：国家图书馆出版社，2014：307.

表 4-10 私立燕京大学一年级学程①

科目	学分	
国文	6	
英文	8	
生物	3	
化学	3	
心理学	3	择二
思想的方法	3	
精神卫生学	3	
社会	3	择二
经济	3	
政治	3	
教育	3	
历史	3	
世界名人传	3	
任选	6	

由表4-10不难看出，燕京大学通识教育课程集中设置在一年级，除了任选课程及党义、体育外，必修课程多达8门，既有生物、化学等自然科学方面的课程，又有社会、经济、政治、历史等社会科学方面的课程，还有心理学、精神卫生学、教育等人文科学方面的课程。可见，其课程涉及面非常广泛。另外，文学院还设有一些自修课程，"凡学生成绩在6.2以上者，得酌修之"②。这些课程，对于奠定学生广博的知识基础有很大帮助，但也不难看出，该院的共同必修课程比较多，其缺陷是会导致学生学业负担过重，学习质量难以保证。

---

① 私立燕京大学本科各学院课程概要（1936）[G]//李森.民国时期高等教育史料汇编：第8册.北京：国家图书馆出版社，2014：305-306.
② 私立燕京大学本科各学院课程概要（1936）[G]//李森.民国时期高等教育史料汇编：第8册.北京：国家图书馆出版社，2014：307.

六、国立武汉大学的通识教育课程实践

国立武汉大学在课程设置时,"一方面每一系每一年级都有各系基本的特殊的科目,另一方面每一年级都有机会选修相关的课目,而且在一二年级时设有多少公共的课目"①。其目的在于克服当前许多大学的通病,即"一些大学只是在造成通达的人,它的流弊常常是太空泛;另有许多大学的目的只是在造专家,它的毛病又往往是太闭塞"②。因此,文学院在课程设置和人才培养目标定位方面试图克服这些不足,文学院的"一个目标是要造成专门的学者,同时又是受过高等教育的通人"③。下面以国立武汉大学文学院中国文学系课程为例,进行分析。(见表4-11)

表4-11 国立武汉大学文学院中国文学系课程④

学年	科目	周课时	备注
第一学年	基本英文	4	必修
	论理学	2	
	作文(一)	2	
	文字学	3	
	中国文学史	3	
	古今诗选(一)	3	
	目录学	2	
	军事训练		
	小说入门	3	选修(任选一门)
	中国近世史	3	
	教育原理	3	
	哲学概论	3	

---

① 国立武汉大学一览(1935)[G]//李森.民国时期高等教育史料汇编:第36册.北京:国家图书馆出版社,2014:331.
② 国立武汉大学一览(1935)[G]//李森.民国时期高等教育史料汇编:第36册.北京:国家图书馆出版社,2014:331.
③ 国立武汉大学一览(1935)[G]//李森.民国时期高等教育史料汇编:第36册.北京:国家图书馆出版社,2014:331.
④ 国立武汉大学一览(1935)[G]//李森.民国时期高等教育史料汇编:第36册.北京:国家图书馆出版社,2014:354-358.

续表

学年	科目	周课时	备注
第二学年	英文国学论著	3	必修
	声韵学	3	
	经学概论	3	
	诸子概论	3	
	古今诗选（二）	3	
	作文（二）	2	
	中国小说史	2	
	普通体育		
	戏剧入门	3	选修（任选一门）
	中国通史	4	
	教育史	3	
	心理学或教育心理学	3	
	第二外国语（日德法）	3	
第三学年	训诂学	2	必修
	诗经学	3	
	汉魏六朝文	2	
	诗专家研究	2	
	诸子专家研究	3	
	词	3	
	普通体育		
	甲骨文	3	选修（任选二门）
	中国文化史	3	
	新文学研究	2	
	宋元明清学术史	3	
	史学方法	2	
	社会学	2	
	第二外国语（日德法）	3	

续表

学年	科目	周课时	备注
第四学年	中国文学批评史	3	必修
	戏曲	3	
	楚辞学	2	
	经学专书研究	2	
	毕业论文		
	普通体育		
	金文	3	选修（任选二门）
	上古史	3	
	中国哲学史	3	
	英国文学史	3	
	文学批评	3	
	近代中国政治史	3	
	第二外国语（日德法）	3	

从国立武汉大学文学院中国文学系的课程来看，每一年级都设有一定比例的必修与选修课程，且必修科目与选修科目都比较多。课程中既有专业课程，也有其他方面的课程，这对于开阔学生的视野，拓展学生的知识面很有帮助。但其课程设置偏重人文社科方面的课程，自然科学类的课程几乎不见。另外，整个课程也显得比较繁多。

国立武汉大学法学院有法律学、政治学、经济学三系。法学院所设各学程"除教授基本理论外，兼注意于其实际应用方面"。对于各学系课程之配置，特别注重于学生将来服务于社会必要之实用的科目。[①]（见表 4-12）

---

① 国立武汉大学一览（1935）[G]//李森. 民国时期高等教育史料汇编：第 36 册. 北京：国家图书馆出版社，2014：373.

表 4-12　国立武汉大学法学院法律学系课程①

学年	科目	周课时	备注
第一学年	民法总则	3	必修
	刑法总则	3	
	法院组织法	1	
	政治学	3	
	经济学	4	
	社会学	3	
	基本英文	4	
	军事训练		
	论理学	2	选修（任选二门）
	普通心理学或教育心理学	3	
	近代中国政治史	3	
第二学年	宪法	2	必修
	民法债编（一）	2	
	民法物权	2	
	刑事诉讼法	3	
	刑法分则	3	
	外国法	2	
	普通体育		
	哲学概论	3	选修（任选二门）
	近代欧洲政治史	3	
	第二外国语	3	
第三学年	三民主义	1	必修
	民法债编（二）	4	
	商事法	3	
	民事诉讼法	4	

① 国立武汉大学一览（1935）[G]//李森．民国时期高等教育史料汇编：第 36 册．北京：国家图书馆出版社，2014：389-392．

续表

学年	科目	周课时	备注
第三学年	国际公法	4	必修
	外国法	2	
	普通体育		
	法律哲学	2	选修（任选二门）
	政治思想史	4	
	罗马法	2	
	财政学	3	
	第二外国语	3	
第四学年	民法	4	必修
	商事法（二）	3	
	国际私法	2	
	行政法	3	
	劳工法	2	
	诉讼实习		
	毕业论文		
	普通体育		
	监狱学	2	选修（任选二门）
	国际政治	3	
	中国外交史	3	
	社会主义及社会运动	2	
	第二外国语	3	

纵观法学院法律学系的课程，与文学院中国文学系课程有相同的优缺点。此处不再赘述。

国立武汉大学理学院有数学、物理、化学、生物四学系。理学院课程一、二年级中除设置各系特有科目外，同时注重系外之相关科目，以备以后专门研究之时，可收逢源互助之效。三、四年级除设置公认的各系必有的课程外,斟酌增设理论及应用的特殊科目(或为必修或为选修),以备毕业后研究各种问题之时,可有较为充实之工具,以及较为宽广之途径。① 下以国立武汉大学理学院物理学系课程做一简单分析。(见表4-13)

表4-13 国立武汉大学理学院物理学系课程②

学年	科目	周学时	备注
第一学年	普通物理学	4	必修
	普通物理学实验	3	
	微积分	3~4	
	微分方程	3	
	空间解析几何	2	
	普通化学	4	
	化学实验	3	
	基本英文	3	
	军事训练		
	普通生物学	3	选修
	生物学实验	3	
	初等方程式论	2	
第二学年	电磁学	4	必修
	电磁学实验	3	
	光学	3	
	光学实验	3	
	实测论	1	
	高等微积分	4	
	普通体育		
	第二外国语	3	
	应用力学	4	选修

---

① 国立武汉大学一览(1935)[G]//李森.民国时期高等教育史料汇编:第36册.北京:国家图书馆出版社,2014:399.
② 国立武汉大学一览(1935)[G]//李森.民国时期高等教育史料汇编:第36册.北京:国家图书馆出版社,2014:427-430.

续表

学年	科目	周学时	备注
第三学年	近代物理	3	必修
	近代物理实验	3	
	光学实验	3	
	电力学	3	
	实测论	1	
	统计力学	3	
	第二外国语	3	
	普通体育		
	物理化学	4	选修（任选一门，但选电工学者须同时选修电工学实验）
	电工学	3	
	电工学实验	3	
第四学年	近代物理	3	必修
	近代物理实验	3	
	电力学	3	
	专题讨论	1	
	毕业论文		
	普通体育		
	航空力学	3	选修（任选一门）
	群论	3	
	第二外国语	3	

从理学院的课程来看，其课程设置的理念较为实用。所开设课程属于领域类课程，是一种"大类"必修的课程设计方法。虽然是物理学系，但是其课程开设却涉及生物学系、化学系、数学系等学系的课程，可以

说对整个理科类课程很重视。但对其他领域课程关注不够,且课程书目较为繁多。

综上所述,国立武汉大学的课程具有以下特点:其一,讲求实用。要为学生谋生及社会发展需要做准备。其二,课程繁多。从其开设的课程数量即可看出。其三,重视领域课程。比如,中国文学系属于文学院,属于文科这一大类或领域,那么其课程设置上就注重对文科领域内各种课程的开设;物理学系属于理学院,属于理科或自然科学这一领域,那么其课程便注重自然科学方面课程的开设。

七、私立华西协和大学的通识教育课程实践

私立华西协和大学文学院一年级学生,除主修国学者外,应照规定之公共必修科习读。自二年级起,应自学院所设各系内选修一系或其中之一组为主修课程、一系或系中之一组为辅修课程。[①]主修学程至少应选读 40 学分,辅修学程至少须选读 20 学分。文学院修业年限为四年,并须修足 152 学分始能毕业。[②]

文学院二年级学生,应习国文 4 学分,英文 8 学分,哲学 4 学分,中国文学史或中国文化史二者选其一,计 4 学分,政治学概论与人生地理各 3 学分,共计 26 学分;其他则为主修中之必修,或为辅修中之选修课程,共 14 学分。[③]除规定之必修课程及主修辅修至低限度之学分外,各系学生得选读本院系或本校他院之学程,但必须先征求院长、本系主任、注册主任及所选学科之教授之同意。[④](见表 4-14、表 4-15)

---

① 私立华西协和大学一览(1936)[G]//李森.民国时期高等教育史料汇编:第 46 册.北京:国家图书馆出版社,2014:334.
② 私立华西协和大学一览(1936)[G]//李森.民国时期高等教育史料汇编:第 46 册.北京:国家图书馆出版社,2014:334.
③ 私立华西协和大学一览(1936)[G]//李森.民国时期高等教育史料汇编:第 46 册.北京:国家图书馆出版社,2014:334-335.
④ 私立华西协和大学一览(1936)[G]//李森.民国时期高等教育史料汇编:第 46 册.北京:国家图书馆出版社,2014:335.

表4-14　私立华西协和大学文学院一年级公共必修课程[①]

科目	学分
国文	4
英文	8
历史	5
修学指导	1
教育原理	2
逻辑	3
伦理	4
社会学原理	2.5
经济学原理	2.5
生物学原理	6
心理学	4

表4-15　私立华西协和大学文学院二年级公共必修课程[②]

科目	学分
国文	4
中国文学史或中国文化史	4
英文	8
哲学概论或哲学问题	4
政治学概论	3
人生地理学	3

私立华西协和大学文学院的通识教育是通过一、二年级的共同必修科目来实现的，文学院一年级公共必修课程有11门（不包括党义和体育），二年级也有6门。可见学生共同必修科目非常多。其课程所囊括之知识范畴也很广，能够起到通识教育的目的和作用。但学生课程任务难免繁重。

---

① 私立华西协和大学一览（1936）[G]//李森.民国时期高等教育史料汇编：第46册.北京：国家图书馆出版社，2014：335.
② 私立华西协和大学一览（1936）[G]//李森.民国时期高等教育史料汇编：第46册.北京：国家图书馆出版社，2014：337.

私立华西协和大学理学院由四学系组成，即生物学系、化学系、数理学系、制药学系。①学生可于理学院任一学系内选读课程。一年级课程为各系学生公共必修之课程，第二学年之始，学生始能决定其专修何系。②一年级全体学生均须选习普通科学讲演，此课程之讲演可为学生选择学系之参考。凡欲在本院毕业之学生，其所必修之学分至少为152（体育训练学分在外）。③（见表4-16）

表4-16　私立华西协和大学理学院一年级公共必修课程④

科目	学分
国文	3
伦理学	4
英文	8
普通生物学	8
无机化学	8
普通数学或微积分	6
普通物理学	8
普通科学讲演	1

综上，私立华西协和大学的通识教育课程主要体现在一、二年级的共同必修课程上。值得注意的是其共同必修课程上出现了伦理学，体现了这一时期一些大学意识到对学生品格道德教育的重要性。

八、国立中山大学的通识教育课程实践

国立中山大学之课目分为五类：各院系之基本课目；各院系之辅助

---

① 私立华西协和大学一览（1936）[G]//李森.民国时期高等教育史料汇编：第46册.北京：国家图书馆出版社，2014：426.
② 私立华西协和大学一览（1936）[G]//李森.民国时期高等教育史料汇编：第46册.北京：国家图书馆出版社，2014：428.
③ 私立华西协和大学一览（1936）[G]//李森.民国时期高等教育史料汇编：第46册.北京：国家图书馆出版社，2014：429.
④ 私立华西协和大学一览（1936）[G]//李森.民国时期高等教育史料汇编：第46册.北京：国家图书馆出版社，2014：429-430.

课目；各院系之专攻课目；各院系之实习工作；第一、第二、第三、外国语。①各院系之基本课目，学生无选择之自由。各院系之辅助课目，学生依据本校之规定及教授之指导选择之。各院系之专攻课目，学生应依据教授之指导，选定专攻之。实地工作，至迟于第五学期开始行之。②详见表4-17国立中山大学法学院法律学系课程。

表4-17　国立中山大学法学院法律学系课程③

学年	课目	学分		课程性质
		上学期	下学期	
第一学年	党义	1	1	必修
	宪法	3	3	
	民法总则	4	4	
	刑法总则	3	3	
	法院组织法	2		
	政治学原理	3	3	
	经济原理	3	3	
	社会学概论	2	2	
	第一外国语（德文）	4	4	
	哲学概论	2	2	选修
	普通心理学	2	2	
	统计学	2	2	
	第二外国语（俄文法文）	4	4	
	初级日文	4	4	
	英文	4	4	

---

① 国立中山大学现状（1937）[G]//李森.民国时期高等教育史料汇编：第43册.北京：国家图书馆出版社，2014：48.
② 国立中山大学现状（1937）[G]//李森.民国时期高等教育史料汇编：第43册.北京：国家图书馆出版社，2014：48.
③ 国立中山大学现状（1937）[G]//李森.民国时期高等教育史料汇编：第43册.北京：国家图书馆出版社，2014：146-148.

续表

学年	课目	学分		课程性质
		上学期	下学期	
第二学年	债法总论	4	4	必修
	物权法	2	2	
	刑法分则	3	3	
	刑事诉讼法	3	3	
	行政法总论	2	2	
	国际公法	3	3	
	第一外国语（德文）	4	4	
	犯罪学	2		选修
	监狱学		2	
	法医学	2	2	
	外交史	2	2	
	经济政策	3	3	
	初级日文	4	4	
	高级日文	3	3	
	英文	4	4	
	第二外国语（俄文、法文）	4	4	
第三学年	债法各论	4	4	必修
	亲属法	4		
	继承法		3	
	公司法	4		
	海商法		2	
	民事诉讼法	4	4	
	行政法各论	2	2	
	第一外国语（德文）	4	4	
	刑事判例研究	2	2	选修
	刑事政策	2		

续表

学年	课目	学分		课程性质
		上学期	下学期	
第三学年	外国法研究	2	2	选修
	行政学	3	3	
	国际政治	2	2	
	第二外国语（俄文、法文）	4	4	
	高级日文	3	3	
第四学年	票据法	4		必修
	保险法		2	
	土地法	2	2	
	劳工法	2	2	
	国际私法	2		
	法理学		3	
	破产法	2	2	
	实习诉讼	2	2	
	中国法制史	2	2	选修
	罗马法	2	2	
	民事判例研究	2	2	
	中外条约	2	2	
	外国法研究	2	2	

以上课程必修学分一年级46，二年级42，三年级41，四年级29，四学年共158学分。选修学分每学年4学分，四学年共16学分。可见，国立中山大学法律系课程必修科目较多，多与专业相关，属于领域课程。

国立中山大学理学院各学系课目分必修、选修两种，各系学生必须在所属学系之课目中至少修满学分的40%。学生在学入学期内，除应修党义军事训练外，至少须修满160学分，始得毕业。英文及德文或法文均为各学系之共同必修科目，各学系学生必须取得英文8学分，及德文或法文 12 学分，方准毕业。[①]学生除该学系必修课目必须选习外，本学院各学系及他学院所有课目，皆得选修。惟选修他院课目，每学期最多不得超过 4 学分。[②]其具体课程设置见表 4-18。

表 4-18 国立中山大学理学院物理学系课程表（党义、军训均为必修课目）[③]

学年	科目	学分		课程性质
		上学期	下学期	
第一学年	微积分	4.5	4.5	必修
	普通物理	5	5	
	普通物理实验	1.5	1.5	
	无机化学	2	2	
	无机化学实验	1.5	1.5	
	英文	4	4	
	进级代数	3.5	3.5	选修
	机械画	2	2	
	测量学	3	3	
	定性分析	3	3	
	立体解析几何	3	3	
第二学年	实用微积分	3	3	必修
	力学	3	3	
	物性学	3	3	
	声学		3	
	热学	3		
	力学、物性学及热学实验	1.5	1.5	
	德文或法文	3	3	
	量度精确论	1		

---

① 国立中山大学现状（1937）[G]//李森. 民国时期高等教育史料汇编：第 43 册. 北京：国家图书馆出版社，2014：198.
② 国立中山大学现状（1937）[G]//李森. 民国时期高等教育史料汇编：第 43 册. 北京：国家图书馆出版社，2014：201.
③ 国立中山大学现状（1937）[G]//李森. 民国时期高等教育史料汇编：第 43 册. 北京：国家图书馆出版社，2014：211-214.

续表

学年	科目	学分		课程性质
		上学期	下学期	
第二学年	气象学			选修
	普通天文学			
	定量分析			
	应用电学			
	矿物学金土			
	普通力学			
第三学年	几何光学	3		必修
	物理光学		3	
	光学实习		2	
	热力学	3		
	电磁学	3	3	
	电磁学实验	1.5	1.5	
	德文或法文	3	3	
	热之传导论			选修
	分子运动论			
	应用电学			
	理论化学			
	杂志选读			
	近代物理导论			
	电话学			
	天体力学			
	函数学			
第四学年	理论物理	5	5	必修
	高等物理实习	1.5	1.5	
	研究及论文	5	5	

续表

学年	科目	学分		课程性质
		上学期	下学期	
第四学年	近代物理学			选修
	物理学史			
	真空管			
	光学器械			
	电振动及无线电			
	量子论			
	电化学			

由以上分析，不难看出国立中山大学的课程设置比较注重专业教育，虽然也在大类领域课程上力求丰富，但这些课程毕竟是直接为专业教育服务的，其课程设置学科壁垒严重，难以显见文理通融之现状。值得注意的是，国立中山大学非常注重学生的外语学习，甚至有第一、第二、第三外国语的要求。

总而言之，这一时期大学通识教育课程有以下几点值得注意：第一，通识教育课程的基本实施路径已渐渐明朗并趋于固定，即通过共同必修科目＋辅系科目＋自由选修科目三大板块来落实。共同必修科目又分学校共同必修科目和学院共同必修科目，学校共同必修科目针对全校学生，学院共同必修科目针对整个学院学生。可见，共同必修科目是针对多数学生的要求，其受众面较广，是实施通识教育的主要路径。辅系科目是对主系科目（专业课程）的必要补充和拓展。自由选修科目是针对学生的个人兴趣培养而开设的。第二，出现了国家层面规定的通识教育课程。这一时期的国文、外文、党义、体育、军事训练等就属于这类课程。第三，达成了为学生开设一定共同必修科目的共识。譬如，所有学生都需修习一定的人文社会科学课程和自然科学课程等。第四，在通识教育课程的开设时间上达成一致。基本认同了通识教育课程集中于一、二年级开设的方法。第五，对大学培养人才的标准出现分歧，大学课程渐渐注重实用性课程的开设，专业教育趋势有所显现。

第五节　大学通识教育课程发展之省思

一、课程目标：养成学生共同之基础

这一阶段，从国家层面来看，其对大学教育至少有两方面的要求，或者说其要求大学对人才的培养应该达到两个目标。

其一，要实施三民主义教育，养成学生对三民主义的共识。许多大学也将三民主义教育写进大学宗旨和培养目标中。"大学以阐扬三民主义，研究高深学术培植专门人才，发展社会文化为宗旨。"[①] "实施三民主义教育，阐扬文化，讲求学理，以期造成新中国之学者及建设人才。"[②] 表现在课程上，就是要求所有学生都要修习党义、军事训练（训育）课程，企图通过对党义、训育课程的学习，使全体学生能够"切实理解三民主义的真谛，并具有实用科学的知能，稗克实现三民主义之使命"[③]；同时，对大学各类课程的开设都做了整体要求，"关于社会科学者应以三民主义之精神，融贯东西文化之所长；以中山先生全部遗教，贯通教材，以建立三民主义的社会科学；精研学理之究竟，以期创造三民主义的文化价值"[④]。党义课程"应以阐扬孙中山先生全部遗教及本党政纲、政策及重要宣言为主要任务；以理论事实，证明三民主义为完成国民革命，促进世界大同之唯一的革命原理；依据三民主义，比较批判其他社会主义学说"[⑤]。关于军事训练，又称训育课程，"应依据孙中山先生的训导，以确立三民主义的革命人生观；由军事教育、竞技运动等严格的训练，

---

① 国立中山大学现状（1937）[G]//李森.民国时期高等教育史料汇编：第43册.北京：国家图书馆出版社，2014：42.
② 安徽省立大学一览（1929）[G]//李森.民国时期高等教育史料汇编：第33册.北京：国家图书馆出版社，2014：275.
③ 三民主义教育实施原则（1931）[G]//中央教育科学研究所教育研究室.中华民国教育法规选编（1912—1949）.南京：江苏教育出版社，1990：52.
④ 三民主义教育实施原则（1931）[G]//中央教育科学研究所教育研究室.中华民国教育法规选编（1912—1949）.南京：江苏教育出版社，1990：52.
⑤ 三民主义教育实施原则（1931）[G]//中央教育科学研究所教育研究室.中华民国教育法规选编（1912—1949）.南京：江苏教育出版社，1990：53.

以锻炼强健的体魄及坚忍奋斗之精神"①。由此可见，南京国民政府希望通过党义、军事训练等课程的开设，使学生了解并认同三民主义。

其二，要"养成专门人才"。这一点在《大学组织法》中得到明确规定，"大学应遵照十八年四月二十六日国民政府公布之中华民国教育宗旨及其实施方针，以研究高深学术养成专门人才"②。各大学在培养目标的制定上，也比较突出"专门人才"培养这一目标。"以培养专门人才，研究高深学术，适应社会需要为宗旨。"③"大学以融汇中外文化，研究深邃学术，养成高尚人格，造就专门人才为宗旨。"④这一目标要求，与当时的大背景不无关系。一方面社会经济的发展、国家的振兴，都需要各种专门人才的贡献，大学理应"阐扬文化，讲求学理，达之实用，以造成新中国之学者及建设人才"⑤。尤其是在战争年代，专门的科技人才其作用尤大。另一方面，通识教育从长远发展来看，更有利于人才的培养。因为通识教育不仅关注人才专业兴趣的养成，还关注广博基础的奠定，坚实的基础是后续发展的不竭动力，更重要的是通识教育关注于人的发展，关注人与社会、人与人之间和谐关系之建构，注重人才的健全人格之教育。但是，这一价值在短时间内难以显现。在特殊年代，教育更容易被拿来作为快速产生价值的工具。因此，与其花大量时间和精力进行通识教育，不如加强专业教育，快速地产出专门人才。事实上，从某一程度来说，专业教育看似更强调个性，但这种偏执的对个性的强调，反而局限了人的视野和心胸，形成个体的工具性人格，使人成为"技术"的怪物、"冷血的生物"、偏于一隅而不自知的"夜郎"。专业教育"咸以专攻易精且有速效多，置普通陶冶于不顾，即便学而有成，亦只为器

---

① 三民主义教育实施原则（1931）[G]//中央教育科学研究所教育研究室.中华民国教育法规选编（1912—1949）.南京：江苏教育出版社，1990：53.
② 大学组织法[G]//中央教育科学研究所教育研究室.中华民国教育法规选编（1912—1949）.南京：江苏教育出版社，1990：417.
③ 金陵大学文理科概况（1928—1929）[G]//李森.民国时期高等教育史料汇编：第27册.北京：国家图书馆出版社，2014：578.
④ 私立大夏大学一览（1934）[G]//李森.民国时期高等教育史料汇编：第25册.北京：国家图书馆出版社，2014：49.
⑤ 国立中央大学一览（1929）[G]//李森.民国时期高等教育史料汇编：第29册.北京：国家图书馆出版社，2014：47.

小易盈之人才"①。那么,为防止这种结果的出现,教育势必要在其中做出改变。"有志革新大学教育之人,主张从新建造一个自动学习的社会,反对整部智识之破裂;尤其在一、二年级,须有一种共同课程,为建设作社会活动与自由学问之基础。"②事实上,人作为群体性生物,毕竟应该有作为人之共性,而由个体的人所组成的群体也必定应有一种共同之特性或共同之基础。这一共同之基础应该是什么?教育应该怎么办?应该说,这一时期的通识教育在这一方面做出了探索。

其三,为学生长远之发展奠基。学生毕业以后,不论选择哪一领域,不论选择何种职业,其发展必有一些共同的必要的基础之储备。这是通识教育要解决的问题。"轻于基本而重于专门,先于专门而后于基本,则学生先已乱其门径,研究学术,安得有济。专门学术之研究,就体系言,原无止境,决非大学四年之教育所能为功。必待学生于毕业后继续不断作专深之研究,方为有济。"③"因学科日益完备,咸从学科本身尽量发展,学校地位愈高,愈去实际整个生活日远;专就一种学科言,诚然于文化上有相当贡献,从学者本身方面观察,不免有所学非所用之失……因教课惟以灌输智识为主,就学业言,不能必其确实领会;就全体生活言,教学不能给予以若何影响,所以学生受教愈深,戕贼其活动力愈甚,而学校中所谓最好学生,往往不能为社会最有用之人才。"④因此,大学课程不能"只是在造专家,它的毛病又往往是太闭塞",也不能"是在造成通达的人,它的流弊常常是太空泛"⑤。大学要培养"不空泛的通人,不闭塞的专家"。所以在课程方面,一方面每一系每一年级都有各系基本的特殊的科目,另一方面每一年级都有机会选修相关的课目,而且在一

---

① 河南大学一览(1930)[G]//李森.民国时期高等教育史料汇编:第36册.北京:国家图书馆出版社,2014:83-84.
② 河南大学一览(1930)[G]//李森.民国时期高等教育史料汇编:第36册.北京:国家图书馆出版社,2014:83-84.
③ 河南大学一览(1930)[G]//李森.民国时期高等教育史料汇编:第36册.北京:国家图书馆出版社,2014:83-84.
④ 河南大学一览(1930)[G]//李森.民国时期高等教育史料汇编:第36册.北京:国家图书馆出版社,2014:83-84.
⑤ 国立武汉大学一览(1935)[G]//李森.民国时期高等教育史料汇编:第36册.北京:国家图书馆出版社,2014:331.

二年级时设有一些公共的课目。①可见，这一时期通识教育课程开设，意在着眼于学生的长远发展。

总而言之，以上三点因素是促成这一时期通识教育发展的重要动力。正是因为需要在学生意识形态层面灌输一种价值，才需要通识教育来助其实现这种价值共识的达成。正是因为专业教育的加强，才需要通识教育来养成每个学生共同的知识和价值基础。专业教育难免让学生太过狭隘，进而使学生由专门知识的学习形成专门能力，由此进一步养成专门情趣，并形成专门人格，这种工具性人格与社会群体、与个体之发展都有巨大的风险。教育必须让每一个个体形成一种共同之基础或者共识，因为共识是一个社会稳定发展之基石。因此，必须以通识教育完善人之个性，培养人之群性，以维持社会整体之稳定。正是基于学生之长远发展，为学生奠定重要的基础，才需要实施通识教育。综上所述，这一时期大学通识教育课程的目标是"养成学生共同之基础"。

二、课程结构：基本成型

这一时期，通识教育的课程结构基本成型，且以一种相对稳定的态势存在并施行。

从课程类型来看，这一时期的通识教育课程包括共同必修科目、辅系科目和自由选修科目三类。其中，共同必修科目是实施通识教育的主要阵地，共同必修科目分为学校共同必修科目和学院共同必修科目。学校共同必修科目针对全体学生，体现的是国家层面和学校育人目标层面的整体要求。学院共同必修科目针对某一学院全体学生，体现的是学院对学生在某一学科领域的整体要求。辅系科目，是对专业课程的补充，但又不同于专业课程。自由选修科目，是基于学生的个体兴趣而设定的课程。总体而言，这一时期基本形成了"共同必修科目+辅系科目+任选科目"的通识教育课程结构。

从具体科目来看，通识教育课程科目包含三大类。第一类是国家规

---

① 国立武汉大学一览（1935）[G]//李森. 民国时期高等教育史料汇编：第36册. 北京：国家图书馆出版社，2014：331.

定的科目。这一时期主要有党义、国文、第一外国语、第二外国语、军事训练（训育）等五门科目。第二类是各大学自己规定的全体学生必修的科目。综合这一时期的大学来看，主要有三大科目，即社会科学中任选一科、自然科学中任选一科、体育。这一类课程各个大学要求不一，有的大学要求多一些，有的少一些。但基本都会分别涉及社会科学和自然科学中的一门。第三类是院系自行设定的科目。因各院系有设定课程的自由，这部分课程极不一致。

综上所述，这一时期的通识教育课程结构，不管是从课程类型，还是具体科目来看，都形成了一定的范例，通识教育课程结构基本成型。

三、课程内容：小同大异

关于课程内容，因这一时期各院系有设置课程的自由，牵涉院系层面的课程，往往差别很大，同一学系或专业，在不同的大学，其课程设置也可能大相径庭。因此，这对于分析通识教育的课程内容极为不便。

通过这一章内容的分析，显而易见，属于院系层面的通识教育课程主要是指辅系科目和自由选修科目两类。这两类科目比较繁杂，不易统计梳理。这里只就这一时期各大学共同开设的课程做一分析说明。

首先，是国家规定的五大课程，即党义、国文、第一外国语、第二外国语、军事训练（训育）等五门科目。1931年颁布的《三民主义教育实施原则》规定："关于党义课程者，应以阐扬孙中山先生全部遗教及本党政纲、政策及重要宣言为主要任务；应以理论事实，证明三民主义为完成国民革命，促进世界大同之唯一的革命原理；应依据三民主义，比较批判其他社会主义学说。"[①]从该规定来看，党义课程的主要内容有三：其一是关于孙中山之"遗教"以及国民党之政纲、政策及重要宣言；其二是对三民主义的理论阐释；其三是对其他社会学说的批判。训育课程的内容比较繁杂，《三民主义教育实施原则》规定："训育应依据孙中山先生的训导，以确立三民主义的革命人生观；由军事教育、竞技运动等

---

① 三民主义教育实施原则（1931）[G]//中央教育科学研究所教育研究室.中华民国教育法规选编（1912—1949）.南京：江苏教育出版社，1990：53.

严格的训练，以锻炼强健的体魄及坚忍奋斗之精神；励行学业考查并奖励创作以养成彻底研究的精神；陶冶爱好自然的情绪及崇尚礼乐之美德，以养成优美刚健的人格；应励行'节约运动'，纠正浪费习气，以养成俭朴勤劳之平民生活；由学生自治生活适切之指导，以养成有组织、有规律之习惯；指导各种合作事业之实施，以养成互助合作的精神；鼓励并指导各种服务团体之组织，俾得深入社会内层，从事民众智识之提高与社会利弊之兴革，以养成牺牲的习惯和知识分子应有的责任心；使一律参加孙总理纪念周及其他革命纪念日，以增进爱护党国之精神。"[1]可见，训育课程对学生的价值观、精神气质、身心健康、社会活动、爱国精神等方面都有涉及。国文课程一般涉及基本的文体写作、对各类文献的阅读理解等，中国文学系等学系对国文要求则更高。关于外国语课程，各大学第一外国语基本都要求学生掌握英文，第二外国语一般包括德文、法文、日文等。外国语课程一般要求学生达到基本的听说读写水平。

其次，各学校规定的必修课程。主要包括自然科学之一门、社会科学之一门、体育。自然科学课程一般要求学生于物理、生物、化学等科目中选择一门学习；社会科学课程一般要求学生于社会、历史、政治、经济、文化等科目中选择一门进行修习。体育具体课程内容不详，但许多学校都要求体育考核必须合格，否则学生不能毕业。

总而言之，关于通识教育的课程内容，各校之共同部分基本不出上述几门。另外，不少学校除了上述课程外，还开设其他共同必修科目。再加上各个院系层面的通识教育课程，这一时期的通识教育课程可谓百花齐放、各不相同。但另一方面，众多的课程设置必然会加重学生的学业负担，学生疲于应付，必然会影响到课程的学习质量。

四、课程实施：自由创生

与1912—1927年相比，这一时期的课程实施的目的不再单纯地指向基本知识的传授。从当时政府规定的五大课程来看，至少增加了在意识

---

[1] 三民主义教育实施原则（1931）[G]//中央教育科学研究所教育研究室.中华民国教育法规选编（1912—1949）.南京：江苏教育出版社，1990：53.

形态、价值共识等方面的目的。也就是说在通识教育的课程实施上,其不仅要求学生掌握一定的基本知识,还要求学生具备一定的价值共识或意识形态上的共识。

从课程实施的价值取向上来看,这一时期由于大学课程设置的自主权下放到学校,而国家层面上对各大学规定的课程又很少,除了意识形态层面的课程规定外,关于各个学科的课程设置没有任何规定和限制。这就意味着,在大学课程的实施方面,并没有相关的纲要文件来规范课程的实施。对每一学科或学系应该开设哪些课程,每一门课程的课程目标是什么,应该讲授哪些内容,如何讲授等,都没有规定和要求。这就给大学通识教育课程的实施创造了自由的空间。

课程实施没有可资借鉴的课程计划予以参考,各校根据自身的环境与条件,结合各地社会需求自行设置课程,教师自行决定每门课的讲授内容、讲授形式、讲授进度及考核方式。因此,这一时期课程实施的取向是一种创生取向。

五、课程管理:全面而不统一

由于课程设置权在学校,因此,从国家层面来看,其对于大学课程的管理权限很小。这一时期的通识教育课程管理主要在学校和院系层面。

从宏观的课程管理制度文件上来看,《大学组织法》规定各大学校务会议有审议大学课程的权利,同时,"大学各学院设院务会议,以院长、系主任及事务主任组织之。院长为主席,计划本院学术设备事项,审议本院一切进行事宜。各学系设系教务会议,以系主任及本系教授、副教授、讲师组织之。系主任为主席,计划本系学术设备事项"[1]。《大学规程》第八条又规定:"大学各学院或独立学院各科,除党义、国文、军事训练及第一第二外国文为共同必修课目外,须为未分系之一年级设基本课目。各学院或各科之课目分配及课程标准另定之。"[2]可见,从宏观的

---

[1] 大学组织法[G]//中央教育科学研究所教育研究室. 中华民国教育法规选编(1912—1949). 南京:江苏教育出版社,1990:417.
[2] 大学规程(1929)[G]//中央教育科学研究所教育研究室. 中华民国教育法规选编(1912—1949). 南京:江苏教育出版社,1990:407.

课程管理制度上来看，学校校务会议可以审议大学课程，但大学课程的设置权利在于各院系，"大学课程由各学院拟定"①。

从中观的学校层面来看，课程管理规定较为详实。这一时期，各大学在课程管理上的相关制度规定涉及选课时间与选课程序、选课的分量、改选程序、请假及旷课管理等方面。

关于选课时间及选课程序。学生选课一般于每学期开始之时，于学校规定之期限内，在选课指导教师的指导下选定每学期所学之课程，并填写选课表或选课单，"所选课程填就后送与担任教授及指导员总签字"②，课程选定后，报注册处注册，一经注册，原则上不再修改。另外，一年级课程为全体必修课程，无须选择。

关于选课的分量。为保证课程学习的质量，各学校都规定了学生每学期选习课程的最低与最高学分数以及毕业所要求之最低学分。学生每学期"所选学程之总学分最少须14学分，至多不得过20学分"③。"本校普通学生每学期只许选修学程达20学分；本校学生每学期至少须读15学分。"④"本大学一二年级学生每学期所习学分数以22至25为度，三四年级学生以18至21为度。"⑤"一年级每学期连党义2学分、体育1学分，共应修19学分；二三年级每学期连军事训练2学分，共应修18学分；四年级每学期按普通规定应修16学分。"⑥可见，对于学生每学期应选修之学分分量各大学都有规定，且有所不同，但基本为14~25学分。在毕业课程学分要求方面，各大学也有所不同。"学生在四年修业期间除军事训练体育及党义外最少须习满132学分。"⑦"凡本学院学生

---

① 国立中央大学一览（1929）[G]//李森. 民国时期高等教育史料汇编：第29册. 北京：国家图书馆出版社，2014：51.
② 国立中央大学一览（1929）[G]//李森. 民国时期高等教育史料汇编：第29册. 北京：国家图书馆出版社，2014：68.
③ 国立中央大学一览（1929）[G]//李森. 民国时期高等教育史料汇编：第29册. 北京：国家图书馆出版社，2014：68.
④ 金陵大学文理科概况（1928—1929）[G]//李森. 民国时期高等教育史料汇编：第27册. 北京：国家图书馆出版社，2014：581.
⑤ 安徽省立大学一览（1929）[G]//李森. 民国时期高等教育史料汇编：第33册. 北京：国家图书馆出版社，2014：299.
⑥ 私立金陵大学理学院概况（1931—1932）[G]//李森. 民国时期高等教育史料汇编：第28册. 北京：国家图书馆出版社，2014：37.
⑦ 私立武昌华中大学一览（1935）[G]//李森. 民国时期高等教育史料汇编：第39册. 北京：国家图书馆出版社，2014：27.

在学入学期内，除应修党义军事训练外，至少须修满 160 学分，始得毕业。"①"本大学学生肄业期限为四年，至少须修满 172 学分，始得毕业。"②"本大学各科课程均采用学分制……本科学生毕业学分除医学院外，暂定 160 分。"③可见各大学对学生毕业所要求的学分大体为 130～170 学分。与此同时，各院系对课程选习分量也有规定，"学生修业期内，须修主修科高级科目最少 30 学分。最少修习辅修科高级科目 12 学分④。"主系学程须选修 40～60 学分，如以相同性质之两系合为主系时，每系至少须选修 30 学分；辅系学程须选修 25～35 学分。"⑤可见，各学院大多有各自的选课要求。

关于改选课程的程序。在改选时间上，各大学都有明确规定，学生需在规定时间内改选，超过规定时间一律不得改选课程。"改选日期，一律以上课后两星期内为限"⑥；"凡已注册之学生，有欲变更学程者，须于开课后两星期内请得院长及本学程教授之许可，逾期不得更改"⑦。"所选课程一经注册不得随意更易，如有特别原因，亦只许在开课一星期内经学院院长同意，方可酌办……开课三星期后，只准取消，不准加添。四星期以后，任何更改一律停止。"⑧"凡更改学程，须于注册后三日内举行之。凡于注册后三日外更改学程者，每更改一次，须缴费 1 元。改选手续至迟不得过第二星期第六日。"⑨可见，在课程改选期限上，一般

---

① 国立中山大学现状（1937）[G]//李森. 民国时期高等教育史料汇编：第 43 册. 北京：国家图书馆出版社，2014：198.
② 安徽省立大学一览（1929）[G]//李森. 民国时期高等教育史料汇编：第 33 册. 北京：国家图书馆出版社，2014：298.
③ 河南大学一览（1930）[G]//李森. 民国时期高等教育史料汇编：第 36 册. 北京：国家图书馆出版社，2014：56.
④ 私立岭南大学一览（1934）[G]//李森. 民国时期高等教育史料汇编：第 40 册. 北京：国家图书馆出版社，2014：242.
⑤ 金陵大学文理科概况（1928—1929）[G]//李森. 民国时期高等教育史料汇编：第 27 册. 北京：国家图书馆出版社，2014：584-585.
⑥ 国立中央大学一览（1929）[G]//李森. 民国时期高等教育史料汇编：第 29 册. 北京：国家图书馆出版社，2014：67.
⑦ 安徽省立大学一览（1929）[G]//李森. 民国时期高等教育史料汇编：第 33 册. 北京：国家图书馆出版社，2014：296.
⑧ 河南大学一览（1930）[G]//李森. 民国时期高等教育史料汇编：第 36 册. 北京：国家图书馆出版社，2014：58.
⑨ 私立金陵大学理学院概况（1931—1932）[G]//李森. 民国时期高等教育史料汇编：第 28 册. 北京：国家图书馆出版社，2014：38.

规定得在开课后两星期内完成。在课程改选授权人员及机构上，一般要授课教师签字，改选、退出及加入学程，均须由担任教授及指导员签字。①有的还需要系主任、院长及教务长之同意，"更改课程须商准教务长及其相关学系主任"②。除此之外，更改后的课程还需报给注册主任重新注册，"学生非有充分理由，经顾问及注册主任之许可，不能更改科目。更改科目，须报明注册主任，并将改选科目补列注册证内"③。另外，关于每学期改选科目的数量也有限制，"改选退出及加入学程不得超过总学分三分之一"④。对于因改系或改院所造成的课程改选问题，也有相关的规定。"学生如欲由一学院或一学系转入另一学院或另一学系，必须补习所转入学院或学系之必修课程，若由一课程转入另一课程，亦须补足其所转入课程应习之科目。"⑤ "凡改院或改系之学生对于所改新院或新系中各项必修课程，必须一一补足。"⑥但对于以前所习课程中如有与现在必修课程相同时，"由教务会议特许……得以一科或一系之必修课补充另一课或另一系之必修课"⑦。另外，对于改选课程，一些学校还会收取一定的费用。"每学生由一学院改入另一学院须缴费五元。"⑧ "凡非因课程上或时间上之变更而更改科目者，每科须缴交手续费大洋一元。"⑨

关于请假旷课之管理。关于请假方面，"大学学生因生病或他种事故

---

① 国立中央大学一览（1929）[G]//李森. 民国时期高等教育史料汇编：第29册. 北京：国家图书馆出版社，2014：68.
② 私立武昌华中大学一览（1935）[G]//李森. 民国时期高等教育史料汇编：第39册. 北京：国家图书馆出版社，2014：31.
③ 私立岭南大学一览（1934）[G]//李森. 民国时期高等教育史料汇编：第40册. 北京：国家图书馆出版社，2014：242.
④ 国立中央大学一览（1929）[G]//李森. 民国时期高等教育史料汇编：第29册. 北京：国家图书馆出版社，2014：67.
⑤ 私立武昌华中大学一览（1935）[G]//李森. 民国时期高等教育史料汇编：第39册. 北京：国家图书馆出版社，2014：31.
⑥ 河南大学一览（1930）[G]//李森. 民国时期高等教育史料汇编：第36册. 北京：国家图书馆出版社，2014：58.
⑦ 私立武昌华中大学一览（1935）[G]//李森. 民国时期高等教育史料汇编：第39册. 北京：国家图书馆出版社，2014：31.
⑧ 私立武昌华中大学一览（1935）[G]//李森. 民国时期高等教育史料汇编：第39册. 北京：国家图书馆出版社，2014：31-32.
⑨ 私立岭南大学一览（1934）[G]//李森. 民国时期高等教育史料汇编：第40册. 北京：国家图书馆出版社，2014：243.

呈请休学者，其期限不得过一学期，逾期即作为退学。① "因直系尊亲属之丧事而告假者不得过一星期。"② "学生告假，须先到训育委员会领取告假证。因病而不上课者，须得校医书面证明，送交训育委员会核准，方给病假。"③ "因事请求补假，不论因病或其他事由，均须于复课三日内，到训育委员会，说明事由，如有证明书，须同时缴交，以凭核办。"④ 可见，学生请假有一定的手续，且请假时间有规定。学生因事告假而不上课者，谓之缺课。学生一学期内某学程缺课时数至授课时数四分之一者不得参与该学程之学期考试。⑤ "每学期缺课次数，如超过每周上课次数时，则第一次扣一绩点，以后每缺课三次扣一绩点。但病假、丧假均不在此限。每学期对于任何学科，其缺课次数如达该科每周授课次数之两倍者，不给学点，并扣二绩点。每学期因病或公假缺课，其次数如达每周上课次数之四倍时，即须停读本学期所修学科之一半。其缺课次数达每周上课次数之六倍者，无论因何事故，本学期即须停学。"⑥ 对于请假而缺课的学生，学校也有规定，缺课超过一定限度即须修学或采取扣学分绩点等处罚方式。"不经告假手续而不上课者，谓之旷课。"⑦ 旷课一次，作缺课二次计算。其擅自旷课者，则一小时作缺课两小时计算。⑧ 学生在一学期内旷课满四十小时者本大学得命其退学。⑨

综上所述，这一时期各大学的课程管理尽管更多的是体现在学校或

---

① 安徽省立大学一览（1929）[G]//李森.民国时期高等教育史料汇编：第33册.北京：国家图书馆出版社，2014：296.
② 私立岭南大学一览（1934）[G]//李森.民国时期高等教育史料汇编：第40册.北京：国家图书馆出版社，2014：212.
③ 私立岭南大学一览（1934）[G]//李森.民国时期高等教育史料汇编：第40册.北京：国家图书馆出版社，2014：211.
④ 私立岭南大学一览（1934）[G]//李森.民国时期高等教育史料汇编：第40册.北京：国家图书馆出版社，2014：211.
⑤ 安徽省立大学一览（1929）[G]//李森.民国时期高等教育史料汇编：第33册.北京：国家图书馆出版社，2014：297.
⑥ 私立岭南大学一览（1934）[G]//李森.民国时期高等教育史料汇编：第40册.北京：国家图书馆出版社，2014：212.
⑦ 私立岭南大学一览（1934）[G]//李森.民国时期高等教育史料汇编：第40册.北京：国家图书馆出版社，2014：211.
⑧ 国立中山大学现状（1937）[G]//李森.民国时期高等教育史料汇编：第43册.北京：国家图书馆出版社，2014：200.
⑨ 安徽省立大学一览（1929）[G]//李森.民国时期高等教育史料汇编：第33册.北京：国家图书馆出版社，2014：296.

院系层面，但所涉及的内容已十分全面。但也不难看出，各校自行其是，没有统一规定，显得比较混乱。

六、课程评价：完善而单一

在课程评价的计分方式上，采取百分制。"学生成绩以每学程平均成绩60分以上者为及格。"①

在课程考核评价的时间上，一般分为平时考试、学期考试、毕业考试。顾名思义，平时考试，就是教师随机随时举行的考试，但有的学校有时间和次数限制，"平时考试每月一次或每周一次，由教授自定"②。有的学校则不限制，"临时考试由主讲教授定之"③。学期考试，即每学期期末按照学校校历之规定时间举行的考试。毕业考试"于最后一学期将终时举行，分笔试与口试二种，由考试委员会主持……毕业成绩以各学期总成绩、毕业论文成绩及毕业试验成绩合并计算之"④。

在课程评价的形式上，主要包括笔试、口试、报告、实验、实习等。"平日试验，由教员随时举行，作文、报告、测验、口试等均属之。"⑤考试分笔试、实验、口试三种。考试时必须由担任该课目之教员亲临监考，若教员遇特别事故不能到场监考时，得由院长派人代理。⑥实习科目，其平时绩分及实习绩分平均不及格者，不准补考。⑦

在课程评价等次上，一般按分数段分成不同的等级。例如，"甲等，九十至一百分者；乙等，八十至不满九十分者；丙等，七十至不满八十

---

① 国立中央大学一览（1928）[G]//李森. 民国时期高等教育史料汇编：第29册. 北京：国家图书馆出版社，2014：81.
② 安徽省立大学一览（1929）[G]//李森. 民国时期高等教育史料汇编：第33册. 北京：国家图书馆出版社，2014：296.
③ 私立岭南大学一览（1934）[G]//李森. 民国时期高等教育史料汇编：第40册. 北京：国家图书馆出版社，2014：246.
④ 河南大学一览（1930）[G]//李森. 民国时期高等教育史料汇编：第36册. 北京：国家图书馆出版社，2014：62.
⑤ 河南大学一览（1930）[G]//李森. 民国时期高等教育史料汇编：第36册. 北京：国家图书馆出版社，2014：59.
⑥ 国立中山大学现状（1937）[G]//李森. 民国时期高等教育史料汇编：第43册. 北京：国家图书馆出版社，2014：200.
⑦ 私立岭南大学一览（1934）[G]//李森. 民国时期高等教育史料汇编：第40册. 北京：国家图书馆出版社，2014：246.

分者；丁等，六十至不满七十分者；戊等，五十至不满六十分者；己等，不满五十分者。"①

在课程补考方面，对于某一分数段的或者符合某些规定条件的才准予补考，且只能补考一次，不符合条件的或补考不通过的都要重修，不及格科目超过一定限度还有可能面临留级、退学的风险。"不及格者分能补考（60分以下40分以上）及不能补考（40分以下）两种。凡一学期内所习学分满三分之一成绩不及四十分者即令退学。凡一学期内所习学分满二分之一成绩不及格者即令退学。所习学分如在任何二学期有三分之一成绩不及格者即令退学。"②"不满40分之学程在三分之一以上者留级。不满60分之学程在二分之一以上者留级。不满40分之学程在二分之一以上即令退学，不满60之学程在三分之二以上者亦令退学。补习学程以一次为限，否则即令退学。"③"学期成绩满50分者，准予补行学期考试，但补考以一次为限，如学期成绩不满50分者，则不准补考。学生在一学年内所习之课目有三种必修课目不及格,或有16学分不及格者，不论其满50分与否，一概不得补考。学生在一学年内所习课目中有五种课目不及格者，着令退学。本学院补考每学期只举行一次，定每学期开课后两星期内举行之。"④

其他考试还有编级考试、转院考试及转系考试等。转校或转院的学生，除应受转入校或院"规定之初试外，并须受编级考试，其考试课目，由转入学校或院系酌定之。编级考试、转院考试、转系考试，均于第一学期开课后二星期内举行之，每学年以举行一次为限"⑤。

综上所述，这一时期，大学通识教育课程的评价制度日趋完善，但其评价主要是针对学生的评价，其于课程本身并没有进行相应的评价。

---

① 河南大学一览（1930）[G]//李森.民国时期高等教育史料汇编：第36册.北京：国家图书馆出版社，2014：58-59.
② 国立中央大学一览（1928）[G]//李森.民国时期高等教育史料汇编：第29册.北京：国家图书馆出版社，2014：81.
③ 国立中央大学一览（1928）[G]//李森.民国时期高等教育史料汇编：第29册.北京：国家图书馆出版社，2014：82.
④ 国立中央大学一览（1928）[G]//李森.民国时期高等教育史料汇编：第29册.北京：国家图书馆出版社，2014：82.
⑤ 国立中山大学现状（1937）[G]//李森.民国时期高等教育史料汇编：第43册.北京：国家图书馆出版社，2014：199.

第五章 大学通识教育课程的成熟
（1938—1948）

这一阶段，抗日战争全面爆发，日本对我国当时的高等教育进行大肆破坏。高等教育院校被迫迁往内陆地区。在抗战时期，国民党政府实行"战时须做平时看的方针"，高等教育在艰难的条件下依然有所发展，为战后的国家建设事业培养了一批人才。在通识教育方面，陆续颁布了各学院共同必修科目表，各学校通识教育课程基本统一。

第一节 大学通识教育课程变革的时代背景

一、日本对我国高等教育的破坏

"七·七"事变发生后，日本侵略者为了摧毁中国培养高级专门人才基地的高等教育机关，曾派飞机乱施轰炸，并肆意杀害高等学校师生。中国高等学校被迫纷纷迁往内地。有的学校一迁再迁，如"国立中央大学、国立政治大学、国立交通大学、国立复旦大学、私立东吴大学法学院迁至重庆；国立武汉大学迁至四川嘉定；国立东北大学迁至四川三台；金陵大学迁至四川成都；私立大夏大学迁至贵州贵阳；国立浙江大学迁至贵州遵义；国立济南大学迁至云南昆明；私立武昌华中大学迁至云南大理；国立北京大学、国立清华大学、国立南开大学迁至云南昆明，合组国立西南联合大学；国立北平大学、国立北平师范学院、国立北洋工学院、河北省立女子师范学院迁至陕西汉中，合组国立西北联合大学"[①]。

虽然学校处于颠沛流离之中，但仍坚持教学和科研活动。所以在抗战时期，培养高级人才的高等教育并未中断。国民政府教育部在救济高

---

① 董宝良.中国近现代高等教育史[M].武汉：华中科技大学出版社，2007.

等学校学生、提高教师待遇、增设学校、调整院系、筹备经费、充实设备、整理课程，以及提倡体育、实施军事训练等方面，采取了一些切实有效的措施，因此，高等教育在战乱之中，仍得到一定的发展。

二、国民党政府实施"战时要当平时看"的办学方针

就在战火日益蔓延之时，教育界围绕着"战时教育"展开了激烈的论争，概括起来主要有以下三种观点。一是彻底改革论。这种观点认为，"抗战教育要通过抗战生活，才是有效的抗战教育"①，"战争本身即一种教育，战时教育的一切活动应集中于抗战"②，"所谓战时教育即是在总动员与敌人抗战所实践的教育"③。因此，持此观点的多主张战时教育应结合现实，动员训练民众，具体办法有裁并学校院系、缩短毕业年限、改变课程教材、化整为零、实地教学及自修函授等。二是维持原状论。"教育舍其树人之责，而直接从事造兵，势必自坏其系统，学生若以宣传代学业，则报国乏术。"④因为教育乃百年大计，不应随时更改，而应储备人才以供永久之需。三是调和折中论。"就目前说，要从各方面来支援军事，眼光放远，须从根本上充实文化"⑤，即"应急之教育与建国之正常教育二者不可偏"⑥。因此，可分学校为原式与训练班二式，以"标本兼筹并顾"。

从抗战之初教育部所颁布的教育基本政策可以看出，当局基本上持维持原状论的观点，认为"抗战属长期，各方面人才直接间接均为战时所需要，我国大学不甚发达，每一万国民中，仅有大学生一人，与英美发达国家相差甚远。为自力更生抗战建国之计，原有教育必得维持，否则后果将更不堪……适应抗战需要，固不能不有各种临时措施，但一切仍以维持正常教育为其主旨"⑦。

---

① 战时高等教育问题论战的总检讨[J]. 教育杂志，1939（1）.
② 战时高等教育问题论战的总检讨[J]. 教育杂志，1939（1）.
③ 战时高等教育问题论战的总检讨[J]. 教育杂志，1939（1）.
④ 战时高等教育问题论战的总检讨[J]. 教育杂志，1939（1）.
⑤ 战时高等教育问题论战的总检讨[J]. 教育杂志，1939（1）.
⑥ 战时高等教育问题论战的总检讨[J]. 教育杂志，1939（1）.
⑦ 第二次中国教育年鉴（第二编）[Z]. 上海：商务印书馆，1948：8-9.

1938年1月，陈立夫被任命为教育部部长，同年3月，即发表《告全国学生书》，他说："教育为立国之本，整个国力之构成，有赖于教育，在平时然，在战时亦然……非战时教育之必有异于平时也。"①

1939年3月4日，蒋介石在第三次全国教育会议上发表《今日教育的基本方针》的讲话，提出"战时要当平时看"的办学方针。他说："目前教育上一般辩论最热烈的问题，就是战时教育和正常教育的问题，亦就是说我们应该一概打破所有正规教育的制度呢？还是保持着正常的教育系统而参用非常时期的方法呢？关于这个问题，我个人的意思，以为解决之法很是简单，我这几年来常常说，平时要当战时看，战时要当平时看。"②

因而，总体而言，这一方针是南京国民政府基于其政权的长远利益出发的。

第二节　大学通识教育课程变革的思想基础

梅贻琦是通识教育的积极倡导者和实践者，堪称近代中国的"通识教育之父"。梅贻琦，字月涵，天津人，著名教育家。1909年考取游美学务处选派的首批留学生赴美留学。梅贻琦于1931—1948年任清华大学校长。他在任清华大学校长期间，进行了卓有成效的改革。其教育思想和教育实践，对我国现代大学教育产生了深远的影响。在梅贻琦的教育思想中，"通识教育"思想为其核心。正是奉行这种思想，才使得清华在20世纪培养出众多的在各个领域中真正称得上是卓越的、第一流的人才，创出了清华校史上的"黄金时代"。③

梅贻琦早在清华大学创办之初担任教务长期间，就主张大学四年的课程应依先通后专的原则而设。"清华大学学程为期四年，其第一年专用于文字工具之预备，自然科学与社会科学之普通训练；其目的在使学生勿囿于一途，而得旁涉他门，以见知识之为物，原系综合联贯的，吾人

---

① 陈立夫. 告全国学生书[J]. 教育通讯（创刊号），1938-03-26.
② 熊明安. 中华民国教育史[M]. 重庆：重庆出版社，1990：202.
③ 黄延复. 二三十年代清华校园文化[M]. 桂林：广西师范大学出版社，2000：46.

虽强为划分，然其在理想上相关联相辅助之处，凡曾受大学教育者不可不知也。学生第二年以后，得选定专修学系，以从事于专门之研究，然各系规定课程，多不取严格的限期，在每专系必修课程之外，多予学生时间，使与教授商酌，得因其性之所近，业之所涉，以旁习他系之科目，盖求学固贵乎专精，然而狭隘之弊与宽泛同，故不可不防。"①

1927年，梅贻琦在《清华学校的教育方针》一文中提出："盖今日之社会上所需要之工程人材，不贵乎专技之长，而以普通基本的工程训练为最有用。"②他说："在中国工商界中，能邀请专家以经营一事业者甚少，大多数则只能聘一工程师而望其无所不能。斯故本校之工程学科中，以普通之训练较若干繁细之专门研究为重要也。"③

1929年，《中华民国教育宗旨及其实施方针》规定："大学专门教育，必须注重实用科学，充实学科内容，养成专门知识技能。"④1933年颁布的《三民主义教育实施原则》也指出："学生应切理解三民主义的真谛，并且有实用科学的知能。"⑤在这种政策方针的指导下，文科的招生人数受到限制，以鼓励更多的学生学习自然科学和工科。为了纠正上述偏颇，在上任不久后，梅贻琦就告诫学生："本校举办这些系的目的，固然是希望学生获得一技一艺之专长，以期立身致用于社会。同时盼大家在注意本系主要课程之外，并于其他学科也要有相当认识。有人认为学文学者，就不必注意理科；习工科者就不必注意文科，所见似乎窄小一点。学问范围务广，不宜过狭，这样才可以使吾们对于所谓人生观，得到一种平衡不偏的观念。对于世界大势文化变迁，亦有一种相当了解。如此不但使吾们的生活上增加意趣，就是在服务方面亦可加增效率。这是本校对于全部课程的一种主张。盼望大家特别注意的。"⑥

---

① 清华周刊[J]. 1927-12-23（426）：667-670.
② 吴洪成，甘少杰. 现代教育家梅贻琦的通才教育思想与实践[J]. 河北大学学报（哲学社会科学版），2013：55-62.
③ 黄延复. 水木清华：二三十年代清华校园文化[M]. 桂林：广西师范大学出版社，2001：53.
④ 中央教育科学研究所教育研究室. 中华民国教育法规选编（1912—1949）[G]. 南京：江苏教育出版社，1990：46.
⑤ 中央教育科学研究所教育研究室. 中华民国教育法规选编（1912—1949）[G]. 南京：江苏教育出版社，1990：52.
⑥ 刘述礼. 梅贻琦教育论著选[M]. 北京：人民教育出版社，1993：17.

1941年，梅贻琦发表《大学一解》一文，标志着其通识教育"理论成熟"①。这篇文章鲜明地提出"通识为本，专识为末"主张，是梅贻琦在理论上对通识教育的概括，是他的通识教育思想的集大成者。因此，本节主要通过对《大学一解》的分析，从其通识教育的核心理念、育人目标、实践路径和基本保障四个方面来探讨和论证梅贻琦的通识教育思想。

一、通识教育的核心理念：通识为本，专识为末

梅贻琦认为，"社会所需要者，通才为大，而专家次之，以无通才为基础之专家临民，其结果不为新民，而为扰民"②。

梅贻琦通识教育思想的核心理念集中体现在"通识为本，专识为末"这个重要的观点上。他认为"通识，一般生活之准备也；专识，特种事业之准备也。通识之用，不止润身而已，亦所以自通于人也，信如此论，则通识为本，而专识为末"③。

梅贻琦认为，大学教育的重心应该在通而不是专。"大学期内，通专虽应兼顾，而重心所寄，应在通而不在专，换言之，即须一反目前重视专科之倾向，方足以语于新民之效。"④因为，通是为了整个人生，专是为了某种事业。事业仅是人生的一部分，是为了辅助和推进人生的发展，"夫社会生活大于社会事业，事业不过为人生之一部分，其足以辅翼人生、推进人生，固为事实，然不能谓全部人生寄寓于事业也"⑤。因此，大学教育不能反其道，将整个人生寓于某种事业之中。

对于通专并重的观点，梅贻琦予以反驳。他认为这种观点"有不尽妥者，亦有未易行者"。因为大学四年时间有限，通专并重，往往使得学生学业任务偏重，学习的效果难以保证。"大学四年而已，以四年之短期间，而既须有通识之准备、又须有专识之准备，而二者之间又不能有所

---

① 吴洪成. 生斯长斯 吾爱吾庐——清华大学校长梅贻琦[M]. 济南：山东教育出版社，2004：282.
② 梅贻琦. 大学一解[C]//杨东平. 大学精神. 沈阳：辽海出版社，1999：76.
③ 梅贻琦. 大学一解[C]//杨东平. 大学精神. 沈阳：辽海出版社，1999：76.
④ 梅贻琦. 大学一解[C]//杨东平. 大学精神. 沈阳：辽海出版社，1999：75.
⑤ 梅贻琦. 大学一解[C]//杨东平. 大学精神. 沈阳：辽海出版社，1999：75-76.

轩轾,即在上智,亦力有未逮,况中资以下乎?"①因此,他认为"并重之说所以不易行者此也。偏重专科之弊,既在所必革,而并重之说又窒碍难行,则通重于专之原则尚矣"②。他认为,通识教育,一方面是学生要对自然、社会和人文三大科学有基本的了解;另一方面是学生要对这三大科学能融会贯通,了解它们的内在联系。通识内容庞多,如果学习时间短少,就会造成学生知识面狭窄,知识掌握浅薄,往往是一知半解,类似于一种道听途说。

梅贻琦认为大学是培养"通才"的场所,"造就通才虽为大学应有之任务";专门人才可以通过大学的研究院,高级的专门学校和社会实践训练来培养,"一曰大学之研究院。学生即成通才,而于学问之某一部门有特殊之兴趣,与特高之推理能力,而将以研究为长期或终身事业者可以入研究院。二曰高级之专门学校。艺术之天分特高,而审美之兴趣特厚者可入艺术学校;躯干刚劲,动作活泼,技术之智能强,而理论之兴趣较薄者可入技术学校。三曰社会事业本身之训练。事业人才之造就,由于学识者半,由于经验者亦半,而经验之重要,且在学识之上,尤以社会方面之事业人才所谓经济长才者为甚,尤以在今日大学教育下所能产生之此种人才为甚"③。他特别强调社会实践对培养专门人才的重要作用。他认为"今日大学所授之社会科学知识,或失之理论过多、不切实际,或失诸凭空虚构,不近人情,或失诸西洋之资料太多,不适国情民性;学子一旦毕业而参加事业,往往发现学用不相呼应,而不得不于所谓'经验之学校'中,别谋所以自处之道,及其有成,而能对社会有所贡献,则泰半自经验之学校得来,而与所从卒业之大学不甚相干,以至于甚不相干"④。

二、通识教育的育人目标:培养新民

社会和个人是文明生活的两大基本内容,也是确立教育目标的两大

---

① 梅贻琦. 大学一解[C]//杨东平. 大学精神. 沈阳:辽海出版社,1999:76.
② 梅贻琦. 大学一解[C]//杨东平. 大学精神. 沈阳:辽海出版社,1999:76.
③ 梅贻琦. 大学一解[C]//杨东平. 大学精神. 沈阳:辽海出版社,1999:76-77.
④ 梅贻琦. 大学一解[C]//杨东平. 大学精神. 沈阳:辽海出版社,1999:76-77.

重要依据。梅贻琦认为,"文明人类之生活要不外两大方面,曰己,曰群,或曰个人,曰社会。而教育之最大的目的,要不外使群中之己与众己所构成之群各得其安所遂生之道,且进以相位相育,相方相苞;则此地无中外,时无古今,无往而不可通者也"①。我国儒家思想体系中,通过"格物、致知"到"诚意、正心"到"修身",是属于"明明德",是"齐家、治国、平天下"的基本前提。教育的目的就是为了使个人与社会"安所遂生"。中国近代社会经济落后,工业化程度不高;国人多"私""伪",大学里面专门之学膨胀。如果以零碎的、不健全的人来组成社会,那么人与人之间就会难以合作,群与群之间就会难以调和,人与社会就不能和谐相处并谋求共同的发展。在《大学一解》中,梅贻琦认为,大学教育是"明明德"和塑造"新民"的途径。

"今日之大学教育,骤视之,若与明明德、新民之义不甚相干,然若加深察,则可知今日大学教育之种种措施,始终未能超越此二义之范围,所患者,在体认尚有未尽而实践尚有不力耳。大学课程之设备,即属于教务范围之种种,下自基本学术之传授,上至专门科目之研究,固格物致知之功夫而明明德之一部分也。课程以外之学校生活,即属于训导范围之种种,以及师长持身、治学、接物、待人之一切言行举措,苟于青年不无几分裨益,此种裨益亦必于格致诚正之心理生活见之。至若各种人文科学、社会科学学程之设置,学生课外之团体活动,以及师长以公民之资格对一般社会所有之努力,或为一种知识之准备,或为一种实地工作之预习,或为一种风声之树立,青年一旦学成离校,而于社会须有贡献,要亦不能不资此数者为一部分之把注。此义大学教育新民之效也。"②

他认为大学的最终目的在于培养新民,"及至《大学》一篇之作,而学问之最后目的、最大精神,乃益见显著。《大学》一书开章明义之数语即曰,'大学之道,在明明德,在新民,在止于至善'"③。他接着说:"《学记》曰,'九年知类通达,强立而不反,谓之大成;夫然后足以化民易俗,近者悦服,而远者怀之,此大学之道也。'知类通达,强立不反

---

① 梅贻琦.大学一解[C]//杨东平.大学精神.沈阳:辽海出版社,1999:68.
② 梅贻琦.大学一解[C]//杨东平.大学精神.沈阳:辽海出版社,1999:69-70.
③ 梅贻琦.大学一解[C]//杨东平.大学精神.沈阳:辽海出版社,1999:69.

二语，可以为明明德之注脚；化民成俗，近悦远怀二语可以为新民之注脚。"①梅贻琦指出，大学就是现代社会培养新民的场所，使学生具有新民的"出身"和"资格"。大学要"致力于知、情、志之陶冶者也，以言知，则有博约之原则在，以言情，则有裁节之原则在，以言志，则有持养之原则在，秉此三者而求其所谓'无所不思，无所不言'，这样才能培养出真正的新民"②。

因此，梅贻琦关于大学通识教育的目标是培养新民，新民要胸怀齐家、治国、平天下的远大抱负，要知、情、志皆有修明的整个之人格，要有广博的知识和专业技能，要有健康的体魄，要有科学的态度和审美的修为。

三、通识教育的实践路径：五育并进

梅贻琦认为，要达成通识教育的目标就要对学生进行全面的教育，即"五育并进"。具体而言就是指德育、智育、体育、群育、美育要同时并重。

在德育上，梅贻琦强调要培养具有爱国主义的"整个之人格"。他认为"整个之人格"的培养，要兼顾"知情志"三个方面，也就是"知识、情绪与意志"。在智育上，他要求学生具备自然、社会与人文三方面的综合知识以及修养。在体育上，他不仅增加了学校的体育工作人员和设施，而且经常去操场观看师生的体育锻炼和比赛。在群育上，他大力扶持各种集体活动和社团活动，而且身体力行，亲自参与。在美育上，他也十分重视。"梅先生办学重视美育，与一般只重德、智、体育的校长相比，眼光似乎广阔些。"③在他执掌清华期间，清华不仅在哲学、中文、外文、心理和体育等系开设美育课程，由谢冰心、朱光潜、俞平伯、梁思成等美学大师担任相应课程的教授工作，而且还成立了音乐室、古音社以及各种文学艺术团体，使学生在业余生活中"弦歌不断"，从而陶冶情操。④

---

① 梅贻琦. 大学一解[C]//杨东平. 大学精神. 沈阳：辽海出版社，1999：69.
② 梅贻琦. 大学一解[C]//杨东平. 大学精神. 沈阳：辽海出版社，1999：69.
③ 封连武. 梅贻琦通才教育思想论略[J]. 泰山学院学报，2006（1）：114-117.
④ 刘保存. 大学理念的传统与变革[M]. 北京：教育科学出版社，2004：106.

这种五育并进的目标，体现了梅贻琦先生超越知识、技术的整合，走向人的整合的追求。

四、通识教育的基本保障：自由自治，大师引领

首先，学术自由。梅贻琦认为大学教育之所以能够培养新民，主要在于社会的倡导与表率，以及新文化因素的孕育涵养与简练揣摩。而新文化的因素，除了"师生的德行才智，图书实验，大学的设备"之外，还有很重要的一点，就是"自由探讨之风气"。他引用胡瑗先生的话"艮言思不出其位，正以戒在位者也。若夫学者，则无所不思，无所不占，以其无责，可以行其志也；若云思不出其位，是自弃于浅陋之学也"。他把"无所不思，无所不言"赋予新义，即为"学术自由"。他强调，这种自由主义与放荡主义、个人主义以及乐利主义都是截然不同的。学术自由是建立在"知、情、志之陶冶"上，"以言知，则有博约之原则在，以言情，则有裁节之原则在，以言志，则有持养之原则在"上的"无所不思，无所不言"①。

其次，民主自治。清华施行民主治校的管理体制，教授会、评议会和校务会议构成了这一体制的基础。它的基本框架是：除了一个分别以校长、各学院院长、各学系主任为首的校、院、系二级教学、行政结构外，还逐渐形成了一个和这个结构并立的、不同于当时校长独揽权力的新领导体制。这一新体制在1926年，由当时任清华教务长的梅贻琦先生所制订的《清华大学组织大纲》予以确认。该大纲提出，"组织方面采用教授治校之原则"，设立"以校长、教务长及教授会互选之评议员七人组织的"九人评议会，设立"以全体教授及行政部各主任组织的"教授会。此后又增添了校务会议。民主治校体制又反过来保障和维护了清华的学术自由。"吾爱吾师，吾更爱真理"，在真理面前，人人平等。清华园内各种政治立场截然相反、学术观点大相径庭的"流派"始终并行不悖，形成了一种大气、宽容、和谐、开放的蔚蔚之风，为通识教育的实施提供了良好的氛围。

---

① 梅贻琦. 大学一解[C]//杨东平. 大学精神. 沈阳：辽海出版社，1999：79-80.

再次，大师引领。梅贻琦1935年在其《就职演说》中即指出："办学校，特别是办大学，应有两种目的：一是研究学术，二是造就人才。"而这必须具备两个条件，"其一是设备，其二是教授"。因此，他在主政期间，特别注重清华大学的师资建设。因为，"设备这一层，比较容易办到，我们只要有钱而且肯把钱用在这方面，就不难办到。可是教授就难了。一个大学之所以为大学，全在于有没有好教授"。"所谓大学者，非谓有大楼之谓也，有大师之谓也"，他认为，"我们的智识，固有赖于教授的教导指点，就是我们的精神修养，亦全赖有教授的 inspiration"。梅贻琦特别强调教师对学生发展的引领作用，并提出了著名的"从游论"。他认为，学校环境就像水，教师像大鱼，学生像小鱼，大鱼前导，小鱼尾随。这一论断深刻地揭示了在教学过程中，发挥教师的主导作用与学生的主体性之间的辩证关系，以及良好的学习环境的重要性。

最后，梅贻琦还在《大学一解》中就大学通识教育的不足提出了两个具体的补救措施，"一为展缓分院、分系的年限，有自第三学年始分者；二为第一学年增设'通论'之学程"①。

在梅贻琦的影响下，清华还涌现了一大批"大师"级的教师和教授们。他们大多都是博晓古今、学贯中西的通人，同时也积极主张大学教育应以"通识教育"为目标。正是在以梅贻琦为主的清华大师们披肝沥胆的努力之下，清华培养出众多在各个领域真正称得上"一流"的人才，开创了清华的"黄金时期"。

第三节　大学通识教育课程变革的制度规约

一、颁布各项方针和政策

抗日战争爆发后，国民党政府为了应付急剧变化的形势，于1937年8月27日颁布了《总动员时期督导教育工作办法纲领》六条，1938年4月，通过并颁布了《战时各级教育实施方案纲要》，规定了九大方针、

---

① 梅贻琦.大学一解[C]//杨东平.大学精神.沈阳：辽海出版社，1999：79.

十七要点。接着教育部又根据上述九大方针制定《各级教育设施之目标及施教之对象》和《关于整理及改善教育十七要点》。这些"纲领""纲要""要点",就是国民党政府在抗日战争时期的基本教育政策。

1937年8月27日颁布《总动员时督导教育工作办法纲领》,要求:"战争发生时,全国各地各级学校及其他文化机关,务力持镇静,以就地维持课务为原则。各级学校之训练,应力求切合国防需要,但课程之变更,仍须遵照部定范围。"①

1938年4月颁布《战时各级教育实施方案纲要》,即"九大方针"和"十七要点"。九大方针要求:"农村需要与工业需要并重;教育目的与政治目的一贯;对于吾国文化固有精神所寄之文艺哲学,以科学方法加以整理发扬,以立民族之自信;对自然科学,依据需要要迎头赶上,以应国防与生产之急需;对于社会科学,取人之长,补己之短,对其原则整理,对于制度应谋创造,以求一切适合于国情。"②十七要点要求:"对先行学制大体应仍维持现状,惟遇拘泥模袭他国制度过于划一而不易施行者,应酌量变通,或予以弹性之规定,务使因事制宜,因材施教,而收实际效果。对于全国各地各级学校之迁移与设置,应有通盘计划,务与政治经济实施方针相呼应。每一学校之设立及每一科系之设置,均应规定其明确目标与研究对象。务求学以致用,人尽其才,庶几地尽其利,物尽其用,货畅其流之效可见。对于各级学校各科教材,应彻底加以整理,使之成为一贯之体系,而应抗战与建国之需要,尤其尽无编辑中小学公民、国文、史地等教科书及各地乡土教材,以坚定爱国爱乡之观念。对于各大学、各院科系,应从经济及需要之观点设法调整,使学校教学历求切实,不事铺张。"③

1938年4月《各级教育设施之目标及施教之对象》要求:"大学教育,应为研究高深学术、培养能治学、治事、治人、创业之通才与专才的教育。其学院设置,应以国家的需要为依据。研究院为创造发明、整理学术机关;纯粹学术与应用学术的创造发明,应顾及国家需要分别缓急先后。"④

---

① 熊明安. 中华民国教育史[M]. 重庆:重庆出版社,1990:193.
② 熊明安. 中华民国教育史[M]. 重庆:重庆出版社,1990:195.
③ 熊明安. 中华民国教育史[M]. 重庆:重庆出版社,1990:195-197.
④ 熊明安. 中华民国教育史[M]. 重庆:重庆出版社,1990:198.

这些文件犹如一颗颗"定心丸",使社会各界明确了教育发展的基本方向,坚定了发展教育的信念,使得各级各类教育在特殊的环境中,依然能有条不紊地进行。

二、整理课程与共同必修科目表颁布

1938年以前,大学各科的课程设置没有制定统一的课程标准。1938年南京国民政府教育部从文、理、法三学院的课程设置入手,开始着手整理大学的课程设置。1938年春,南京国民政府教育部邀请各个领域的知名专家及各大学知名教授,商讨拟订了《文、理、法学院各学系课程整理办法草案》,并对大学的课程设置做了原则性的规定:"第一,规定统一的标准。从规定必修科目入手,选修科目暂不完全确定,仍留各校斟酌变通的余地。第二,注重基本训练。先注意于学术广博基础的培养,文、理、法各科的基本学科为共同必修,然后专精一科,以求合于由博返约之道,使学生不因专门的研究而有偏固之弊。第三,注重精要科目。一般大学科目的设置,力求统整与集中,使学生对于一种学科的精要科目能充分学习、融会贯通,琐细科目一律删除。"[①]

《文、理、法学院各学系课程整理办法草案》除了详细规定整理课程的基本原则之外,还列出了九条整理要项,即:"全国大学各院系必修及选修课程,一律在部规定的范围内,参照实际需要,斟酌损益。大学各学院第一学年,注重基本科目,不分学系;第二学年起分系;第三四学年按各院系的性质酌设实用科目,以为出校后就业的准备。国文、外国文为基本工具科目;在第一学年终了时,应举行严格考试;国文须能阅读古文书籍与作通顺文章,外国文须能阅读各学院所习学科外国文参考书才算及格;否则,仍须继续学习,直到达到上述标准才能毕业。各大学仍采用学年制,各学科学习分量得以学分计算;每一学分规定教师须每周授课一小时,学生须每周自习两小时。各科教学,除由教师上课讲授外,对于自习讨论与习作或实验,应同时并重;考试范围除教师讲习材料外,也应包括自习讨论及习作或实验的材料。各科目应由教师详细

---

① 熊明安. 中国近现代教学改革史[M]. 重庆:重庆出版社,1999:154.

规定自习书目与其它参考资料，督令学生按时阅读，并作札记；文法学院学生应研究古今名著，每科一种或数种；课间并宜举行讨论，培养学生独立研究的精神。各科目须确实规定学生习作或实习次数，凡习作与实习报告应由教师按期批阅。各学系除规定学生注重平时习作外，并应在高年级课程中规定重要科目数种，指导学生作学科论文，其题目应由教员指定或核定。学生毕业考试，应包括各院系四学年中重要科目，其科目种类得由各校自行规定，但须有五种以上。"①南京国民政府教育部所制定的《文、理、法学院各学系课程整理办法草案》，对国民政府统辖区的各高等学校课程的设置，做了原则性规定，对各高等学校的课程建设影响很大。

1938年9月，南京国民政府教育部召开第一次全国课程会议，拟订并通过了"文、理、法三学院共同科目表"，并予以正式公布，要求各高校从当年入学的一年级新生开始实施。同年10月，南京国民政府教育部又公布"农、工、商各学院分院共同科目表"，并规定从当年入学的新生开始执行。共同必修科目表对大学生必修的共同课程做了细致的规定和要求。其中，各学院共同必修的国文与外国文两科目，开设在第一学年，并举行严格考试，不及格者应继续修习至及格为止。1941年，必修科目"三民主义"改为共同必修科目。1945年，停开军事训练课。体育一科，虽然历次规定都是必修，但各校实施得极不一致。1939年3月颁布的"专科以上学校体育实施方案"规定：专科以上学校以体育正课、早操、课外运动三项为主要部分，其中，体育正课每周至少2小时，早操或课间操每天15~25分钟，课外运动每个学生每周至少3次，每次至少50分钟。各校体育课程从此开始有统一的要求。

1942年5月，南京国民政府教育部又"将伦理学一科纳入各高校学生共同必修科目之中，作为一年级学生的共同必修课程"②。1944年8月，南京国民政府教育部召开第二次大学课程会议，这次会议修订了文、理、法、师四个学院的共同必修科目表，并于1944年9月公布，规定新修订的共同必修科目表自1944学年度一年级新生起开始实行。新修订的共同科目表中："正式列入三民主义和伦理学课程；将西洋通史改称世界

---

① 熊明安. 中国近现代教学改革史[M]. 重庆：重庆出版社，1999：154-155.
② 熊明安. 中国近现代教学改革史[M]. 重庆：重庆出版社，1999：155.

通史;同时,文学院社会科学课程中增加了社会科学概论和法学概论(原为民生概要)两科,自然科学课程中增加了科学概论、普通心理学及地学通论等科目;法学院的自然科学课程中也增列了科学概论、普通心理学和地学通论科目。"①上述各学院共同必修科目表如表5-1所示。

表5-1　文学院共同必修科目表②

科目 \ 学分	第一学年		第二学年		备注
	第一学期	第二学期	第一学期	第二学期	
三民主义	2	2			
国文	3	3			
外国文	3	3			
中国通史	3	3			
哲学概论	2	2			
科学概论	3	3			选习一种
普通数学					
普通物理学					
普通化学					
普通心理学					
普通地质学					
地学通论					
伦理学			3		
世界通史			3	3	
理则学				3	
社会科学概论			3	3	选习一种
法学概论					
政治学					
经济学					
社会学					

注:"1. 体育为当然必修课,不计学分,成绩不及格者,不得毕业。2. 伦理学及理则学分别在第二学年第一、二学期教授,先后次序,各校得斟酌自行安排。"③

---

① 熊明安. 中国近现代教学改革史[M]. 重庆:重庆出版社,1999:155.
② 霍益萍. 近代中国的高等教育[M]. 上海:华东师范大学出版社,1999:249.
③ 霍益萍. 近代中国的高等教育[M]. 上海:华东师范大学出版社,1999:249.

表 5-2　理学院共同必修科目①

科目 \ 学分	第一学年 第一学期	第一学年 第二学期	第二学年 第一学期	第二学年 第二学期	备注
三民主义	2	2			
国文	3	3			
外国文	3	3			
中国通史	3	3			
普通数学微积分	3~4	3~4			
普通物理学	3	3	3	3	选习二种，必要时得同在第一学年设置，每科6~10学分
普通化学					
普通生物学					
普通心理学					
普通地质学					
地学通论					
伦理学			3		
社会科学概论			3	3	选习一种
法学概论					
政治学					
经济学					
社会学					

注：体育为当然必修课，不计学分。

表 5-3　法学院共同必修科目表②

科目 \ 学分	第一学年 第一学期	第一学年 第二学期	第二学年 第一学期	第二学年 第二学期	备注
三民主义	2	2			
国文	3	3			
外国文	3	3			
中国通史	3	3			
哲学概论	3~4				

---

① 霍益萍. 近代中国的高等教育[M]. 上海：华东师范大学出版社，1999：250-251.
② 霍益萍. 近代中国的高等教育[M]. 上海：华东师范大学出版社，1999：251-252.

续表

科目＼学分	第一学年		第二学年		备注
	第一学期	第二学期	第一学期	第二学期	
科学概论	3	3			选习一种
普通数学					
普通物理学					
普通生物学					
普通化学					
普通心理学					
普通地质学					
地学通论					
伦理学			3		
世界通史			3	3	
理则学				3	
法学概论	3	3	3	3	选习一种
政治学					
经济学					
社会学					

注："1. 体育为当然必修课，不计学分，成绩不及格者，不得毕业。2. 伦理学及理则学分别在第二学年第一、二学期教授，先后次序，各校得斟酌自行安排。"①

表5-4 师范学院共同必修科目表②

科目＼学分	第一学年		第二学年		第三学年		备注
	第一学期	第二学期	第一学期	第二学期	第一学期	第二学期	
三民主义	2	2					
国文	3	3	2	2			
外国文	3	3					
中国通史	3	3					
普通数学	3~5	3~5					选习一种
微积分							
普通物理学							
普通生物学							
普通化学							
普通心理学							
普通地质学							
地学通论							

① 霍益萍. 近代中国的高等教育[M]. 上海：华东师范大学出版社，1999：252.
② 霍益萍. 近代中国的高等教育[M]. 上海：华东师范大学出版社，1999：253-254.

续表

科目＼学分	第一学年 第一学期	第一学年 第二学期	第二学年 第一学期	第二学年 第二学期	第三学年 第一学期	第三学年 第二学期	备注
伦理学	3						
世界通史			3	3			
理则学					3		选习一种
哲学概论							
社会科学概论			3	3			选习一种
法学概论							
政治学							
经济学							
社会学							
教育概论	3	3					
教育心理学			3	3			
中等教育					3	3	

表 5-5　农学院共同必修科目表①（1938 年 11 月 1 日）

科目＼学分	第一学年 第一学期	第一学年 第二学期	第二学年 第一学期	第二学年 第二学期	备注
国文	3	3			
外国文	3~4	3~4			
化学	3~4	3~4			
植物学	3	3			
动物学	3	3			
地质学	2	2			
农业概论或农艺	2	2			
经济学及农业经济			2~3	2~3	
农场实习	1	1			

注："1. 除表中所列必修课目外，三民主义、体育及军训，均为当然必修科目，不计学分。2. 物理学及数学，为农业工程系、农业化学系与农林系、分系必修科目，各校得于第一、第二两学年中教授之，未列本表之内。"②

---

① 霍益萍. 近代中国的高等教育[M]. 上海：华东师范大学出版社，1999：254-255.
② 霍益萍. 近代中国的高等教育[M]. 上海：华东师范大学出版社，1999：255.

表 5-6　工学院共同必修科目表①（1938 年 11 月 1 日）

科目 \ 学分	第一学年 第一学期	第一学年 第二学期	第二学年 第一学期	第二学年 第二学期	备注
国文	2	2			
外国文	3	3			
数学	4	4			
物理学	4	4			
化学	4	4			
应用力学			4		
材料力学				4	
经济学			3		
投影几何学	2				
工程画		2			
工厂实习	1	1			
徒手画	2	2			
初级图案		3			
建筑初则及建筑画		2			
阴影法		2			
木工	1	1			

注："除表中所列必修科目外，三民主义、体育、军训，均为当然必修科目，不计学分。"②

---

① 霍益萍. 近代中国的高等教育[M]. 上海：华东师范大学出版社，1999：255-256.
② 霍益萍. 近代中国的高等教育[M]. 上海：华东师范大学出版社，1999：256.

表 5-7 商学院共同必修科目表①（1938 年 11 月 1 日）

科目＼学分	第一学年		第二学年		备注
	第一学期	第二学期	第一学期	第二学期	
国文	3	3			
外国文	3~4	3~4			
商业史	3~4				
经济地理		3~4			
数学	3	3			
经济学	3	3			
法学通论			2~3	2~3	
财政学			3	3	
会计学	4~5	4~5			

与此同时，南京国民政府教育部还颁布了各学院分系必修及选修科目表。1939 年 4 月至 6 月，南京国民政府教育部分别召开了"文、理、法三学院分系必修及选修科目""农、工学院分系必修与选修科目""商学院分系必修与选修科目"的审订会议。经过各领域的专家和各大学的知名教授反复讨论，最终制订了"文、理、法、农、工、商各学院分系必修与选修科目表"，并于 1939 年 8 月统一公布施行。此前，师范学院的分系必修与选修科目表则在 1938 年已公布实施。大学医学院及医科暂行科目表于 1941 年 7 月进行了修订，1942 年开始实施。

1942 年 10 月，南京国民政府教育部召开法律教育讨论会，制订了"法律学系司法组必修与选修科目表"，并对法律学系必修科目表做了第一次修订。其后，南京国民政府教育部先后于 1944 年、1945 年分别对法律系必修科目进行了第二次、第三次修订。第三次修订将"法律系必修科目分为混合制与分组制两类，其中混合制不分组。分组制分为司法、行政法学、国际法学及理论法学等四组，各校法律学系得根据师资与设备情形斟酌设置，但须在设置前报部核准"②。1944 年 9 月，南京国民政府

① 霍益萍. 近代中国的高等教育[M]. 上海：华东师范大学出版社，1999：257.
② 熊明安. 中国近现代教学改革史[M]. 重庆：重庆出版社，1999：156.

教育部又对文、理、法、师范四学院分系必修与选修科目表进行了修订。

至此，历经十余年，南京国民政府基本完成了对大学课程的整理工作，并统一了大学的共同必修科目及分院分系必修选修科目，大学课程重新得以统一。但这次的统一课程与民国初年的统一迥然不同，民国初年对各大学各院系各学科的课程规定多是照搬国外的模式，再加上部分中国传统文化课程组合而成，到底科不科学、适不适合中国的情形都不得而知，这也是 1924 年将大学课程设置权下放到各高校的一个主要原因。但大学历经二十余年的发展后，其课程开设慢慢成熟，各大学之间也逐渐形成了一些基本的共识性，加之课程自由化不便于管理。因此，在这样的背景下再来进行课程整理与统一课程就显得合情合理，而历经二十余年的课程实践，这次的课程整理与相关规制也日趋科学与合理。

第四节　大学通识教育课程变革的实践探索

一、私立辅仁大学的通识教育课程实践

1941 年私立辅仁大学本科分文学院、理学院及教育学院，修业期限 4 年。[1]学生所习学科分为必修科与选修科两类，其中必修科又分为普通科与专门科。普通科为各院学生共同必修之学科，约占四年学科总数四分之一。专门科为各系学生共同必修之学科，最低须占四年学科总数之半。选修科为学生由其本系所定之选修科表内自选之学科，约占四年学科总数四分之一。[2]本科学生除遵照教育部令至少修毕 132 学分外，并须得有 198 成绩分，始得毕业（体育等学分在外）。[3]

以私立辅仁大学文学院课程为例做一分析。文学院学科也分为普通、

---

[1] 私立辅仁大学一览（1941）[G]//李森.民国时期高等教育史料汇编：第 13 册.北京：国家图书馆出版社，2014：13.
[2] 私立辅仁大学一览（1941）[G]//李森.民国时期高等教育史料汇编：第 13 册.北京：国家图书馆出版社，2014：17.
[3] 私立辅仁大学一览（1941）[G]//李森.民国时期高等教育史料汇编：第 13 册.北京：国家图书馆出版社，2014：19.

专门两种，普通科为全院学生共同必修或选修之学科；专门科为各系学生必修或选修之学科。普通必修科为文学院学生共同必修之学科，计有：国文、一年英文、二年英文、伦理学、逻辑学、体育、中学普通教学法及第二外国语（德法意日）等八门，一二年第二外国语系必修科，三年第二外国语除别有规定者外，均系选修。普通选修科是文学院学生共同选修之学科，计有：公教史、社会学概论、经济学概论、哲学原理、科学的哲学①及日本文学史等六门。②（见表5-8）

表5-8 私立辅仁大学文学院共同必修科目一览③

科目	学分	备注
国文	4	一年级必修
一年英文	6	一年级必修
伦理学	4	一年级必修
体育	4	一年级必修
二年英文	4	二年级必修
逻辑学	4	二年级必修
中学普通教学法	4	四年级必修
一年法文、德文、意文	4	全院必修
二年法文、德文、意文	4	全院必修
三年法文、德文、日文	4	
公教史	4	
社会学概论	4	
经济学概论	6	
哲学概论	6	三四年级选修
科学的哲学	6	三四年级选修
日本文学史	6	

① 本学程由自然科学之观点考察生物之原始及其进化。
② 私立辅仁大学一览（1941）[G]//李森.民国时期高等教育史料汇编：第13册.北京：国家图书馆出版社，2014：43.
③ 私立辅仁大学一览（1941）[G]//李森.民国时期高等教育史料汇编：第13册.北京：国家图书馆出版社，2014：46-50.

从私立辅仁大学文学院共同必修科目来看，虽然与南京国民政府教育部颁布的文理法三学院共同科目表有所差异，但大多数课程是一致的。例如，国文、外国文、伦理、哲学概论、理则学（逻辑学）、社会科学类课程、体育等课程基本按照部颁科目表进行设置。与文学院共同必修科目表相比，其课程少了中国通史、世界通史以及自然科学类课程。私立辅仁大学文学院课程的特色在于对外国语极其重视，对社会科学类课程较为重视，同时注重教学法课程的教学。

同样的，理学院学生共同必修之学科有：国文、一年英文、一年德文、二年德文、初等微积分、伦理学、逻辑学、体育、中学普通教学法等九门。普通选修科计有：公教史、二年日文、三年日文、三年德文、哲学原理、科学的哲学等六门。[1]（见表5-9）

表5-9 私立辅仁大学理学院共同必修科目[2]

科目	学分	备注
国文	4	一年级必修
一年英文	6	一年级必修
一年德文	4	二年级必修
二年德文	4	三年级必修
初等微积分	8	一年级必修
伦理学	4	一年级必修
逻辑学	4	二年级必修
体育	4	一年级必修
中学普通教学法	4	四年级必修
二年日文	4	二年级选修
三年日文	6	三四年级选修
公教史	4	三四年级选修
三年德文	6	四年级选修
哲学原理	6	三四年级选修
科学的哲学	6	三四年级选修

---

[1] 私立辅仁大学一览（1941）[G]//李森.民国时期高等教育史料汇编：第13册.北京：国家图书馆出版社，2014：103.

[2] 私立辅仁大学一览（1941）[G]//李森.民国时期高等教育史料汇编：第13册.北京：国家图书馆出版社，2014：105-109.

从表 5-9 来看,理学院课程与部颁理学院共同必修科目相比,少了中国通史,但其增开了逻辑学,另外还有不少选修课程。其特点也是注重外国语课程。

总而言之,私立辅仁大学文、理两院的课程设置,基本遵循了部颁共同必修科目表的要求,但也有些许差异。总体而言是大同小异。

二、国立中山大学的通识教育课程实践

1943 年国立中山大学文学院"各系课程,除依照教育部规定大学科目表订定外,并依据学习需要情形,呈部增设一部分私目"[1]。下以文学院中国文学系课程为例进行分析,详见表 5-10。

表 5-10 国立中山大学文学院中国文学系各学年必修科目[2]

学年	科目		学分	
			上学期	下学期
第一学年	国文		3	3
	外国文		4	4
	中国通史		3	3
	论理学		3	3
	生物学		3	3
	社会学	任选一科	3	3
	政治学		3	3
	经济学		3	3
	伦理学概要		1	1
	三民主义			
	军训			
	体育			

---

[1] 国立中山大学现状(1943)[G]//李森. 民国时期高等教育史料汇编:第 44 册. 北京:国家图书馆出版社,2014:136.
[2] 国立中山大学现状(1943)[G]//李森. 民国时期高等教育史料汇编:第 44 册. 北京:国家图书馆出版社,2014:136-137.

续表

学年	科目		学分	
			上学期	下学期
第二学年	西洋通史		3	3
	中国文学史		3	3
	各体文习作		1	1
	历代文选		3	3
	文字学概要		3	3
	外国文		3	3
	中国语言文学研究法		2	2
	哲学概论	任选一科	3	3
	科学概论		3	3
	社会学	任选一科	3	3
	政治学		3	3
	经济学		3	3
第三学年	历代诗选		3	3
	中国文学专书选读		3	3
	文字学概要		3	3
	各体文习作		1	1
	语言学概要		3	3
	声韵学概要		3	3
	比较语言学		3	3
	古文字学研究		3	3
	中国语言文字专书选读		3	3
第四学年	中国文学专书选读（二）		3	3
	词选		3	
	曲选			3
	语言学概要		3	
	毕业论文		1	1

从这份必修科目表中，可以看出国立中山大学文学院课程具有以下特点：其一，严格遵照部颁共同必修科目表设置课程。其二，依据学院实际情况开设一部分必修课程。其三，一、二年级课程基本属于通识教育，三、四年级才开始转向专业课程的学习。另外，文学院还开设了大量选修课程，不过选修课程大多属于人文社科类课程。（见表5-11）

表 5-11 国立中山大学文学院中国文学系选修科目[①]

科目	学分	
	上学期	下学期
文学概论	2	2
新文学选读	3	
历代文选	3	3
目录学	3	
文学批评	2	2
中国修辞	3	
中国文法	3	
戏剧史	3	
传记研究	3	
小说戏剧选读	3	
小说史	3	
应用文		3
民族文学	3	
现代中国文学讨论及习作		2
比较文学	1	1
骈体文	2	2

① 国立中山大学现状（1943）[G]//李森. 民国时期高等教育史料汇编：第44册. 北京：国家图书馆出版社，2014：137.

续表

科目	学分	
	上学期	下学期
经学史	3	3
近代语研究	2	2
词学研究	3	
现代方言	3	
专家诗		3
声韵学概要		3
中国诗学		3
专家词		3
诗学概论		3
专家文		3
散文研究		3

中山大学理学院设数学天文学系、物理学系、化学系、生物学系、地质学习、地理学系。学生须在学八学期，除应修党义军事训练体育外，修满 142 学分始得毕业。①各学系科目分必修选修两种，均遵照部颁大学课程并在其容许范围内规定之。第二外国文（德文或法文）为各学系之共同必修科目，各学系学生必须得德文或法文 12 学分，方准毕业。②"惟选修科目，得斟酌情形，间有变易。"③以理学院物理学系课程做一分析。（见表 5-12）

---

① 国立中山大学现状（1943）[G]//李森. 民国时期高等教育史料汇编：第 44 册. 北京：国家图书馆出版社，2014：144.
② 国立中山大学现状（1943）[G]//李森. 民国时期高等教育史料汇编：第 44 册. 北京：国家图书馆出版社，2014：144.
③ 国立中山大学现状（1943）[G]//李森. 民国时期高等教育史料汇编：第 44 册. 北京：国家图书馆出版社，2014：146.

表 5-12　国立中山大学理学院物理学系各年级课表①

年级	科目	学分 上学期	学分 下学期	课程性质
一年级	国文	3	3	必修科目
	微积分	4	4	
	普通物理	5	5	
	普通物理实习	1	1	
	化学	3	3	
	化学实习	1	1	
	英文	3	3	
	伦理学	1	1	
二年级	微分方程	3		必修科目
	理论力学	4	4	
	电磁学	3	3	
	电磁学实习	1.5	1.5	
	物理学	1	3	
	法文或德文	3	3	
	中国通史	3	3	
	气象学			选修科目
	普通天文学			
	量度精确论			
三年级	光学	3	3	必修科目
	光学实习	1.5	1.5	
	声学	3		
	物理学及声学实习	1	1	
	德文或法文	3	3	
	热学	3	3	
	热学实习		1.5	
	社会学及经济学	3	3	

①　国立中山大学现状（1943）[G]//李森. 民国时期高等教育史料汇编：第 44 册. 北京：国家图书馆出版社，2014：148-149.

续表

年级	科目	学分 上学期	学分 下学期	课程性质
三年级	分子运动论			选修科目
	理论化学			
	实用无线电			
	天体力学			
四年级	无线电原理	3	3	必修科目
	无线电原理实习	1	1	
	理论物理	4	4	
	近代物理	4	4	
	近代物理实习	1	1	
	研究及论文	2	2	
	分子运动论			选修科目
	原子核物理学			
	量子力学初步			
	电化学			

国立中山大学理学院物理系通识教育课程基本遵照部颁共同必修科目表进行设置，除一年级课程全部必修外，各年级都设有一定数量的选修课程。

国立中山大学法学院各学系科目，依年级分为必修、选修两种，必修科目中，各系组一年级各科目，及二年级西洋通史、哲学概论、科学概论三科为共同必修科目。[1]法学院课程基本按照部颁共同必修科目表进行设置，下以法学院法律学系课程为例，详见表5-13。

---

[1] 国立中山大学现状（1943）[G]//李森. 民国时期高等教育史料汇编：第44册. 北京：国家图书馆出版社，2014：160.

表 5-13 国立中山大学法学院法律学系课程[①]

年级	科目	学分	其他
一年级	国文	6	必修科目
	外国文	8	
	中国通史	6	
	论理学	4	
	总理遗教		
	体育		
	军训		
	生理学	6	
	社会学	6	
	政治学	6	
二学年	经济学	6	必修科目
	民法总则（上）	6	
	刑法总则（上）	6	
	民法债编（下）	6	
	刑法分则（下）	4	
	法院组织法（下）	1	
	宪法	4	
	西洋通史	6	
	哲学概论或科学概论	6	
三年级	民法债编（上）	5	必修科目
	民法物权	4	
	民法亲属继承（下）	3	
	商法	4	
	刑事诉讼法	6	
	行政法	6	
	国际公法	4	
	中国法制史	3	

① 国立中山大学现状（1943）[G]//李森. 民国时期高等教育史料汇编：第 44 册. 北京：国家图书馆出版社，2014：160-161.

续表

年级	科目	学分	其他
三年级	犯罪学	3	选修科目
	近代大陆法	2	
	英美法	3	
	证据法	3	
	法医学	8	
	中国政治史	6	
	西洋政治外交史	6	
	刑事判例研究	4	
四年级	民法亲属继承（上）	3	必修科目
	商法（上）	4	
	民事诉讼法	8	
	国际私法	4	
	法理学	3	
	破产法	2	
	劳工法（上）	3	
	强制执行法（下）	2	
	诉讼实习		
	毕业论文	2	
	监狱学	3	选修科目
	刑事政策	3	
	土地法	3	
	犯罪心理学	4	
	中国经济史	6	
	罗马法	4	
	民事判例研究	4	

注：总理遗教、军训、体育均不计学分，二、三、四年级选修科目每学年选习6学分。

综上所述，国立中山大学这一时期的通识教育课程基本遵照教育部颁发的各学院共同必修科目表来进行设置。通识教育课程设置比较稳定全面。一年级课程属于全体学生都需修习的公共课程，二年级有一部分公共课程，还有一部分各学院设置的共同必修课程。

三、浙江大学的通识教育课程实践

浙江大学文学院的共同必修课程，大学一、二年级课程基本上执行共同科目的决定，普遍开设兼顾文理，包含了人文、社会、自然科学的课程。在浙大的课程表里也能看出，其课程设置既体现了政府的要求，也结合了本校的特色，比如在社会科学和自然科学课程的开设方面，浙大气象学课程就是浙大的特色优势学科。（见表 5-14）

表 5-14 浙江大学文学院共同必修课程表[①]

年级	科目	学分	备注
一年级	三民主义	4	
	国文	6	
	英文	6	
	中国通史	6	
	地学通论	6	任选一种
	普通地质学		
	气象学		
	人类学		
	普通理化		
	哲学概论	6	
	理则学	4	
二年级	政治学	6	任选一种
	经济学		
	社会学		
	人文地理		
	西洋通史	6	

---

① 国立浙江大学文学院概况（1947）[G]//李森. 民国时期高等教育史料汇编：第 33 册. 北京：国家图书馆出版社，2014：197.

四、复旦大学的通识教育课程实践

这一时期复旦大学的通识教育课程实施力度也较大。其突出表现在两个方面，一是遵照部颁共同必修科目表设置学生共同必修课程，二是选修课程学分较高，意味着学生自由选习的空间很大。（见表 5-15）

表 5-15　国立复旦大学文学院中国文学系课表①

年级	科目	学分	备注
一年级	三民主义	4	共同必修
	一年级国文	6	
	一年级英文	6	
	中国通史	6	
	哲学概论	4	
	自然科学	6	
	体育	0	
	读书指导	4	本系必修
	文选	6	
二年级	伦理学	3	共同必修
	世界通史	6	
	理则学	3	
	社会科学	6	
	体育	0	
	文字学	4	本系必修
	中国文学史	8	
	诗选	6	
	小说戏剧选	4	
	二年级英文或世界文学史	6	

---

① 国立复旦大学一览（1947）[G]//李森．民国时期高等教育史料汇编：第 19 册．北京：国家图书馆出版社，2014：311．

续表

年级	科目	学分	备注
三年级	声韵学	4	本系必修
	专书选读	6	
	词选	3	
	曲选	3	
	体育	0	
	选修	12	
四年级	训诂学	3	本系必修
	专书选读	6	
	毕业论文	2	
	体育	0	
	选修	15	

文学院中国文学系课程具有以下特点：第一，重视体育。四年课程皆有体育课程。第二，除了共同必修课程外，选修课程学分为 27，充分考虑到了学生的个人特征和兴趣。

表 5-16　复旦大学理学院生物学系课程表[①]

年级	科目	学分	备注
一年级	三民主义	4	共同必修
	一年级国文	6	
	一年级英文	6	
	中国通史	6	
	普通数学	6	
	理学院化学	10	
	体育	0	
	普通植物学	6	本系必修

[①] 国立复旦大学一览（1947）[G]//李森. 民国时期高等教育史料汇编：第 19 册. 北京：国家图书馆出版社，2014：319.

续表

年级	科目	学分	备注
二年级	物理学	8	共同必修
	伦理学	3	
	社会科学	6	
	体育	0	
	无脊椎动物学	6	本系必修
	脊椎动物学	8	
	有机化学	4	
	动物组织学	4	
三年级	动物胚胎学	4	本系必修
	动物生理学	6	
	植物形态及解剖学	6	
	种子植物分类学	6	
	生物学技术	4	
	体育	0	
	选修	9	
四年级	植物生理学	3	本系必修
	细胞及遗传	4	
	毕业论文	2	
	体育	0	
	选修	12	

从表 5-16 可以看出，理学院的选修课程学分也比较高，选修学分占 21。复旦大学法学院政治学系、商学院银行学系、农学院园艺学系也是。（见表 5-17、表 5-18、表 5-19）

表 5-17　复旦大学法学院政治学系课程表①

年级	科目	学分	备注
一年级	一年级国文	6	共同必修
	一年级英文	6	
	三民主义	4	
	哲学概论	4	
	政治学	6	
	宪法	4	
	中国通史	6	
	自然科学	6	
	体育	0	
二年级	世界通史	6	共同必修
	伦理学	3	
	理则学	3	
	社会科学	6	
	体育	0	
	西洋政治思想史	6	本系必修
	各国政府及政治	6	
三年级	中国政治思想史	6	本系必修
	行政学	6	
	中国外交史	4	
	西洋外交史	6	
	体育	0	
	选修	12	
四年级	国际公法	6	本系必修
	行政法	6	
	中国政府	4	
	毕业论文	2	
	体育	0	
	选修	12	

① 国立复旦大学一览（1947）[G]//李森.民国时期高等教育史料汇编：第 19 册.北京：国家图书馆出版社，2014：324.

表 5-18　复旦大学商学院银行学系课程①

年级	科目	学分	备注
一年级	一年级国文	6	共同必修
	一年级英文	6	
	经济学	6	
	会计学	8	
	普通数学	6	
	三民主义	4	
	体育		
二年级	伦理学	3	共同必修
	财政学	8	
	商业史	3	
	货币银行学	6	
	体育		
	法学通论	6	
	商用数学	6	本系必修
	财产保险学	3	
	商业组织与管理	3	
三年级	统计学	6	共同必修
	体育		
	公司理财	3	本系必修
	公司法	2	
	海商法	2	
	银行会计	3	
	国际汇兑	3	
	中外金融市场	3	
	银行制度	3	
	投资学	3	
	选修	6	

① 国立复旦大学一览（1947）[G]//李森. 民国时期高等教育史料汇编：第 19 册. 北京：国家图书馆出版社，2014：327.

续表

年级	科目	学分	备注
四年级	经济地理	3	共同必修
	体育		
	票据法	2	
	保险法	2	
	农业金融	3	
	中央银行论	3	
	银行实习	2	
	经济政策	6	
	论文	2	
	选修	11	

表5-19 复旦大学农学院园艺学系课程①

年级	科目	学分	备注
一年级	一年级国文	6	共同必修
	一年级英文	6	
	化学	8	
	植物学	6	
	动物学	3	
	农业概论	4	
	农场实习	2	
	三民主义	4	
	地质学	3	
	体育		

① 国立复旦大学一览(1947)[G]//李森. 民国时期高等教育史料汇编: 第19册. 北京: 国家图书馆出版社, 2014: 333.

续表

年级	科目	学分	备注
二年级	伦理学	3	共同必修
	经济学及农业经济	6	
	植物生理学	6	
	体育		
	气象学	2	本系必修
	土壤学	3	
	肥料学	3	
	蔬菜园艺	6	
	遗传学	4	
	园艺学概论	6	
三年级	植物病理学	4	本系必修
	普通昆虫学	3	
	经济昆虫学	3	
	果树园艺学	6	
	花卉园艺学	6	
	园艺育种	3	
	体育		
	观赏树木	6	
	选修	6	
四年级	园艺利用	6	本系必修
	造园学	4	
	农场管理	3	
	毕业论文	2	
	体育		
	选修	15	

综合而言，复旦大学的课程除了共同必修课程之外，还有大量选修课程供学生选习。但不足在于，没有给予选修上的必要约束，学生的选修往往集中于专业课程，难以起到通识教育的目的。另外，重视毕业论文的考核。

综上所述，这一时期的大学课程变革，有以下几点值得注意。其一，统一了大学课程设置标准，结束了大学课程自由散乱的局面。其二，大学通识教育主要依托共同必修科目来实现。其中，凡是大学生，都必须修习的科目包括：国文、外国文、党义、伦理、体育。另外文、理、法、师范学院还需要修习：中国通史、世界通史、理则学、哲学概论、自然科学之一门、社会科学之一门等课程。农、工、商学院偏于应用，但大体都会要求学习数学、经济学等科目。其三，各界基本达成共识，大学一、二年级应重在学生共同基础的养成，施行通识教育，三、四年级方使学生专于某一专门领域。

第五节　大学通识教育课程成熟之省思

一、课程目标：完整的人

从当时国家层面来看，这一时期大学的培养目标发生了一些变化，与上一阶段强调培养"专门人才"相比，这一时期大学培养目标在强调培养"通才"与"专才"的同时，更注重学生的"成人"教育。1938年4月颁布的《各级教育设施之目标及施教之对象》中指出"大学教育，应为研究高深学术、培养能治学、治事、治人、创业之通才与专才的教育"[①]。可见，这一时期，大学既要培养通才，也要培养专才，但是，通才与专才的前提则是"能治学、治事、治人、创业"。因此，可以说这一时期对大学人才的定位是有知识、有能力、有品性、有创造力，这样的一个"人"，无疑近乎是一个"完整的人"了。

从当时教育部颁布的各学院共同必修科目表来看，其课程设置已十分全面。下面以文、理学院的共同必修科目来做一分析。当时，文学院

---

① 各级教育设施之目标及施教之对象（1938）[G]//中央教育科学研究所教育研究室. 中华民国教育法规选编（1912—1949）. 南京：江苏教育出版社，1990：68.

共同必修科目包括:"三民主义、国文、外国文、中国通史、世界通史、哲学概论、伦理学、理则学(即逻辑学)、自然科学课程(科学概论、普通数学、普通物理学、普通化学、普通心理学、普通地质学、地学通论,任选一种)、社会科学课程(社会科学概论、法学概论、政治学、经济学、社会学,任选一种)、体育。"①理学院共同必修科目包括:"三民主义、国文、外国文、中国通史、伦理学、普通数学微积分、自然科学课程(普通物理学、普通化学、普通生物学、普通心理学、普通地质学、地学通论,任选二种)、社会科学课程(社会科学概论、法学概论、政治学、经济学、社会学,任选一种)、体育。"②从文、理两学院的通识课程设置来看,知识面非常广,人文、社会、自然科学等方面都有涉猎。不仅如此,这一时期各大学都必须开设伦理学一科,足见对学生道德教育的重视。因此,从课程设置来看,这一时期的通识教育,不仅注重学生宽广的基础知识的学习与涉猎,也重视学生道德品格的养成。通识教育的目标是培养一个人格健全、品德高尚、知识渊博的人,也即"完整的人"。

二、课程结构:统一而全面

从通识教育的课程类型来看,主要是共同必修课程。自1938年开始,各学院共同必修科目表陆续颁布,通识教育课程集中于共同必修科目这一板块。这一时期各大学基本都遵照部颁共同必修科目表的要求来开设课程,只有涉及各学系专业课程的部分,各学校有部分调整的权利。因此,这一时期的通识教育主要通过共同必修科目来实现,其课程类型统一,即共同必修。

从通识教育课程的具体科目来看,由于共同必修科目已由部颁共同必修科目表规定,因此,这一时期的大学通识教育课程的具体科目实际上也是统一的。大学可以根据需要增设或调整,但基本科目是确定的。

从这一时期通识教育课程涉及的内容和知识面来看,它囊括了人文、社会、自然科学三大领域的知识,涉及语言、文学、历史、政治、社会、伦理、哲学、逻辑、体育等多个学科的知识。由此可见,这一时期的通识教育课程结构从其具体科目上来说是非常全面的。

---

① 霍益萍. 近代中国的高等教育[M]. 上海:华东师范大学出版社,1999:249.
② 霍益萍. 近代中国的高等教育[M]. 上海:华东师范大学出版社,1999:250-251.

三、课程内容：智德并重

这一时期的通识教育课程基本上可以概括为四个方面的内容。

其一，意识形态方面的教育。这一方面的教育主要依靠三民主义课程，前期还有军事训练课程，后期该课程被取消。三民主义课程在这一时期，是各大学学生的必修科，且学分不计算在总学分里。也就是说这门课程是"义务"必修，不给学分也得修习，可谓是"必修中的必修"。

其二，基本知识和基本方法的教育。基本知识的教育主要目的在于交给学生各个方面的基本知识，使学生对于多方面知识都有所了解，增强学生的见识。基本方法的教育在于使学生明了思考问题解决问题的基本思维方式。例如，哲学概论课程、逻辑学课程等。可以说共同必修科中的大多数课程都是基于这一目的。

其三，培养学生良好的德性。"1942 年 5 月各校、院奉命设置伦理学一科，作为一年级的共同必修科目。1944 年 8 月，教育部召开第二次大学课程会议，修订了文、理、法、师四个学院的共同必修科目表，正式列入伦理学课。"[①]这是这一时期通识教育课程一个最大的特点。也是在这一时期，首次从国家层面上规定，所有学生必须修习伦理学课程。可见，这一时期，大学十分注意学生的道德教育。

其四，规范体育教学。体育一科，虽然在历次规定中都是必修，但各校实施得极不一致。1939 年 3 月颁布的《专科以上学校体育实施方案》规定：专科以上学校以体育正课、早操、课外运动三项为主要部分，其中，体育正课每周至少 2 小时，早操或课间操每天 15～25 分钟，课外运动每个学生每周至少 3 次，每次至少 50 分钟。各校体育课程从此开始有统一的要求。

综上所述，这一时期的通识教育内容涉及以上四个方面，总体上来说其最突出的特点是对基本知识和德性教育的重视。

四、课程实施：关注质量

从课程实施的目的来看，这一时期的通识教育课程实施除了授予学生基本的各科知识，养成学生特定的社会价值共识这一目的之外，还有

---

① 熊明安. 中国近现代教学活动史[M]. 重庆：重庆出版社，1999：155.

一个目的就是使学生具备良好的道德品格。后一目的主要是通过伦理学课程的实施来实现的。

从课程实施的价值取向来看，这一时期，通识教育课程基本由国家规定，各学校自主权被大大削弱。"全国大学各院系必修及选修课程，一律在部规定的范围内，参照实际需要，斟酌损益。"在这种情况下，大学通识教育课程的实施，基本按照部颁共同必修科目表所规定之课程进行开课。因此，在课程实施的价值取向上，是一种忠实取向。

从课程实施的特点来看，这一时期的通识教育课程实施由前一时期的重视数量转变为重视质量。前一时期，大学通识教育课程由各学校自行设定，不少学校课程数目繁多，且内容繁杂，课程本身质量难以保证，学生完成学业的质量也难以得到保证。这一时期，通识教育课程数量上相对合理，且学生所需修习之课程，均由定章规定，标准统一，有利于保证课程质量以及学生的学习质量。

五、课程管理：统一共同科目

从宏观层面上来看，这一时期课程管理上最大的变化就是课程设置权重新收归国家。改变了前一时期课程设置权归各高校的局面。因此，这一时期，大学通识教育课程的开设遵照教育部颁布的共同必修科目表进行设置，各大学课程比较统一。统一规定大学各学院共同必修科目意义重大。首先，它有利于国家制定标准来对全国大学课程进行统一的管理。如果各大学课程不统一，国家对大学课程的管理则几乎难以实现。其次，规范了各学校的课程设置，保证了各院系课程设置的科学性和合理性。改变了以往大学课程繁杂的局面，保证了课程的质量。最后，便于对大学培养的人才进行考核。学生所习课程统一，才能用统一标准来进行评判。"一般大学科目的设置，力求统整与集中，使学生对于一种学科的精要科目能充分学习、融会贯通，琐细科目一律删除。"这也有利于提升大学人才培养的质量。

从中观的学校层面来看，尽管国家在课程设置上进行了统一规定，但由于其时各大学学科繁多，除了共同必修科目，还有各个学系的专业科目，以致难以在短时间内完成整理大学课程的工作。因此，也就没有办法对各学校各院系的课程管理制定标准。所以，这一时期，学校除了不具备设置课程权外，其他课程管理方面依然依托于各所大学自身。事实上，在抗战时期，即便国家有统一管理的各项章程，恐怕也难以落实到各个学校。

各学校的课程管理依然可以归纳为以下方面：（1）课程的选择，"学生填写选课单，经院长及系主任之指导并核准"，选课完毕，须注册处予以注册。课程改选，学生"对于所选课目如欲加选或退选时，须经院长、系主任及授课教师之许可，并须按照定章，请由注册组变更登记。加选应于每学期开学后两星期内办理之。退选应于每学期开学后五星期内办理之，逾期退选者以零分登记。"①（2）关于请假和旷课，"学生未经准假或假满未续而缺课者，为旷课。于某科目缺课达三小时者，扣该科目学期成绩1分，多则类推，不及一分者免扣；于某科目旷课达授课时数六分之一者，不得参加该课目之学期考试，其成绩以零分计。旷课达一学期授课总时数六分之一者，应令停学一学年。本大学学生于某科目旷课未达六分之一，而与请假时数合计达该科目授课总时数三分之一者，不得参与该科目之学期考试，其成绩以零分计。请假及旷课时数达一学期授课总时数三分之一者，应令停学一学年。"②（3）关于转院和转系，"应于入校后第二学年第一学期注册二星期前，以书面陈述理由，向教务处申请，逾期不予受理。学生之拟转院或转系者，须经教务长及有关院系之院长及系主任之核准，并按照规定期限，向注册组办理更改手续后，方得转入拟转之院系肄业。其未转前，所习科目及学分之承认，与转后应予补修之科目，及其应编之年级，概由转入院系之院长及系主任决定"③。等等，此处不再一一赘述。

六、课程评价：注重学习质量

在课程评价方面，主要还是集中于对学生课程学习情况的考核。缺

---

① 国立云南大学一览（1947）[G]//李森. 民国时期高等教育史料汇编：第47册. 北京：国家图书馆出版社，2014：448.
② 国立云南大学一览（1947）[G]//李森. 民国时期高等教育史料汇编：第47册. 北京：国家图书馆出版社，2014：450.
③ 国立云南大学一览（1947）[G]//李森. 民国时期高等教育史料汇编：第47册. 北京：国家图书馆出版社，2014：450.

少对课程本身的评价。在课程考核上主要有五类：平时考试、学期考试、转学考试、补行考试、毕业考试。在考试形式上基本还是通过笔试、口试、试验、报告、实习等方式。具体每门课程考核内容，都由各院系授课教师拟定。因而课程评价的标准难以统一，且主观性强。对于补考之规定也与前期大同小异，这里不再赘述。

这一时期，通识教育课程评价的突破之处在于，国家层面上，已开始对一部分共同必修科目的评价标准进行尝试性的阐释和规定。例如，《文、理、法三学院各学系课程整理办法草案》曾提道："国文、外国文为基本工具科目；在第一学年终了时，应举行严格考试；国文须能阅读古文书籍与作通顺文章，外国文须能阅读各学院所习学科外国文参考书才算及格；否则，仍须继续学习，直到达到上述标准才能毕业。"[①] "专科以上学校以体育正课、早操、课外运动三项为主要部分，其中，体育正课每周至少 2 小时，早操或课间操每天 15~25 分钟，课外运动每个学生每周至少 3 次，每次至少 50 分钟。"[②]另外，还规定了要重视自习、讨论、实验、读书笔记等方面的考核。"各科教学，除由教师上课讲授外，对于自习讨论与习作或实验，应同时并重；考试范围除教师讲习材料外，也应包括自习讨论及习作或实验的材料。"各科目应由教师详细规定自习书目与其它参考资料，督令学生按时阅读，并作札记；文法学院学生应研究古今名著，每科一种或数种；课间并宜举行讨论。"同时，对于学生的习作、实习报告等平时作业，教师要按时批改。"各科目须确实规定学生习作或实习次数，凡习作与实习报告应由教师按期批阅。"对于学生毕业考试，也做了一些规定，"学生毕业考试，应包括各院系四学年中重要科目，其科目种类得由备校自行规定，但须有五种以上"。

综上所述，这一时期课程评价在延续上一时期的评价制度的同时，融入了一些新的因素。首先是课程评价上，开始提出一些国家层面的要求和标准。应该说，这一尝试有利于提高课程评价的质量。其次，关注对学生的习作、实习、札记等课外学习方面的考查。体现了对学生学习过程的关注，而不仅仅是依据几次终结性考试来评价学生。

---

① 熊明安. 中国近现代教学活动史[M]. 重庆：重庆出版社，1999：155.
② 熊明安. 中国近现代教学活动史[M]. 重庆：重庆出版社，1999：155.

第六章　大学通识教育课程变革的整体特征（1912—1948）

民国时期大学通识教育课程变革具有鲜明的时代特点。本章拟从课程目标、课程结构、课程内容、课程实施、课程管理、课程评价等六个方面对民国时期大学通识教育课程变革的特点予以概括分析。本章在分析其特点时，基于整个民国时期通识教育发展的全局来考察，着重关注课程本身的特点演变，并不严格拘泥于时间的划分。

第一节　大学通识教育课程目标：
由注重"基础"到培养"完人"

一、大学教育宗旨演变及其对通识教育课程的规约

民国时期大学教育宗旨经历了三次变化。每一次大学教育宗旨的变化，对大学通识教育课程都产生了一定的影响。

最早对大学教育宗旨的拟定是在1912年颁布的《大学令》中，"大学以教授高深学术，养成硕学闳材，应国家需要为宗旨"[1]，这是《大学令》对大学教育宗旨的界定。这一宗旨对我国大学教育的影响很大。这一宗旨首先将大学与专门学校区别开来，大学是"教授高深学术"的，一般的专门技术之学问不在大学教授之列。其次，它规定了大学人才的培养规格，即"硕学闳材"。可见，大学培养的人才应该具备广博的学识。最后，大学培养的人才要为国家服务。这一宗旨一直延续到1929年，长达18年，是民国时期持续时间最长的大学教育宗旨。这一宗旨于通识教

---

[1] 教育部公布大学令[G]//璩鑫圭，唐良炎.中国近代教育史资料汇编·学制演变.上海：上海教育出版社，1991：663.

育而言，其潜在约定是通识教育要担负起养成学生广博知识基础的任务。因此，通识教育课程涉及的知识面必然很广。

大学教育宗旨的第二次演变发生在1929年，当时南京国民政府颁布的《大学组织法》第一条即对大学教育宗旨做出规定，"大学应遵照十八年四月二十六日国民政府公布之中华民国教育宗旨及其实施方针，以研究高深学术养成专门人才"①。从这一规定可以看出，大学教育除了总体上贯彻国民政府"三民主义"教育宗旨与方针之外，其人才培养的规格应该是"专门人才"。加之这一时期大学课程设置权下放到学校。因此，这一时期大学通识教育课程的开设、对通识教育课程的重视程度等在各大学极不一致。但从这一教育宗旨来看，这一时期的大学教育一方面注重"三民主义"课程的开设，一方面在专业课程方面有所加强。

大学教育宗旨的第三次演变发生在1938年，其时抗日战争已全面爆发。国民政府在1938年4月颁布的《各级教育设施之目标及施教之对象》中，对大学教育做出如下规定："大学教育，应为研究高深学术、培养能治学、治事、治人、创业之通才与专才的教育。其学院设置，应以国家的需要为依据。"与之前两次的教育宗旨相比，这一宗旨更加具体和明确，在实践层面的可操作性更强。这一宗旨规定了大学既应培养"通才"，又要培养"专才"。但不管是"通才"，还是"专才"，必须要"能治学、治事、治人、创业"。可见，这一宗旨对大学人才的要求非常具体全面，于知识、能力、品德等方面都有要求，其目标指向培养"健全的人"或"完整的人"。因此，这一时期的大学通识教育在课程设置方面，一方面很重视广博知识的传授，另一方面注重学生道德教育，如大学共同必修科目中伦理学课程的开设。

可见，大学教育宗旨是大学课程变革的风向标，是大学人才培养标准的总规定。大学通识教育课程势必会受到大学教育宗旨的多方规约。

二、注重基本知识基础的奠定

民国初年，我国近代意义上的大学初建。当时，我国近代学制体系

---

① 大学组织法[G]//中央教育科学研究所教育研究室.中华民国教育法规选编（1912—1949）.南京：江苏教育出版社，1990：415-418.

初立,中等教育发展水平较低,一方面,高级中学培养的学生真实水平往往难以达到大学的入学标准;另一方面,当时高级中学有限,只依靠高级中学输送生源,远不能满足大学的需求。因此,当时的大学都设有预科,预科并不对学生进行专业教育,它相当于高中到大学的过渡阶段,是强化版的高中教育。在1912—1917年,预科为三年;1918—1924年,预科为二年。1924年之后,大学才正式废除预科。可见,随着我国当时教育的不断发展,中学教育质量的不断提升,预科慢慢没有了存在的必要性。

以预科课程形式存在的通识教育,十分重视向学生授以各门学科的基础知识。1917年北京大学文科预科三年的课程包括:国文、英文、德文、法文、本国史、本国地理、西洋文明史、数学、体操、论理学等;理科预科三年的课程包括:国文、英文(文法、读本、作文、文学)、德文(文法、读本)、数学、物理、化学、生物、博物、代数、解析几何、微积分、力学、图画等。可见,这一通识教育课程体系十分注重学生的基础知识教育,以为三年后之大学教育奠定基础。

1917年后,预科改为两年。1919年北京大学两年预科课程分为共同必修和分部必修两类,共同必修课程包括:国文、第一外国语、第二外国语、论理学、哲学概论;在分部必修中,甲部课程包括:数学(二)、物理(二)、化学(二)、博物;乙部课程包括:数学(一)、物理(一)、化学(一)、博物、本国通史、西洋通史、本国人文地理。可见,学生的基础教育依然很受重视。

三、重视共同"基础"的养成

1927年,南京国民政府成立后,在教育上推行"党化教育",实施"三民主义"教育方针。在教育上,要求各级各类教育将"三民主义"贯彻到教育教学中。因此,各大学纷纷设立党义课程(或称三民主义、总理遗教等)、训育课程(或称军事训练)。国民政府企图通过教育,向学生灌输"三民主义"及国民党的政纲或方针,使学生在意识形态上达成共识。这是这一时期通识教育在意识形态上希图学生养成的共同"基础"。

当然,注重学生广博知识的习得是通识教育的最基本目的之一。因此，尽管通识教育在意识形态上向学生灌输"三民主义"，但这并不妨碍通识教育课程继续重视对学生进入专业学习乃至日后长远发展所需的共同的知识"基础"的养成。

总而言之，不管是"三民主义"课程，还是其他方面基本知识的课程，这些通识教育课程的根本目的都在于养成学生的共同"基础"。

四、着眼于"完人"的培养

民国时期的通识教育课程，历经 27 年（1912—1938）的发展，至 1938 年教育部陆续颁布各学院共同必修科目表，已逐渐走向成熟。这不仅表现在通识教育课程体系的建构上，更体现在当时社会各界在通识教育上所达成的共识。这种共识首先体现在通识教育对学生长远发展的作用的认识上，专业教育"咸以专攻易精且有速效多，置普通陶冶于不顾，即便学而有成，亦只为器小易盈之人才"①。因此，"反对整部智识之破裂；尤其在一二年级，须有一种共同课程，为建设作社会活动与自由学问之基础"②。其次，在于各界基本达成大学一、二年级以通识教育为主的共识。其中，一年级课程为全体必修课程，二年级为全体必修课程和各学院全体必修课程。三、四年级才是专业课程。最后，对于各学院学生应给以何种通识教育达成基本共识，其突出表现在于各学院共同必修科目表的陆续颁布。

通识教育课程是通识教育目标达成的载体，通识教育培养"完整的人"的目标在中外通识教育界已成共识。一个成熟的通识教育课程体系，其终极目标必然指向"完人"的养成。这一时期在通识教育课程的设置上，从国家层面规定了学生于每一个领域应该掌握的基本知识、应该具备的社会道德、应该养成的意识形态或社会价值共识。这种人不仅具备渊博的知识，更具有健全的人格，这些正是通识教育所追求的"完人"的终极目标。

---

① 河南大学一览（1930）[G]//李森. 民国时期高等教育史料汇编：第 36 册. 北京：国家图书馆出版社，2014：83-84.
② 河南大学一览（1930）[G]//李森. 民国时期高等教育史料汇编：第 36 册. 北京：国家图书馆出版社，2014：83-84.

第二节 大学通识教育课程结构：
由丰富多样到基本统一

一、初生之物：通识教育课程结构的丰富多样

近代意义上的通识教育课程在我国出现较晚。严格意义上说，1912年之后，我国的大学课程才真正意义上与当时西方大学课程接轨。当时的大学课程体系，既有借鉴和模仿西方的成分，也有结合实际自主设计的成分。民国初期的通识教育课程结构正是在这种背景下，成就了其形态的丰富多样。

1912—1927年的大学通识教育课程结构，可以分三个阶段来分析。其一是1912—1917年，预科阶段。预科阶段的课程都是公共课程，全体学生分为文理两科都需修习。因而，课程结构非常单一，主要为"共同必修科"。其二是1917—1924年，预科+本科阶段。具体而言，在预科二年中，课程结构为"共同必修科+分部必修科+选修科"；在本科一年级，其课程结构为"共同必修科+分组选修科"。其三是1925—1927年，本科阶段。通识教育主要集中在一、二年级。其结构既有"公共必修课+分门必修+选修"的结构，又有"必须科+选修科""公共必修+选修""必修+分组选修"等形式。

综上所述，这一时期大学通识教育课程结构尚处于借鉴与模仿阶段，课程结构丰富多样，且具体科目也极不统一。

二、自由发展：通识教育课程结构的趋于一致

1927—1937年，是我国通识教育稳定发展的10年。其间，南京国民政府颁布了一系列规定，高等教育体质日趋完善。这段时间大学课程设置权力在各个大学，大学可以自行开设课程。这一时期，大学通识教育课程异常丰富，各个大学各自设定其通识教育课程的结构。在逐步摸索与探索的过程中，逐渐形成了具有特色的"主辅系制度"。

主辅系制度，要求学生最迟于三年级须选定一系为主系，再选定另外相关之一系为辅系。其主要目的在于使学生不至于局限于主修专业，使辅系成为学生主系的必要补充。主辅系制度要求学生于主系修习一定学分的课程，同时也要在辅系修习一定的学分。除了主辅系制度对学生课程选习的要求外，还有国家规定的党义、军训、国语、外国语、体育等共同必修课程，要求所有学生必修，此外，各学院还会设置一定的本院共同必修科目，每位学生于选定主辅系之前，均须选修。另外，每所大学都会为学生开设一定的自由选修课程。

因此，课程设置自由化阶段，各大学相互借鉴融合，求同存异，在通识教育课程结构上反而逐渐形成了较为一致的通识教育课程体系，即"共同必修科目＋辅系科目＋自由选修科目"的课程体系。只是不同的大学，对于每一类课程该具体开设哪些科目，几乎不能统一。

三、国家标准：通识教育课程结构的基本统一

课程设置权的下放，使得各所大学的课程极不一致。这一方面不便于国家对大学课程的管理，另一方面，由于课程设置缺乏标准，于每一专业该设置哪些课程极不统一，因此，大学所培养的学生是否合格也没有标准来考察。有的学校课程设置少了，人才培养质量难免不达标；有的学校课程设置多了，学生负担重，学习质量没法保证。

通识教育课程也同样存在这些问题。各学校对于要给学生开设哪些通识教育课程没有统一的标准，显然不利于学生共同基础的养成。甚至一些学校的课程，通识教育与专业教育交织在一起，以至于通专难分。可见，通识教育课程极其繁杂。大学究竟应该教授给大学生哪些人类共同的基础？

基于以上问题，南京国民政府教育部早在1931年10月就着手准备起草大学课程标准，并分成四个步骤：首先，聘请各系专家一人一个月内拟定本系课程标准草稿；其次，教育部聘请同系数名专家集体讨论，审定草稿；然后，请一名专家整理出适用的草稿；最后，由教育部公布课程标准。当时教育部对这件事十分重视，计划用两年时间编制出大学课程及设备标准。但由于此项工作极其复杂，直至1938年也未能完成，

教育部只是颁布了各学院共同必修科目表。

尽管如此,各学院共同必修科目表的颁布,依然具有重要的意义。虽然暂时还不能编制出完整的大学课程标准,对各专业课程进行规定,但至少教育部确定了各学院学生应该共同修习的课程。如此,学生所发展的共同之基础则得以奠定。共同基础既已确定,学生以后发展的必要知识与方法则得到保证。很显然各学院学生共同必须科目所规定的其实就是通识教育课程。

第三节 大学通识教育课程内容: 由重知识传授到智德并重

一、以学科知识为主的通识教育课程

民国初期,大学通识教育课程内容主要是对学科知识的传授。所开设之课程多为各学科基本课程,体现的是某一学科的基本知识。例如,预科阶段的课程基本都有十几门课程,内容遍及语言、历史、地理、生物、化学、物理、数学、哲学等多个领域。究其原因,在于此时的预科实则承担了基础教育中中学部分的课程任务。

1924年预科废除后,由于缺乏全国统一的制度规定,各大学所开设之科目大相径庭。但一般会包括以下科目:国文、英文、社会科学(任选一门)、自然科学(任选一门)、体育。具体到各所学校和各个院系,又会有各自的院系必修与选修。至于该设哪些课程,全由各系自行商定,因此,有些大学或院系通识教育课程内容较为繁重,甚至将部分专业课程也纳入共同必修课程,有些大学几乎没有通识教育课程,直接让学生进行专业课程的选习。

二、重视社会价值共识的培育

1927年,南京国民政府成立后,规定了"三民主义"教育宗旨。"中

华民国之教育，根据三民主义，以充实人民生活，扶植社会生存，发展国民生计，延续民族生命为目的，务期民族独立，民权普遍，民生发展，以促进世界大同。"①要求各类课程中贯彻三民主义。

1931年颁布的《三民主义教育实施原则》规定："关于党义课程者，应以阐扬孙中山先生全部遗教及本党政纲、政策及重要宣言为主要任务；应以理论事实，证明三民主义为完成国民革命，促进世界大同之唯一的革命原理；应依据三民主义，比较批判其他社会主义学说。"②从该规定来看，党义课程的主要内容有三：其一是关于孙中山之"遗教"以及国民党之政纲、政策及重要宣言；其二是对三民主义的理论阐释；其三是对其他社会学说的批判。

此外，训育也是贯彻三民主义的重要手段。训育课程的内容比较繁杂，《三民主义教育实施原则》规定："训育应依据孙中山先生的训导，以确立三民主义的革命人生观；由军事教育、竞技运动等严格的训练，以锻炼强健的体魄及坚忍奋斗之精神；励行学业考查并奖励创作以养成彻底研究的精神；陶冶爱好自然的情绪及崇尚礼乐之美德，以养成优美刚健的人格；应励行'节约运动'，纠正浪费习气，以养成俭朴勤劳之平民生活；由学生自治生活适切之指导，以养成有组织、有规律之习惯；指导各种合作事业之实施，以养成互助合作的精神；鼓励并指导各种服务团体之组织，俾得深入社会内层，从事民众智识之提高与社会利弊之兴革，以养成牺牲的习惯和知识分子应有的责任心；使一律参加孙总理纪念周及其他革命纪念日，以增进爱护党国之精神。"③可见，训育课程对学生的价值观、精神气质、身心健康、社会活动、爱国精神等方面都有涉及。

另外，在社会科学、自然科学课程方面都有相应的规定。例如，《三民主义教育实施原则》中要求社会科学课程"应以三民主义之精神，融

---

① 中华民国教育宗旨及其实施方针[G]//中央教育科学研究所教育研究室.中华民国教育法规选编（1912—1949）.南京：江苏教育出版社，1990：45.
② 三民主义教育实施原则（1931）[G]//中央教育科学研究所教育研究室.中华民国教育法规选编（1912—1949）.南京：江苏教育出版社，1990：53.
③ 三民主义教育实施原则（1931）[G]//中央教育科学研究所教育研究室.中华民国教育法规选编（1912—1949）.南京：江苏教育出版社，1990：53.

贯东西文化之所长；应以中山先生全部遗教，贯通教材，以建立三民主义的社会科学；应精研学理之究竟，以期创造三民主义的文化价值"[1]。可见，通识教育课程在注重知识传授的同时，也重视"三民主义"的价值共识的培育。

三、智德并重的通识教育课程

1938年，各学院共同必修科目表颁布之后，通识教育课程基本统一。总览各学院共同科目表中的课程名目，通识教育的课程内容不外乎三个方面。

其一是关于基本的学科知识的课程。例如，国文、英文、自然科学一门、社会科学一门等。主要目的在于交给学生各个方面的基本知识，使学生对于多方面知识都有所了解，增强学生的见识。

其二是关于意识形态或社会价值共识的课程。例如，三民主义课程。

其三是培养学生道德品行的课程。如，伦理课。这是这一时期通识教育课程一个最大的特点。也是在这一时期，首次从国家层面上规定，所有学生必须修习伦理学课程。可见，这一时期，大学十分注意学生的道德教育。

第四节 大学通识教育课程实施：
由侧重数量到注重质量

一、成型期：快速提升学生的知识水平

在通识教育课程的成型期，通识教育一度承担着高中教育的任务。为了尽快地提升学生的基础知识水平，使其达到进入大学的水准，这一时期的通识教育课程开设了大量的关于各学科基础知识的课程。

---

[1] 三民主义教育实施原则（1931）[G]//中央教育科学研究所教育研究室. 中华民国教育法规选编（1912—1949）. 南京：江苏教育出版社，1990：53.

从当时预科三年的课程来看，不论是文科预科，还是理科预科，学生每年必修科目有 7~9 门。预科改为两年后，学生每年的所修科目依然有 8~9 门。可见，这一时期，学生的课程负担比较重。为了快速培养学生的基础知识和能力，通识教育课程的数量明显偏多。

二、发展期：课程自由化导致科目繁杂

大学课程设置权下放到学校，国家层面上除了意识形态上的课程规定外，关于各个学科的课程设置没有任何规定和限制。在大学课程的实施方面，并没有相关的纲要文件来规范课程的实施。每一学科或学系应该开设哪些课程，每一门课程的课程目标是什么、应该讲授那些内容、如何讲授等，都没有规定和要求。这就给大学通识教育课程的实施创造了自由的空间。因此，这一时期通识教育课程科目繁多。

这一时期，一方面国家和部分社会人士强调大学要多培养专门人才，以尽快服务于国家发展和社会建设；另一方面一部分教育家反对大学过分重视专业课程的教学，排斥专业课程科目的增多。在这种背景下，一方面尽管专业课程受到一定的重视，另一方面大学通识教育课程的数量也没有减少。从当时的主辅系制度可以看出，通识教育的空间异常之大，除了学校层面的共同必修科目，还有学院层面的共同必修科目；甚至到了主系层面，修习了主系课程，还要修习辅系课程。可见，当时的通识教育课程真是"无孔不入"。

三、成熟期：共同必修科目表的规约

首先，各学院共同必修科目表的颁布，从课程数量上对各学院共同必修科目做出了规定。对各学院学生应修之科目及课程学分的明确规定，使得各学院不再有随意开设课程的权力，各学院课程不再盲目靠数量来取胜。

其次，各学院共同必修科目表的颁布，从课程内容上也对各学院共同必修科目做了规定，即各学院学生需要共同掌握哪些内容或知识。这

有利于教师在准备讲义时,抓住主要的知识范围。不至于讲得太远,偏离主题。因此,对授课质量的提升有一定意义。

最后,部颁各学院共同必修科目表,是经过全国各领域顶级专家商讨确定的,存在相当的合理性与权威性。通识教育课程数量上相对合理,且学生所需修习之课程,均由定章规定,标准统一,有利于保证课程质量以及学生的学习质量。

第五节 大学通识教育课程管理:由集中到分散再到集中

一、《大学规程》对各科课程的规定

通识教育课程的成型期,课程管理的权力集中在教育主管部门。各院校实际上没有随意开设课程的权力,各大学课程的开设均须参照《大学规程》的规定。

在预科课程中,《大学规程》就规定,预科分三部,"第一部之科目为外国语、国文、历史、伦理、论理及心理、法学通论……第二部之科目为外国语、国文、数学、物理、化学、地质学及矿物学、图画……第三部之科目为外国语、国文、拉丁语、数学、物理、化学、动物学及植物学。外国语之选习与第一部同,但应以德语为主"[1]。足见,当时的预科课程基本也是参照《大学规程》进行设置的。

此外,《大学规程》对大学各学系应该设置哪些课程均有规定。例如,当时规定中国哲学系应开设下列课程:"(1)中国哲学(《周易》《毛诗》《仪礼》《礼记》《春秋·公、谷传》《论语》《孟子》《周秦诸子》《宋理学》),(2)中国哲学史,(3)宗教学,(4)心理学,(5)伦理学,(6)论理学,(7)认识论,(8)社会学,(9)西洋哲学概论,(10)印度哲学概论,(11)教育学,(12)美学及美术史,(13)生物学,(14)人类及人种学,

---

[1] 教育部公布大学大学规程(1913)[G]//潘懋元,刘海峰.中国近代教育史资料汇编·高等教育.上海:上海教育出版社,1993:369.

(15）精神病学，（16）言语学概论。"①

因此，《大学规程》虽然没有强制各所大学每门课程都要按规定开设，但至少给各大学开设课程提供了参照的标准。

二、大学课程权力的分散

1924 年《国立大学校条例》规定："国立大学校各科各学系及大学院各设教授会，规划课程及其进行事宜。各以本科本学系及大学院之正教授、教授组织之。各科系规划课程时讲师并应列席。"②从此，大学课程设置开始自由化。

这一时期，大学课程开设不再有相关规定之限制。大学各院系自行设置课程，甚至不同学校同一学院所开设的课程都不太一样。表 6-1、表 6-2 为河南大学与私立大夏大学文学院共同必修科目。

表 6-1 1930 年河南大学文学院共同必修课程③

学年	课目	学分	备注
第一学年	国文	6	
	外国文	6	
	自然科学	4	
	党义	2	
	军事训练	3	
第二学年	国文	6	
	外国文	6	
	物理、化学	6	分学期学习
	党义	2	
	军事训练	3	

---

① 教育部公布大学规程[G]//璩鑫圭，唐良炎. 中国近代教育史资料汇编·学制演变. 上海：上海教育出版社，1991：697-711.
② 国立大学校条例[J]. 教育公报，1924（3）：1-3.
③ 河南大学一览（1930）[G]//李森. 民国时期高等教育史料汇编：第36册. 北京：国家图书馆出版社，2014：111-112.

表 6-2　1930 年私立大夏大学文学院共同必修科目（不分系）[①]

科目	绩点	
	上学期	下学期
基本国文	3	3
英文	3	3
社会学	3	3
哲学	3	3
经济学	3	3
政治学	3	3
物理或化学	4	4

由表 6-1、表 6-2 可知，即便是相同的学院，在不同的大学，其课程开设也大不相同。

三、大学课程权力的再次集中

1938 年 9 月，教育部召开第一次全国课程会议，拟订并通过了"文、理、法三学院共同科目表"，并予正式公布，各校从当年入学的一年级新生开始实施。同年 10 月，公布农、工、商各学院分院共同科目表，并规定从当年入学的新生开始执行。1944 年 8 月，教育部召开第二次大学课程会议，修订了文、理、法、师四个学院的共同必修科目表，同年 9 月公布，并规定自 1944 学年度一年级新生起开始实行。

自此，大学通识教育课程的设置权力再次集中到教育部。统一规定大学各学院共同必修科目意义重大。首先，它有利于国家制定标准来对全国大学课程进行统一的管理。如果各大学课程不统一，国家对大学课程的管理则难以实现。其次，规范了各学校的课程设置，保证了各院系课程设置的科学性和合理性。改变了以往大学课程繁杂的局面，保证了课程的质量。最后，便于对大学培养的人才的考核。学生所习课程统一，才能用统一标准来进行评判。"一般大学科目的设置，力求统整与集中，

[①] 私立大夏大学一览（1930）[G]//李森.民国时期高等教育史料汇编：第 25 册.北京：国家图书馆出版社，2014：101.

使学生对于一种学科的精要科目能充分学习、融会贯通，琐细科目一律删除。"①这也有利于提升大学人才培养的质量。

第六节　大学通识教育课程评价：由关注考试成绩到注重学习质量

一、课程评价制度的初步成型

通识教育课程成型期，随着课程体系的逐步成型，对于课程的评价也显得越来越重要。各大学在探索过程中，课程评价制度也慢慢初步成型。从当时的情况来看，课程评价的类型、课程评价的手段、课程评价的标准都逐渐形成定章。

当时的课程评价类型主要包括平时测试、学期测试、毕业考试。课程评价的手段主要是笔试、口试、实验等。课程评价的标准主要是依据学生分数划分等级，学生成绩依据前三项之平均分高低分为五个等级，甲等（90～100分）、乙等（80～89分）、丙等（70～79分）、丁等（50～69分）、戊等（0～49分）②。

此外，对于学生请假、旷课、补考等也做出了相关规定。"学生于一学期中旷课逾15时者扣1学分，若继续旷课在15小时以上者，每5小时扣1学分。凡学生旷课逾两星期者，该学程教师得不准其应学期考试。"③"考核等级为丁等者，为不及格，但可以在下学年秋季开学时补考一次。四年级学生第一学期成绩列入丁等者，于第二学期春假时特予补考一次，补考不到或考后仍不及格者则须重习。列戊等者必须重习，不得补考。"④

---

① 熊明安. 中国近现代教学活动史[M]. 重庆：重庆出版社，1999：154.
② 光华大学章程（1926）[G]//李森. 民国时期高等教育史料汇编：第27册. 北京：国家图书馆出版社，2014：48-49.
③ 光华大学章程（1926）[G]//李森. 民国时期高等教育史料汇编：第27册. 北京：国家图书馆出版社，2014：48-49.
④ 光华大学章程（1926）[G]//李森. 民国时期高等教育史料汇编：第27册. 北京：国家图书馆出版社，2014：48-49.

二、课程评价制度的完善

这一时期的课程评价制度在继承上一时期相关定章的基础上,有所补充和完善。主要表现在考试时间的规定上、考试方式的完善上、考试类型以及考试范围的规定等方面。

在考试时间上,平时考试,由教师随机随时举行的考试,但有的学校有时间和次数限制,"平时考试每月一次或每周一次,由教授自定"①。有的学校则不限制,"临时考试由主讲教授定之"②。学期考试,即每学期期末按照学校校历之规定时间举行的考试。毕业考试"于最后一学期将终时举行,分笔试与口试二种,由考试委员会主持"③。

在考试方式上,增加了报告、实验、实习等。"平日试验,由教员随时举行,作文、报告、测验、口试等均属之。"④考试时必须由担任该课目之教员亲临监考,若教员遇特别事故不能到场监考,得由院长派人代理。⑤实习科目,其平时绩分计实习绩分平均不及格者,不准补考。⑥

在考试类型上,增加了编级考试、转院考试及转系考试等。转校或转院的学生,除应受转入校或院"规定之初试外,并须受编级考试,其考试课目,由转入学校或院系酌定之。编级考试转院考试转系考试,均于第一学期开课后二星期内举行之,每学年以举行一次为限"⑦。

另外,关于考试的范围,部分学校也做了规定,例如,有学校规定所有必修科目都属于考试范围,毕业考试课目最低不少于五种等。

---

① 安徽省立大学一览(1929)[G]//李森.民国时期高等教育史料汇编:第33册.北京:国家图书馆出版社,2014:296.
② 私立岭南大学一览(1934)[G]//李森.民国时期高等教育史料汇编:第40册.北京:国家图书馆出版社,2014:246.
③ 河南大学一览(1930)[G]//李森.民国时期高等教育史料汇编:第36册.北京:国家图书馆出版社,2014:62.
④ 河南大学一览(1930)[G]//李森.民国时期高等教育史料汇编:第36册.北京:国家图书馆出版社,2014:59.
⑤ 国立中山大学现状(1937)[G]//李森.民国时期高等教育史料汇编:第43册.北京:国家图书馆出版社,2014:200.
⑥ 私立岭南大学一览(1934)[G]//李森.民国时期高等教育史料汇编:第40册.北京:国家图书馆出版社,2014:246.
⑦ 国立中山大学现状(1937)[G]//李森.民国时期高等教育史料汇编:第43册.北京:国家图书馆出版社,2014:199.

三、关注学习质量的课程评价

这一时期的课程评价，在前期的基础上进一步完善并细化。关于考试时间、考试类型、考试方式等方面的规定，与前期大同小异，这里不再赘述。

这一时期，通识教育课程评价的突破之处在于对学生学习质量的关注。这首先表现在国家开始对部分课程的评价标准进行尝试性的阐释和规定。例如，《文、理、法三学院各学系课程整理办法草案》曾提到，"国文须能阅读古文书籍与作通顺文章，外国文须能阅读各学院所习学科外国文参考书才算及格；否则，仍须继续学习，直到达到上述标准才能毕业"[①]。此外，还特别重视自习、讨论、实验、读书笔记等方面的考核。"各科教学，除由教师上课讲授外，对于自习讨论与习作或实验，应同时并重；考试范围除教师讲习材料外，也应包括自习讨论及习作或实验的材料。""各科目应由教师详细规定自习书目与其它参考资料，督令学生按时阅读，并作札记；文法学院学生应研究古今名著，每科一种或数种；课间并宜举行讨论。"同时，对于学生的习作、实习报告等平时作业，教师要按时批改。"各科目须确实规定学生习作或实习次数，凡习作与实习报告应由教师按期批阅。"

可见，这一时期课程评价更关注学生学习过程，反映了课程评价不仅关注学生考试的分数，也关注学生在学习过程中的收获和体验，体现了对学生学习质量的关注。因为，仅仅依据几次终结性考试是不能对学生进行全方位评价的。

---

① 熊明安. 中国近现代教学活动史[M]. 重庆：重庆出版社，1999：155.

第七章 大学通识教育的模式演变与反思（1912—1948）

考察民国时期大学通识教育演变的历程，不难发现，民国时期的大学通识教育大体经历了三个发展阶段。每个阶段因其所处的历史背景不同，通识教育发展呈现出的特点也有所不同。在不同的发展阶段，分别形成了相对稳定的通识教育模式，分别是：预科模式、主辅系模式、共同必修科目模式。同时，纵览民国时期大学通识教育的模式演变历程，也有诸多方面值得反思。

第一节 大学通识教育的模式演变

一、通识教育的"预科模式"

1912—1913年，北京国民政府先后颁布了两个重要文件：《大学令》和《大学规程》。这两个文件首先明确了大学的教育宗旨，即"教授高深学术，养成硕学闳材"，这个宗旨体现了鲜明的通识教育理念。其次，它规定了大学必须附设预科，这就形成了大学"三年预科+三年本科"的修业模式。最后，它规定了大学的具体学科，特别是每一学科的基本课程设置，为大学开设课程提供参考标准。其后，1917年又颁布《修正大学令》，这个文件规定"大学本科修业年限四年，预科二年"，由此又形成了大学"二年预科+四年本科"的修业模式，直到1924年《国立大学校条例》颁布，预科才真正从大学剥离出来。（见表7-1）

表 7-1　民国初年颁布的文件及相关内容

时间	文件	相关规定
1912 年	《大学令》	大学预科必须附设于大学之中，不得单独设立，以保证大学生源的质量。同时，规定大学预科修业 3 年，大学本科修业 3～4 年①
1913 年	《大学规程》	对《大学令》的补充完善
1917 年	《修正大学令》	对大学的规格、修业年限、教学组织机构等方面做了一些新的调整。规定"大学本科之修业年限四年，预科二年"②
1922 年	《壬戌学制》	规定大学修业年限为 4～6 年，大学采用选科制③
1924 年	《国立大学校条例》	基本认同了新学制的规定，同时废除了《大学令》和《大学规程》，规定大学不再附设预科④

当时大学预科分为三部。"第一部为志愿入文科、法科、商科者设之，科目为外国语、国文、历史、伦理、论理及心理、法学通论。在志愿入文科者，外加经济通论。在志愿入文科之哲学门者，外加数学、物理；第二部为志愿入理科、工科、农科并医科之药学门者设之，科目为外国语、国文、数学、物理、化学、地质学及矿物学、图画。在志愿入农科及医科之药学门、理科之动物学门、植物学门、地质学门者，外加动物学及植物学。在志愿入工科之土木学门、机械学门、电气工学门、采矿学门、冶金学门、造船学门、建筑学门，理科之数学门、物理学门、星学门，农科之农学门、农艺化学门、林学门者，外加测量学；第三部为志愿入医科之医学门者设之，科目为外国语、国文、拉丁语、数学、物

---

① 教育部公布大学令[G]//璩鑫圭，唐良炎. 中国近代教育史资料汇编·学制演变. 上海：上海教育出版社，1991：663.
② 教育部公布修正大学令[G]//璩鑫圭，唐良炎. 中国近代教育史资料汇编·学制演变. 上海：上海教育出版社，1991：815.
③ 大总统颁布施行之学校系统改革案[G]//璩鑫圭，唐良炎. 中国近代教育史资料汇编·学制演变. 上海：上海教育出版社，1991：989-993.
④ 国立大学校条例[J]. 教育公报，1924（3）：1-3

理、化学、动物学及植物学"①。

严格来说，当时我国近代意义上的大学尚在萌芽阶段，以欧美为代表的近代大学教育制度在我国尚未成型。这一阶段，大学通识教育实践主要体现在预科阶段。下以1917年北京大学文、理预科课程为例做一分析。（见表7-2）

表7-2 北京大学1917年文、理预科课程②

文科预科			理科预科		
年级	科目	周课时	年级	科目	周课时
一年级	英文或德文	10	一年级	国文	3
	国文	7		英文文法	3
	本国史	4		英文读本	3
	本国地理	3		英文作文	3
	西洋文明史	3		数学	9
	数学	3		物理	3
	体操	2		化学	3
二年级	英文	10		博物	2
	国文	7	二年级	国文	3
	法文	4		英文作文	3
	本国史	2		英文文学	3
	本国地理	2		德文文法	2
	西洋文明史	3		德文读本	3
	数学	3		代数	3
	体操	2		解析几何	2

---

① 舒新城. 中国近代教育史资料：中册[M]. 北京：人民教育出版社，1981：657-658.
② 王学珍，郭建荣. 北京大学史料：第2卷[M]. 北京：北京大学出版社，2000：1049-1051.

续表

文科预科			理科预科		
年级	科目	周课时	年级	科目	周课时
三年级	英文	7	三年级	国文	3
	法文	4		英文作文	3
	国文	7		英文文学	3
	本国史	2		德文文法	2
	西洋文明史	3		德文读本	3
	数学	3		微积分	4
	论理学	2		物理	2
				物理实习	2
				力学	1
				化学	2
				化学实习	2
				图画	3

由表 7-2 可见，这一阶段的预科课程涉及的内容十分广泛，具有通识教育的性质。这一阶段的通识教育课程（预科课程）具有以下特点：第一，文、理预科共同科目仅有国文、外语、数学三门。第二，重视语言学科，尤其重视外语。无论文、理预科，三年中都有国文课程。文预科除了对英语有大量的课时要求之外，还另外要求修习德文和法文，相当于有三门外语的要求。理预科主要是英文和德文，其中分类较细，英语分为文法、读本、作文和文学四种不同课型，德文分为文法和读本两种课型。第三，重视数学课程的学习。文、理预科都比较重视数学课程的学习，理预科尤甚。第四，重视服务专业教育的基础课程的学习，这一点从预科课程表可以看出来。文预科课程侧重历史、地理、论理（逻辑）学等文史哲课程的学习；理预科课程侧重数学、物理、化

学、博物、力学等基础课程的学习，同时，还开设了相应的实习和图画课程。

1917年，《修正大学令》颁布后，按照《修正大学令》的规定，"大学本科修业年限四年，预科二年"①。预科和大学修业年限的调整使得大学课程结构有所变化。以北京大学为例，北大从1919—1920学年开始实施新制。新制规定"大学预科二年，自为一级……本科四年为一级……惟习完六年者得毕业文凭，其习完预科者得修业文凭"。"预科之课程以语言文字及论理学大意、哲学概论等为共同必修科，全体同习之。此外为分部必修，分为甲乙两部。甲部稍偏重数学物理，乙部稍偏重历史地理等科。随学生性质所近，任择一部习之"。"大学本科第一年之课程，以大学学生所不可少之基本学科及在预科所曾习之外国语为共同必修科，全体同习之。此外为选修科，分为五组，每组各有所偏重，令学生随性之所近于一组内选习八或十一单位，以为一年后之专习一系之预备。""第一组：数学、物理、天文等；第二组：生物、地质、化学等；第三组：哲学、心理学、教育学等；第四组：中国文学、英文学、德文学、法文学等；第五组：史学（政治、经济、法律）等"②。

由以上表述可以看出，这一阶段北大通识教育主要通过预科（两年）的共同必修科和分部必修科、本科第一年的共同必修科和分组选修科来实施的，总共历时二年。在预科两年的学习中，学生学完共同必修科，将根据自身的兴趣和特征，在甲、乙两部中选择一部来学习，其中甲部稍偏重数学物理，乙部稍偏重历史地理。在本科一年级，学生修完共同必修科，将根据自身性质，在五组课程中选择一组课程继续学习。下面以北京大学1919—1920学年预科及本科一年级课程设置为例做一具体分析。（见表7-3）

---

① 教育部公布修正大学令[G]//璩鑫圭，唐良炎. 中国近代教育史资料汇编·学制演变. 上海：上海教育出版社，1991：815.
② 尚小明. 抗战前北大史学系的课程变革[J]. 近代史研究，2006（1）：115-133.

表 7-3　1919—1920 学年北京大学预科课程①

科目类别	第一年		第二年	
	科目	周学时	科目	周学时
共同必修科	国文（模范文、学术文、文法）	5	国文（模范文、学术文、文法）	5
	第一种外国语（读书、文法及作文）	7	第一种外国语（读书、文法及作文）	7
	第二种外国语	3	第二种外国语	3
	论理学大意	1	哲学概论	1
分部必修科（甲部）	数学（二）	5	数学（二）	5
	物理（二）	2	物理（二）	2
	化学（二）	2	化学（二）	2
	博物	1	博物	1
分部必修（乙部）	数学（一）	2	数学（一）	3
	化学（一）	2	物理（一）	2
	博物	1	博物	1
	本国通史	3	西洋通史	3
	本国人文地理	2	物理实验	2
选修科			化学实验	2
			图画	2
			法学通论	3
			经济通论	3
			文字学	2

从表 7-3 可以看出，北京大学预科课程体系为"共同必修科 + 分部必修科 + 选修科"。这一阶段的预科课程体现出了较强的通识性质。首先，它设置了全体学生都需修习的共同必修科目，分别是：国文、第一种外国文、第二种外国文、论理学大意、哲学概论。其次，在分部必修课程

---

① 王学珍，郭建荣. 北京大学史料：第 2 卷[M]. 北京：北京大学出版社，2000：1092-1093.

中，虽然甲、乙两部所习课程有所差异，但两部学生都需要修习数学、物理、化学、博物四门课程。最后，预科课程还为全体学生设置了部分任意选习的课程，照顾了学生的个性发展。

纵观这一阶段的预科通识教育体系，不难发现以下特征：第一，重视语言学科课程的学习。除了对国文的要求外，还要求学生掌握两种外语。第二，重视数学、博物课程的学习。无论甲、乙两部，两年时间都需要修习这两门课程。第三，重视自然科学课程的学习。所开设课程中人文社科类课程较少。总体而言，这一阶段的预科课程兼顾了人文、社会、自然科学方面的知识，但略偏重自然科学课程和语言学方面课程。

综上所述，民国初年大学通识教育主要是通过预科来实施的。虽然1917年之后本科第一年也分担了部分通识教育的任务，但主要还是在预科阶段完成的。从1919—1920年的北大预科课程来看，包括共同必修课程和分部（分组）必修课程。这种通识教育模式，是一种基于共同必修基础上的有限制的自由选修。一方面，所有学生都要修习一定的共同课程，另一方面通过选科制与学分制的结合，学生可以自由选修部分课程，但为了防止学生所选课程过于分散或过于简单，又要求学生必须在某一领域集中选习一部分课程。

二、通识教育的"主辅系模式"

1922—1923年新学制颁布后，特别是1924年《国立大学校条例》颁布后，《大学令》与《大学规程》被废止。《国立大学校条例》明确规定"大学不再附设预科"。大学不再附设设立预科，意味着大学课程得重新规划和设计，原本在预科阶段进行的通识教育不得不挪到大学教育阶段。同时，《国立大学校条例》规定"国立大学校各科各学系及大学院各设教授会，规划课程及其进行事宜。"①由此大学课程制定权落到各科系，大学课程设置遂开始自由化。1929年7月国民政府公布《大学组织法》，规定"大学修业年限，医学院五年，余均四年"②。

---

① 国立大学校条例[J]. 教育公报，1924（3）：1-3.
② 大学组织法[G]//中央教育科学研究所教育研究室. 中华民国教育法规选编（1912—1949）. 南京：江苏教育出版社，1990：415-418.

1929年8月14日国民政府教育部颁布新的《大学规程》。《大学规程》是对《大学组织法》的必要补充与完善。大学规程对通识教育的规约主要体现在它基本规定了大学通识教育的课程结构。《大学规程》第七条规定,"大学各学院或独立学院各科学生(医学院除外),从第二年起,应认定某学系为主系,并选定他学系为辅系。"①这一规定说明,在大学第一年,各学院学生并不分系,于第二年才开始分系,并要求学生选定主系之外,再选择其他学系为辅系。这就是民国时期施行的"主辅系"制度。同时,针对第一年不分系的学生,《大学规程》第八条又规定,"大学各学院或独立学院各科,除党义、国文、军事训练及第一第二外国文为共同必修课目外,须为未分系之一年级设基本课目。"②这一规定有两个要点,其一,规定了全校所有学生应修的共同必修科目;其二,要求各学院为一年级学生开设基本科目,即各学院的共同必修科目。

自此,《大学规程》将大学的整体课程结构基本勾勒出来,可以概括为"校共同必修科目+院共同必修科目+主系科目+辅系科目+自由选修科目";但是,《大学规程》没有明确各院系的共同必修科目究竟应该有哪些,这也导致了各院系乃至不同大学的相同院系的共同必修科目也都大相径庭。

这一时期,清华大学在对全校学生设置共同必修课程的时候,除了将《大学规程》中规定的党义、国文、外国语、军事训练等课程纳入之外,在其他课程方面考虑到了文理均衡的需要,设置的课程中,人文、社会与自然科学兼顾,要求学生在人文社会科学课程(政治、经济、社会、历史、现代文化)、自然科学课程(物理、生物、化学、逻辑)中各选一门进行学习。(见表7-4)

---

① 大学规程(1929)[G]//中央教育科学研究所教育研究室.中华民国教育法规选编(1912—1949).南京:江苏教育出版社,1990:407.
② 大学规程(1929)[G]//中央教育科学研究所教育研究室.中华民国教育法规选编(1912—1949).南京:江苏教育出版社,1990:407.

表 7-4　清华大学 1929—1930 年各学系共同必修课程[①]

科目	学分
国文（第一年必修）	6
英文（第一年必修）	6
物理、生物、化学、逻辑 （四选一，于第一年或第二年修习）	10、8、8、8
政治、经济、社会、历史、现代文化 （五选一，于第一年或第二年修习）	6、6、6、6、6
体育（必修四年，每年 2 学分）	8
军事训练（第一、第二年必修，每年 3 学分； 第三、第四年选修，学分不详）	6
党义	不详

具体到各个学系的课程，也体现了鲜明的通识教育倾向。以下为清华大学哲学系的共同必修科目。（见表 7-5）

表 7-5　清华大学哲学系 1929—1930 年课程[②]

年级	科目	学分	备注
第一年	国文	6	
	英文	6	
	论理或物理、生物、化学	8	任选一门
	政治、历史、经济、社会、现代文化	6	任选一门
	哲学概论	4	
	第一年德文或法文	8	
第二年	中国哲学史	6	
	西洋哲学史	6	
	普通心理学	6	
	论理或物理、生物、化学	8	任选一门
	第二年德文或法文	8	
	他系课程	4	

[①] 国立清华大学本科学程一览（1929—1930）[G]//李森.民国时期高等教育史料汇编：第 2 册.北京：国家图书馆出版社，2014：241-242.
[②] 国立清华大学本科学程一览（1929—1930）[G]//李森.民国时期高等教育史料汇编：第 2 册.北京：国家图书馆出版社，2014：267-269.

续表

年级	科目	学分	备注
第三、四年	伦理学	4	
	美学	4	
	知识论	4	
	形上学	4	
	印度哲学概论	4	
	哲学专题或专家研究	24	
	他系课程	32	

清华大学哲学系的通识教育主要体现在共同必修科目和大量的跨系选修科目上。具体而言有以下特点：第一，较为重视自然科学课程的学习。自然科学类课程（论理或物理、生物、化学）在一、二年级都要求修习，且学分很高，共计16学分。第二，重视他系课程的修习。清华大学哲学系学生四年内要求修习他系课程达36学分之多。这实质上也是"主辅系"制度的具体体现。

应该说，这一时期的大学通识教育的实践探索十分丰富，通识教育并非仅仅依靠"主辅系"制来施行。从清华大学的课程设置来看，全校性的共同必修科目和各学院的共同必修科目都具有通识教育的意蕴。之所以将这一时期的通识教育模式概况为"主辅系模式"，主要基于以下几点考虑：其一，这一时期虽然各大学的全校性共同必修科目和各院系的共同必修科目都具有通识教育的意蕴，但由于这一时期大学课程设置"自由化"，各大学的共同必修科目并不一致。因此，不便总结归纳出一个普遍的模式。其二，"主辅系"要求学生在大学二年级选择主系的同时，还要选择一个其他系作为辅系，这其实正是大学重视通识教育的一个重要缩影和体现；并且"主辅系"是由当时政府文件明文规定，各个大学都遵照执行的一项制度。因此，本文采用"主辅系模式"来概述这一时期的大学通识教育模式。

三、通识教育的"共同必修科目"模式

1938年,南京国民政府教育部开始整理大学的课程设置。1938年春,南京国民政府教育部邀请各个领域的知名专家及各大学知名教授,商讨拟订了《文、理、法学院各学系课程整理办法草案》,并对大学的课程设置做了原则性规定:"第一,规定统一的标准。从规定必修科目入手,选修科目暂不完全确定,仍留各校斟酌变通的余地。第二,注重基本训练。先注意于学术广博基础的培养,文、理、法各科的基本学科为共同必修,然后专精一科,以求合于由博返约之道,使学生不因专门的研究而有偏固之弊。第三,注重精要科目。一般大学科目的设置,力求统整与集中,使学生对于一种学科的精要科目能充分学习、融会贯通,琐细科目一律删除。"①

《文、理、法学院各学系课程整理办法草案》除了详细规定整理课程的基本原则之外,还强调"全国大学各院系必修及选修课程,一律在部规定的范围内,参照实际需要,斟酌损益。大学各学院第一学年,注重基本科目,不分学系;第二学年起分系;第三四学年按各院系的性质酌设实用科目,以为出校后就业的准备"②。

1938年9月,南京国民政府教育部召开第一次全国课程会议,拟订并通过了"文、理、法三学院共同科目表",要求各高校从当年入学的一年级新生开始实施。同年10月,南京国民政府教育部又公布"农、工、商各学院分院共同科目表",并规定从当年入学的新生开始执行。共同必修科目表对大学生必修的共同课程做了细致的规定和要求。

1942年5月,南京国民政府教育部又"将伦理学一科纳入各高校学生共同必修科目之中,作为一年级学生的共同必修课程"③。1944年8月,南京国民政府教育部修订了文、理、法、师四个学院的共同必修科目表,新修订的共同科目表中"正式列入三民主义和伦理学课程;将西洋通史改称世界通史;同时,文学院社会科学课程中增加了社会科学概

---

① 熊明安. 中国近现代教学改革史[M]. 重庆:重庆出版社,1999:154.
② 熊明安. 中国近现代教学改革史[M]. 重庆:重庆出版社,1999:154-155.
③ 熊明安. 中国近现代教学改革史[M]. 重庆:重庆出版社,1999:155.

论和法学概论两科，自然科学课程中增加了科学概论、普通心理学及地学通论等科目；法学院的自然科学课程中也增列了科学概论、普通心理学和地学通论科目"[①]。自此，大学共同必修科目基本确定。以下为当时文、理两个学院的共同必修科目表（见表7-6、表7-7）。

表7-6　文学院共同必修科目表[②]

科目＼学分	第一学年		第二学年		备注
	第一学期	第二学期	第一学期	第二学期	
三民主义	2	2			
国文	3	3			
外国文	3	3			
中国通史	3	3			
哲学概论	2	2			
科学概论	3	3			选习一种
普通数学					
普通物理学					
普通化学					
普通心理学					
普通地质学					
地学通论					
伦理学			3		
世界通史			3	3	
理则学				3	
社会科学概论			3	3	选习一种
法学概论					
政治学					
经济学					
社会学					

---

① 熊明安.中国近现代教学改革史[M].重庆：重庆出版社，1999：155.
② 霍益萍.近代中国的高等教育[M].上海：华东师范大学出版社，1999：249.

表 7-7 理学院共同必修科目①

科目＼学分	第一学年		第二学年		备注
	第一学期	第二学期	第一学期	第二学期	
三民主义	2	2			
国文	3	3			
外国文	3	3			
中国通史	3	3			
普通数学微积分	3-4	3-4			
普通物理学	3	3	3	3	选习二种，必要时得同在第一学年设置，每科6~10学分
普通化学					
普通生物学					
普通心理学					
普通地质学					
地学通论					
伦理学			3		
社会科学概论			3	3	选习一种
法学概论					
政治学					
经济学					
社会学					

与此同时，南京国民教育部还颁布各学院分系必修及选修科目表。至此，南京国民政府基本完成了对大学课程的整理工作，并统一了大学的共同必修科目及分院分系必修、选修科目，大学课程重新得以统一。

综上所述，这一时期的大学课程变革具有以下特点：其一，统一了大学课程设置标准，结束了大学课程自由散乱的局面。其二，大学通识教育主要依托共同必修科目来实现。其中，所有学生都必须修习的科目包括：国文、外国文、党义、伦理、体育。另外文、理、法、师范学院还需要修习：中国通史、世界通史、理则学、哲学概论、自然科学之一门、社会科学之一门等课程。农、共、商学院偏于应用，但大体都会要

---

① 霍益萍．近代中国的高等教育[M]．上海：华东师范大学出版社，1999：250-251．

求学习数学、经济学等科目。其三，各界基本达成共识，大学一、二年级应重在学生共同基础的养成，施行通识教育，三、四年级方使学生专于某一专门领域。

第二节 大学通识教育模式演变的反思

民国时期大学通识教育的模式演变有其自身的逻辑。分析总结民国时期大学通识教育模式演变的规律，反思其优势与不足，对当今大学的通识教育改革有一定的启示和借鉴作用。

一、顶层设计是通识教育发展的方向引领

顶层设计为通识教育的发展指明方向。同时，它也表明了通识教育在整个高等教育体系中的地位，是通识教育发展和变革的重要依据。民国时期大学通识教育的顶层设计主要体现在三个方面。

第一，在国家层面，大学宗旨对大学教育的规约。1912年颁布的《大学令》将大学宗旨阐述为"大学以教授高深学术，养成硕学闳材，应国家需要为宗旨"[①]。这一宗旨将大学与专门教育区别开来，大学教授学生以高深学问，其目的在于使学生成为"硕学闳材"。这与通识教育致力于培养博学多能、健全人格的人的目标如出一辙。1938年南京国民政府颁布《各级教育设施之目标及施教之对象》，要求："大学教育，应为研究高深学术、培养能治学、治事、治人、创业之通才与专才的教育。"[②]也就是说大学既要培养通才，也要培养专才，但是，通才与专才的前提则是"能治学、治事、治人、创业"。这样的一个"人"，无疑近乎是一个"完整的人"了。这与通识教育的理念一脉相承。

第二，在学校层面，大学课程目标对课程的规定。民国时期，众多

---

① 教育部公布大学令[G]//璩鑫圭，唐良炎. 中国近代教育史资料汇编·学制演变. 上海：上海教育出版社，1991：663.
② 熊明安. 中华民国教育史[M]. 重庆：重庆出版社，1990：198.

大学一、二年级课程开设的根本目的,乃是为学生今后的专业研究打下基础。除了这一最终目标外,还希望借助一、二年级的通识教育将学生培养成"博古通今"的"博雅之人"。清华大学西洋文学系在阐述其课程编制的目的时,明确指出"为使学生得能成为博雅之士,了解西洋文明之精神,熟读西方文学之名著,谙习西方思想之潮流……创造今世之中国文学,汇通东西之精神思想而互为介绍传布"①。这一目标对大学通识教育的发展产生重要影响。

第三,在课程结构上,通专结合,先通后专。1929年《大学规程》第七条规定,"大学各学院或独立学院各科学生(医学院除外),从第二年起,应认定某学系为主系,并选定他学系为辅系"②。同时,针对第一年不分系的学生,"大学各学院或独立学院各科,除党义、国文、军事训练及第一第二外国文为共同必修课目外,须为未分系之一年级设基本课目"③。自此,《大学规程》将大学的理想课程结构基本勾勒出来。从1938年开始,国民政府逐渐颁布各学院共同必修科目表,规定各个学院的基本课程设置,大学课程结构基本定型。这些文件或举措是民国时期大学通识教育发展的重要依据。

二、人的发展是通识教育改革的本质旨归

从民国时期大学通识教育的历次变革来看,"人的发展"是其永恒不变的主题。也就是说,不管通识教育怎么变革,它的核心问题都是在解决"培养什么样的人"的问题。

1912年,《大学令》中将大学人才的培养标准定义为"硕学闳材"。正如当时史学系课程指导书中所言,史学系之课程,"就史学应有之常识,务求设备完全。至于得此常识以后,欲专研究人类全史,以成所谓世界

---

① 清华一览(1927)[G]//李森.民国时期高等教育史料汇编:第2册.北京:国家图书馆出版社,2014:40-41.
② 大学规程(1929)[G]//中央教育科学研究所教育研究室.中华民国教育法规选编(1912—1949).南京:江苏教育出版社,1990:407.
③ 大学规程(1929)[G]//中央教育科学研究所教育研究室.中华民国教育法规选编(1912—1949).南京:江苏教育出版社,1990:407.

史或普通史；或专研究一国史……或专研究学术史，则任各生之志愿。此则大学院或研究所之责任，而非本系四年内所能谋及"①。这段表述鲜明地反映了当时史学系广大教师的通识教育思想。

1938年颁布的《各级教育设施之目标及施教之对象》中指出"大学教育，应为研究高深学术、培养能治学、治事、治人、创业之通才与专才的教育"②。从当时文、理两学院的通识课程设置来看，所涉知识面非常广，人文、社会、自然科学等方面都有涉猎。不仅如此，这一时期各大学都必须开设伦理学一科，足见对学生道德教育的重视。因此，从课程设置来看，通识教育不仅注重学生宽广的基础知识的学习与涉猎，也重视学生道德品格的养成。

从学生的发展来看，不论选择哪一领域和何种职业，其发展必须要有一些共同的必要的基础之储备，这是通识教育要解决的问题。"轻于基本而重于专门，先于专门而后于基本，则学生先已乱其门径，研究学术，安得有济。"③ "因学科日益完备，咸从学科本身尽量发展，学校地位愈高，愈去实际整个生活日远；专就一种学科言，诚然于文化上有相当贡献，从学者本身方面观察，不免有所学非所用之失……因教课惟以灌输智识为主，就学业言，不能必其确实领会；就全体生活言，教学不能给予以若何影响，所以学生受教愈深，戕贼其活动力愈甚，而学校中所谓最好学生，往往不能为社会最有用之人才"④。因此，大学教育不能"只是在造专家，它的毛病又往往是太闭塞"，也不能"是在造成通达的人，它的流弊常常是太空泛"⑤。大学要培养"不空泛的通人，不闭塞的专家"。所以通识教育的变革，其主要目的在于促进人的发展，在于培养健全的人。因此，在课程设置上，"一方面每一系每一年级都有各系基本的

---

① 王学珍，郭建荣. 北京大学史料：第2卷[M]. 北京：北京大学出版社，2000：1049-1051、1092-1093、1125.
② 各级教育设施之目标及施教之对象（1938）[G]//中央教育科学研究所教育研究室. 中华民国教育法规选编（1912—1949）. 南京：江苏教育出版社，1990：68.
③ 河南大学一览（1930）[G]//李森. 民国时期高等教育史料汇编：第36册. 北京：国家图书馆出版社，2014：83-84.
④ 河南大学一览（1930）[G]//李森. 民国时期高等教育史料汇编：第36册. 北京：国家图书馆出版社，2014：83-84.
⑤ 国立武汉大学一览（1935）[G]//李森. 民国时期高等教育史料汇编：第36册. 北京：国家图书馆出版社，2014：331.

特殊的科目，另一方面每一年级都有机会选修相关的课目，而且在一二年级时设有多少公共的课目"①。可见，通识教育的改革，意在着眼于学生的长远发展。

三、社会发展是通识教育变革的必要依据

尽管通识教育变革的着眼点在于促进"人的发展"，但通识教育的每次变革又或多或少地被打上了时代的烙印。社会的发展和需求也在一定程度上影响着通识教育的发展与变革。

民国初年大学教育的通识性质，一方面源于我国古代教育的"通识"传统，另一方面在于当时的"预科"教育还担负着培养合格的"准大学生"的任务。"先秦儒家心目中的所谓'教育'，并不是一种以专业训练为导向的教育，而是一种现代人所说的'通识教育'。"②可见，我国自古就有通识教育的传统。民国初年，现代大学教育体系被引入中国，当时整个教育系统都处于变革之中，大学一时难以招收到合格的生源，因此，"预科"应运而生。"预科"给予学生进入大学应具备的各个领域的基本知识训练。

1929年《大学组织法》规定，"大学以研究高深学术养成专门人才。"③各大学随即也纷纷调整自己的培养目标。"以培养专门人才，研究高深学术，适应社会需要为宗旨。"④"大学以融汇中外文化，研究深邃学术，养成高尚人格，造就专门人才为宗旨。"⑤培养"专门人才"的目标，与当时的大背景不无关系。一方面社会经济的发展、国家的振兴，都需要各种专门人才的贡献，大学理应"阐扬文化，讲求学理，达之实用，以

---

① 国立武汉大学一览（1935）[G]//李森.民国时期高等教育史料汇编：第36册.北京：国家图书馆出版社，2014：331.
② 黄俊杰.大学通识教育的理念与实践[M].武汉：华中师范大学出版社，2001：71.
③ 大学组织法[G]//中央教育科学研究所教育研究室.中华民国教育法规选编（1912—1949）.南京：江苏教育出版社，1990：417.
④ 金陵大学文理科概况（1928—1929）[G]//李森.民国时期高等教育史料汇编：第27册.北京：国家图书馆出版社，2014：578.
⑤ 私立大夏大学一览（1934）[G]//李森.民国时期高等教育史料汇编：第25册.北京：国家图书馆出版社，2014：49.

造成新中国之学者及建设人才"①，另一方面，通识教育的价值在短时间内难以显现。

1938年4月《各级教育设施之目标及施教之对象》要求："大学教育，应为研究高深学术、培养能治学、治事、治人、创业之通才与专才的教育。其学院设置，应以国家的需要为依据。研究院为创造发明、整理学术机关；纯粹学术与应用学术的创造发明，应顾及国家需要分别缓急先后。"②这一要求在大学课程中也得到体现。因此，通识教育的改革深受社会需求的影响。

四、借鉴与创新是通识教育发展的重要路径

民国初年，我国近代意义上的大学初步现形，但如同襁褓中的婴儿，柔弱不堪。我国传统的大学教育模式与近代西方大学教育制度差异很大，这不仅仅体现在学制上的完全不能对接，还体现在课程设置上的不同，加之经学教育的传统，导致我国大学课程实质上是一种融合了诸多学科内容的综合，各种内容交织在一起，并未形成近代意义上的学科门类。这种先天"不足"，导致我国近代大学教育改革与发展困难重重。

民国初年大学课程的开设实质上以借鉴和模仿欧美国家为主。尽管当时大学的学制与课程可以直接借鉴或模仿欧美的现成版本，但在当时的情境下，我国大学教育的发展实则面临着两大重要挑战，其一是来自于学生的，其二是来自于社会现实的。

首先，来自学生的挑战。大学初建，所招的学生实则并没有达到大学的入学水平。也正因如此，我国当时的大学才有三年的预科，1917年改为二年，1924年大学预科才取消。当时的大学预科教育实则担负着高中教育的任务。因而，在课程上，尽管有欧美国家的课程体系可供借鉴，但面对当时的学生，大学办学者不得不将这些课程重新改造和创新，以适宜学生的学习。当时大学教材也多是直接使用欧美国家的教材，特别

---

① 国立中央大学一览（1929）[G]//李森. 民国时期高等教育史料汇编：第29册. 北京：国家图书馆出版社，2014：47.
② 熊明安. 中华民国教育史[M]. 重庆：重庆出版社，1990：198.

是自然科学课程方面的教材，因而，对学生的外语要求就比较高，这也是当时大学预科乃至大学本科都极其重视外语学习的原因之一。

其次，来自社会现实的挑战。一方面，有识之士寄希望于通过教育尽快培养出与世界其他国家水平相当的各类人才，因此，表现在课程上，就是对西方课程体系的借鉴与模仿，企图借用西方成熟的课程体系来培养近代社会需求的高素质人才；另一方面，是我国当时落后的社会经济状况，尽管大学教育借鉴西方的课程体系，培养出了一批近代意义上的大学生，但由于较少考虑本国的实际情形，实质上在当时的情境下，他们没有用武之地。

因此，借鉴其他国家的先进做法，并与我国实际相结合进行合理的创新是大学通识教育发展的重要路径。我们也看到之后的"主辅系"模式，共同必修科目模式，实质上就是结合当时的实际情况对大学课程进行的合理改造。

第八章　大学通识教育课程变革的启示（1912—1948）

课程是学校教育教学的核心，人才培养目标的达成最终要依靠开设相关的课程来实现。2017年2月，中共中央、国务院印发《关于加强和改进新形势下高校思想政治工作的意见》（以下简称《意见》），意见强调要"强化思想理论教育和价值引领""发挥哲学社会科学育人功能"，这些目标和要求专业教育是难以达成。因此，势必要依靠通识教育课程来实现这些目标。然而，反观当前我国大学通识教育课程的现状，在专业教育不断强化的背景下，通识教育课程不仅所占学分偏少，且课程结构合理性欠缺，导致通识教育课程的育人目标难以有效达成。纵观民国时期的大学通识教育课程变革，依然有不少有益的思想和探索值得我们去借鉴和反思。

第一节　大学通识教育课程目标的定位

一、大学通识教育课程目标的多重性

通识教育是相对于专业教育而言的，从广义上讲，专业教育而外的一切教育都应该算作是通识教育。这就决定了通识教育的范围和内容涉及面非常之广，远非狭义的通识教育所理解的培养"自由人"和"健全的人格"的那一部分教育。因此，通识教育的目标或者说目的具有多重性，它往往还承担着其他方面的目的。通识教育课程是实施通识教育的关键载体，作为通识教育目标的具体体现，通识教育课程目标也体现出多重性的特征。

从民国时期大学通识教育课程目标的演变来看，早期的通识教育在课程设置上，注重对学生进行基础知识的教育，其目标可以概括为向学生传授基础性的知识。南京国民政府时期，通识教育课程的目标发展为向学生传授基本的各学科知识和对学生进行党化教育。国民政府通过通识教育课程中党义课程和训育课程的开设，来达成培养学生思想认同的目的。抗战时期，各学院共同必修科目表颁布，伦理学课程被提到前所未有的重要位置，被列为所有学生共同必修的科目。可见，通识教育课程又增加了培养学生良好德行和健全人格的目的。

当前，各大学对专业教育的重视依然是主流，加强专业教育的势头依然没有减弱。通识教育的生存现状恰如墙缝中的小草，因能平添一抹绿，而成为"专业教育"这面"墙体"的装饰。"早期历史上，当博雅教育瞧不起职业教育时，是通识教育支持维护了职业教育。但是，当职业教育羽毛已丰、翅膀已硬，成长为专门教育时，却反过来瞧不起当年呵护拉拔它的通识教育。通识教育在大学历史上扮演着这样令人尊敬、令人叹息的角色。"①

然而，对于大学通识教育的论争依然没有平息。应该说，在科学技术迅猛发展、新知识爆炸式增长的今天，大学已经不可能将所有的知识都纳入自己的课程体系，通过通识教育来传授学生广博的知识已然不太现实。专业教育的强大优势就是其知识体系的完善，其单一或比较线性的内容有利于学生学习和掌握，且直接与社会和学生的发展紧密相连。因此，再来谈论通识教育与专业教育谁更重要，已经没有任何意义。理想的状态应该是，专业教育有专业教育的优势，专业教育去做专业教育的事；通识教育来做通识教育的事，来做专业教育完成不了的事。如此，专业教育和通识教育才会形成相互依傍而生的态势，成为一个"完整的人"的培养过程中不可或缺的两类教育。

二、大学通识教育课程目标的现实制约性

课程目标的制定不仅深受一个国家或地区的教育传统的影响，也深受当时的社会现实环境的制约。通识教育的课程目标制定也不能例外。

---

① 宋尚桂，王希标. 大学通识教育的理论与模式[M]. 青岛：中国海洋大学出版社，2007：9.

教育传统的影响往往深入教育的骨髓，看不见，却如影随形；社会现实环境的影响则直接体现在教育的外在形态上，其突出的表现即在于课程目标上。

民国时期，国家处于危难之中，近代大学承载着"救国强国"的使命被引入中国并获得空前发展。[1]作为政府应对危机的一种因应，近代大学在一定程度上是国家自我觉醒的产物，它不仅以培养国家建设需要的现代化人才为己任，而且还塑造了鲜明有力的符号体系，这些都成为国家意志与形象的重要标志。[2]民国时期的大学通识教育课程目标历经三个阶段，每一阶段侧重点各不相同。究其原因，在于受当时社会现实环境的影响。民国初年，大学初建，大学生源质量普遍不高，因此，大学设预科，通识教育的目标在于对进入预科的学生进行必要的基础知识教育。南京国民政府成立初期，一方面要加强对学生的控制，因而推行党化教育；另一方面，急于培养各类专业人才。因此，这一时期，通识教育和专业教育的支持者关于大学究竟应培养"通才"还是"专才"，发生激烈论争。但不管论争结果如何，党化教育却通过行政手段得以在各类教育中推行。1937年后，共同科目表颁布，大学通识教育课程得以统一。1942年增设伦理学课程。究其原因，在于社会道德出现某种危机，使得学校课程不得不注重对学生伦理道德的教育。

中华人民共和国成立后，我国大学教育采取"苏联模式"，这是一种典型的专业教育模式，其目的在于培养各类"专家"。20世纪五六十年代的大学重组和学科调整，其目的也在于更好地推行专业教育，实现培养各类专门人才的目标。现在看来，这其实也是与当时复杂的国际国内环境分不开的。

20世纪90年代，过度的强调专业教育所带来的部分危机开始显现，因此，90年代末，国家提出了"文化素质教育"的概念，其目的在于养成学生一定的人文素养，避免学科的分割对学生造成不利影响。由此可见，大学通识教育的课程目标具有很强的现实制约性。

---

[1] 李森，汪建华. 我国乡村教育发展的历史脉络与现代启示[J]. 西南大学学报（社会科学版），2017（1）：61-69.
[2] 李森，汪建华. 我国乡村教育发展的历史脉络与现代启示[J]. 西南大学学报（社会科学版），2017（1）：61-69.

第二节 大学通识教育课程结构的确定

一、大学通识教育课程结构的相对稳定性

通识教育课程结构的相对稳定性源于两个方面因素的规约。其一是从通识教育内涵的内在约定。通识教育是关于"共同内容"的教育，因此，它必然要具备一定的稳定性，才能达成借由"共同内容"的学习来养成健全人格的"公民"以及形成社会共识的目的。其二是通识教育内容的规约。从总体上来看，通识教育的内容或者说知识体系主要包括人文科学、社会科学、自然科学三个方面的基本知识，不管通识教育如何发展，其基本内容大体都会包含这三个方面的知识。也就是说，通识教育基本知识架构的稳定性决定着通识教育课程结构的相对稳定。

从民国时期大学通识教育课程的结构来看，首先，在课程类型上，通识教育主要通过共同必修科和选修科两类课程来实现。其次，在具体科目上，每一时期，都有一些基本的科目是一致的，例如，国文、英文、体育、自然科学课程一门、社会科学课程一门。最后，从基本的知识领域或板块来看，每一时期的通识教育课程基本来源于自然科学和社会科学两个领域的知识。

应该说，结构的相对稳定性是课程成熟的重要标志。中华人民共和国成立以来，不断加强专业教育，通识教育被排斥在主流课程话语之外。自20世纪90年代，"文化素质教育"提出以来，通识教育在我国大学重新得到了重视。但各大学在通识教育的课程结构上依然没有形成共识，以为随便开设几门选修课程就是通识教育了，即便是开设了几门选修课程，其所占学分也是微乎其微。也正因如此，各学校在通识教育上没有共同的话语，通识教育在大学的发展难成规模。

二、大学通识教育课程比例的相对均衡性

一门课程在大学里的地位，很大程度上是由其所占的学分比例决定的。一门课程如果所占学分极低，至少给人的感觉是可有可无的。通识

教育课程是否得到应有的重视,从其课程总学分占学生毕业应修学分的比例即可看出。

民国时期,大学通识教育课程的发展和兴盛,不只是停留在口头上。当时各大学的通识教育课程几乎占学生毕业要求学分的一半。存在预科阶段时,预科课程几乎都是通识教育课程;即便是预科取消后,大学通识教育课程的学分依然很高。共同必修科目表颁布之后,大学几乎被分成两个阶段,一、二年级属于通识教育阶段,三、四年级属于专业教育阶段。当时,各大学一年级课程属于全体必修,任何学生都需学习,二年级依然是这类课程,同时,开设一部分学院层面的共同必修课程。这些都是非专业课程,是通识教育课程的一部分。再从通识教育课程内部各类课程学分来看,我们以文学院共同必修科目表为例,做一分析。具体课程及学分如下:三民主义(4学分)、国文(6学分)、外国文(6学分)、中国通史(6学分)、哲学概论(4学分)、社会科学一门(6学分)、自然科学一门(6学分)、伦理学(3学分)、世界通史(6学分)、理则学(3学分)、体育(不计学分)。这些科目的学分分配相对来说比较均衡合理,并不存在某类课程一门独大,挤占其他课程的学分的情况。

当前,我国大学通识教育的实施难见气候,其原因之一就是大学通识教育课程所占学分比例极低,是所谓的"豆芽课"。与根基深厚的专业教育课程相比,通识教育课程几乎可以忽略不计,加之大多都是选修课,学生重视不足。另外,从当前通识教育课程的内部学分比例分配来看,在仅有的为数不多的通识教育课程中,工具性科目(如外语、计算机等)占据了大量学分。因此,在结构上,通识教育课程的比例应相对均衡,使应有之课程不致偏废,都能达成应有的目的和作用。

第三节 大学通识教育课程内容的选择

一、大学通识教育课程内容的广博性

通识教育课程内容的广博性突出地表现在其要求学生在人文科学、社会科学、自然科学等知识领域进行广泛的涉猎与学习。它旨在促使学

生通过对广博的人类知识的学习,来达成人文与科学的融合、传统与现代的融合、知识与价值的融合,避免由过度分化的专业教育带来的知识碎片化问题,为学生今后的发展打下广博的知识基础。"从而保证学生将来成为各种各样的专家的同时,仍不失健全的人格和自由的品性,并且有能力应对复杂社会在专业领域之外提出的种种挑战。"[1]

通识教育课程内容的广博性要求学生不仅应该注重民族文化相关课程的学习,也要重视对其他文明的了解和认识。在当今全球化的浪潮中,大学通识教育课程一方面要面向世界,培养学生的国际视野;另一方面,又要立足中国,养成学生的民族情怀及对本土文化的认同。通过加深学生对其他文明与文化的理解,使学生不至于盲目崇拜或排斥某一文化或文明,能对其他文明或文化有一个理性的认识与判断;使学生对本土文化加深理解和认同,从而形成价值共识。

当然,通识教育课程内容的广博性,并不意味着其无所不包。通识教育无法教给学生所有的知识,它只能给予学生人类广博知识领域中的基础性知识,即掌握各个领域的基本内容和基本方法,这实质上也就是通识教育所要求的作为一个"完整的人"所具备的基本知识与必备能力。而这些基本内容和基本方法的学习和掌握,则为学生今后的专业学习和个人发展打下坚实的基础。

二、大学通识教育课程内容的基础性

大学通识教育的目的在于打下学生发展的共同基础。这一目的决定了大学通识教育课程内容的基础性。这一基础不仅体现在知识层面,也体现在社会价值层面。通识教育课程不仅在人文科学、社会科学、自然科学方面要求学生掌握一定的必备知识基础,更重要的是通过通识教育课程使学生形成社会价值共识上的共同基础。民国时期的通识教育课程除了基本的各学科课程的开设外,还要求全体学生必修党义课程,其目的就在于此。

---

[1] 北航高研院通识教育研究课题组. 转型中国的大学通识教育——比较、评估与展望[M]. 杭州:浙江大学出版社,2013:3.

通识教育课程内容的基础性,不仅在于其基本目的的规约,还在于学科知识发展演变的内在逻辑制约。当今社会,新知识呈现爆炸式的增长,每一门学科的知识总量都在不断增加,还有诸多新兴学科的出现,人类知识的总体容量快速增长,人类的学习能力远远赶不上知识增长的步伐。因此,与其"授之以鱼,不如授之以渔",即让学生掌握学科的基本知识以及进行自我学习的基本方法和手段,这就是通识教育课程内容要传授给学生的方法"基础"。

通识教育课程内容的基础性还在于其核心的民族性。民国时期的大学通识教育从其产生之日起,就一直将国文作为所有学生共同必修的课程,且至少要修习两年。21世纪社会发展的主流趋势便是全球化。然而,全球化并非是一个文化融通、太平盛世的概念,在全球化背景下,强势地区或国家对弱势地区或国家的宰制和剥削日趋隐晦,但影响却异常深入。其突出的手段在于文化和价值观的输出。

当前,在全球化的浪潮中,中西文化和价值观念的碰撞在所难免。在这种情况下,大学通识教育应承担起应有的责任。大学是中华民族传统文化和民族意识的守护者,通识教育势必要重视本土文化,彰显中华文化的博大精深,使学生真正能够读懂自己的民族、自己的国家。

第四节 大学通识教育课程实施的促进

一、大学通识教育课程实施的价值性

通识教育有其鲜明而独特的价值追求。通识教育课程实施的价值性突出地表现在其课程实施的目的在于对学生精神成人的引导和对民主社会的价值共识的坚守。对学生而言,通识教育要引导学生养成人类的美好品性,培养学生形成正确的情感和理性,使学生先成"人",再成"才"。对社会而言,通识教育担负着凝聚社会价值共识的使命。"过度的自由往往会瓦解社会的价值基础,进而动摇人类文明的基石。"[1]

---

[1] 北航高研院通识教育研究课题组. 转型中国的大学通识教育——比较、评估与展望[M]. 杭州:浙江大学出版社,2013:4.

民国时期的通识教育课程实施,也表现出鲜明的价值性。这种价值性体现在两个方面。首先是对中国传统文化的极大重视。例如,通识教育课程中的国文、中国史、中国地理以及大量涉及中国传统文化课程的开设。"我们文学上所用的语言文字是中国的,我们文学里所表现的生活、社会、家庭、人物是中国的。"①"我们文学所发扬的精神、气味、格调、思想也是中国的。换一句话说,我们是中国人,我们必须研究中国文学,我们要创造的,也是我们中国的新文学……中国的文学有它的光荣的历史。"②其次,表现在对某种社会价值观念的灌输。即对学生进行党化教育。好的教育应该是既立足本土,培育学生对民族文化良好的情感依恋与基本自信;又有开阔的胸襟,能积极迎接外来文明的冲击,从而给他们的生存敞开一种开阔而健康的空间。③

纵观近代以来美国大学通识教育的历次改革,其背后几乎都有某种社会危机和文明危机的影子。从这一点来说,通识教育课程的实施不仅仅涉及人才培养问题,更是国家战略问题,其价值性显而易见。

二、大学通识教育课程实施中的教师影响

教师是课程的主要实施者,"教师在课堂内容方面拥有着至高无上的权威性和高度的自主性,他们对文件课程的取舍起着决定性的作用"④,教师的支持被认为是"决定课程改革成败的一个关键因素"⑤。在通识教育课程的实施中,教师的作用突出地表现在三个方面:其一是学识渊博的教师本身就是一种通识课程;其二是教师的人格、品性通过一言一行直接影响学生;其三是教师的讲授艺术影响学生的学习效果和体验。

---

① 国立清华大学本科学程一览(1929—1930)[G]//李森.民国时期高等教育史料汇编:第2册.北京:国家图书馆出版社,2014:243.
② 国立清华大学本科学程一览(1929—1930)[G]//李森.民国时期高等教育史料汇编:第2册.北京:国家图书馆出版社,2014:244.
③ 李森,汪建华.我国乡村教育发展的历史脉络与现代启示[J].西南大学学报(社会科学版),2017(1):61-69.
④ 谢翌,马云鹏.关于课程实施几个问题的思考[J].全球教育展望,2004(4):32-36.
⑤ 尹弘飚.课程改革中教师关注阶段理论的研究述评[J].比较教育研究,2004(8):38-43.

考察我国教育的发展历程，不难发现，优质的师资在推动教育发展过程中起着至关重要的作用。远古时期，氏族部落的教师多由无法从事体力劳动的老者充当，在教育与人类生产劳动还未分离的时期，氏族部落的老者往往掌握着丰富的社会生产经验，他们是当之无愧的优秀教师。西周之后的漫长封建社会里，随着官学和私学的进一步发展，从事教育教学活动的人群进一步丰富，归结起来可以分为以下三类：第一类是未及第的秀才，这些人数年寒窗苦读，虽然没有金榜题名、进士及第，但文化水平相对较高；第二类是一些告老还乡的官吏，这类群体不管是文化水平还是社会经验都堪为人师；第三类是一些创办私学的学者，这些人多是饱学之士，知识渊博。[①]可见，在课程实施中，学识渊博的优质师资起着十分重要的作用。

教师在课程实施中的重要作用，在民国时期，就已被当时的教育家们意识到。清华大学校长梅贻琦在其著名的《大学一解》中阐述道："学校犹水也，师生犹鱼也，其行动犹游泳也，大鱼前导，小鱼尾随，是从游也。从游既久，其濡染观摩之效自不求而至，不为而成。反观今日师生关系，直一奏技者与看客之关系耳，去从游之义不綦远哉！"这段话的意思是说，学校就是一片大的湖泊，师生是畅游其中的鱼儿。在这一过程中，老师是导游者，在前面带领引导学生，学生则是从游者，像小鱼一样尾随大鱼。在大学里，导师传授给学生的不仅仅是书本上的知识，更是做人做事的基本道理。因此，教师应率先垂范，以身作则，言行一致，用自己高尚的品行与操守引领学生、感染学生，学生追随导师身畔，耳濡目染，其知识、品行也会不断提升，从而以导师为榜样，奋力拼搏在更广阔的水面上。这样，不但教师的学问可以薪火相传，教师高尚的品德和情操也可以在无形中濡化为学生的修养。可见教师在课程实施过程中的重要作用。

教师在通识教育课程实施中的影响还突出地体现在其讲授水平上，即教师的讲授艺术。通识教育课程与专业教育课程不同，通识教育课程的教学往往更多的依靠教师的课堂讲授来进行。这一方面是由课程本身

---

① 李森，汪建华. 我国乡村教育发展的历史脉络与现代启示[J]. 西南大学学报（社会科学版），2017（1）：61-69.

的整合性、通识性决定的，另一方面也因为面对的学生群体差异较大；此外，当前大学的课程现状，也使得通识教育课程所占课时少之又少。课堂讲授是一种艺术，也是一种独特的思维活动，它是教师和学生结合在一起共同进行的思维过程。[①]教师在讲授过程中，依据学生的生理、心理特点，有目的、有计划地以积极的情感去教育、影响和激励学生，使学生在思想上或感情上被感染而产生与教师、教学内容、学生之间的情感和心理上的共鸣。通过师生之间这种情感的共鸣，在潜移默化中以情感加深学生的认知、促进学生的知行转化。因此，教师在课堂讲授过程中，首先要将课程内容讲"精"、讲"透"、讲"厚"、讲"实"。所谓"精"，就是要求教师在课堂讲授中，要讲精要、精确、精准、精彩。课堂讲授之"透"，就是要求教师对重要知识点要讲得透彻，讲得清楚。要讲清楚这个知识点或问题的来龙去脉，不仅要让学生知其然，更重要的是让学生知其所以然。教师要讲得"厚"至少应该包含以下两层意思。其一，教师对于某个知识点要讲得有一定的宽度。这样不仅能满足部分学生"吃不饱"的情况，而且有助于开拓学生的视野，启迪学生的思维，激发学生的求知欲。其二，教师的课堂讲授单纯地停留在讲"知"的层面是不行的，"情"和"意"的方面也不能忽视。教师的课堂讲授，不仅是在向学生传递知识，还承担着陶冶学生的情操、提升学生的审美能力、培养学生正确的价值观的艰巨任务。教师要做到讲得"实"，需要把握以下三个关键词：实在、实用、实践。[②]其次要善于与学生进行对话。对话是一种主体间性，是主体与主体之间达成默契，形成"意义溪流"的黏合剂；对话是平等主体共同交流以构建和改造共生共存世界的活动。[③]课堂教学中的对话是紧扣师生生命发展目标，以对话精神为指导，在师生的交互作用过程中实现精神相遇的活动过程。课堂中，若没有对话，学生所学到的知识势必会是一种狭隘的知识。课堂讲授中，师生正是在

---

① 汪建华，李森，丁丽虹. 论课堂讲授的有效性[J]. 孔敬大学教育研究（泰国），2015（3）：1-9.
② 汪建华，李森，丁丽虹. 论课堂讲授的有效性[J]. 孔敬大学教育研究（泰国），2015（3）：1-9.
③ 李森，伍叶琴. 有效对话教学——理论、策略及案例[M]. 福州：福建教育出版社，2012：2-3.

这样持续的自我反思中悄无声息地建构着自我，使自我不断走向完善、走向深刻。[1]

当今大学的通识教育课程，其课程整合程度远远胜过民国时期，通识教育所包含的知识面非常广。因此，通识教育课程的实施对教师的要求实质上更高。教师在学识修养上如果不能达到一定的水准，很难上好通识教育课程。

第五节　大学通识教育课程管理的优化

一、大学通识教育课程管理的"钟摆"现象

回顾民国时期大学通识教育课程的管理，可以发现一个有趣的"钟摆"现象，体现在关于大学课程设置权的三次变更。1913年1月12日颁布的《大学规程》中，明确规定了学科各学系各专业应该开设哪些课程。因此，大学没有开设课程的自主权，其课程必须参照《大学规程》的规定来开设。应该说，此时课程管理的主要权力在国家或者说在教育部。1924年2月23日，《国立大学校条例》颁布，《大学规程》宣告废止。《国立大学校条例》将课程设置的权力下放到学校，"国立大学校各科各学系及大学院各设教授会，规划课程及其进行事宜。各以本科本学系及大学院之正教授、教授组织之。各科系规划课程时讲师并应列席"[2]。可见，这时的课程管理权力在各个大学。1938年，教育部颁布文理法三学院共同必修科目表，对文理法三学院学生共同必修科目进行规定，意味着课程管理权力重新收回到国家。其后，其他各学院共同必修科目表也陆续公布。

民国时期课程管理权力的"钟摆"现象，应该说是符合事物发展和人的认识规律的，不能简单地把它看成无谓的重复。事物的"发展似乎

---

[1] 汪建华，李森，丁丽虹. 论课堂讲授的有效性[J]. 孔敬大学教育研究（泰国），2015（3）：1-9.
[2] 国立大学校条例[J]. 教育公报，1924（3）：1-3.

是重复以往的阶段,但那是另一种重复,是一种更高基础上的重复(否定之否定)"①。马克思认为,辩证的否定是扬弃,是"既被克服又被保存","按其形式来说是被克服了,按其现实内容来说是被保存了"②。因此,民国时期的每次课程管理权力的变更,被改变和重复的是形式,每一形式中对事物本身具有积极意义的内容却被继承了下来。民国初年,以国家法令规定各科具体课程设置,其目的在于以法令的形式推动我国大学课程的近代化进程。1924年之后,大学课程设置权下放各大学,是基于社会发展的现实情况,赋予各大学根据自身实际开设课程的便利。1938年,社会发展情况已不同于十几年前,长期的大学课程自由化也带来了一系列问题,因此,才将大学课程统一规划。

我们需要注意的是,课程管理权力变迁中的矫枉过正的现象。课程管理权的集中,便于统一标准和规范管理。但往往不能照顾到大学自身的特殊需要以及学生的具体情况。这是我们在课程管理过程中需要注意的。

二、大学通识教育课程管理中的学生自主性

课程管理的最终目的还是为了保证课程实施的质量,保证课程目标的有效达成。民国时期的课程管理,除了基本的考试之外,值得注意的一点就是对学生的自主性的重视。

在课程的实施与管理过程中,"要养成学生自动读书研究的能力与习惯。学问是无穷尽的,四年的功课无论怎样完备,也不能教完某一学科的千百分之一二"③。所以"与其装塞有限的事实于学生的脑中,不如启发他们读书的兴趣,指导他们求学的方法,培养他们研究的能力"④。著名教育家梅贻琦也认为,"理智生活之基础为好奇心与求益心,故贵在相当之自动,能有自动之功,所能收自新之效,所谓举一反三者;举一虽在执教之人,而反三总属学生之事。""故必有执教之人为之启发,为

---

① 丁守和. 马恩列斯论历史科学[M]. 北京:人民出版社,1982:258.
② 丁守和. 马恩列斯论历史科学[M]. 北京:人民出版社,1982:262.
③ 国立武汉大学一览(1935)[G]//李森. 民国时期高等教育史料汇编:第36册. 北京:国家图书馆出版社,2014:331.
④ 国立武汉大学一览(1935)[G]//李森. 民国时期高等教育史料汇编:第36册. 北京:国家图书馆出版社,2014:331-332.

之指引,而执教者之最大能事,亦即至此而尽,过此即须学子自为探索,非执教者所得而助长也。"梅贻琦认为,在课程实施与管理中,教师的作用在于引导,而最终的发展却需要学生的自主与自动。

由此可见,大学通识教育课程管理的最高境界在于"无形胜有形",应该调动学生的自主性,使学生主动来管理规划自己的学习与研究。

第六节　大学通识教育课程评价的规范

一、注重大学通识教育课程的过程性评价

民国时期的大学通识教育课程评价主要是对学生学业的评价,缺少对教师教学以及课程本身的评价。尽管如此,民国时期大学通识教育课程评价依然有值得借鉴的地方。其中值得提倡的一点就是重视对通识教育课程的过程性评价。

民国时期的通识教育课程评价,按照评价周期的长短来看,有平时考试、学期考试、毕业考试等。其过程性评价突出地表现在平时考试上。当时大学的平时考试,有周考、月考,一月三次等规定,虽然各校规定不太一致,但都体现了他们对通识教育课程过程性评价的重视。同时,对于学生请假、缺课、旷课给予明确的规定,达到一定的缺课时数,轻则重修留级,重则退学处理。

反观当今某些大学的通识教育课程,学生缺课、旷课是常态。教师在讲台上讲教师的东西,学生在下面干自己的事情。学期结束,随便复制粘贴一篇几千字的论文交给老师,学分拿到,万事大吉。这一现象的出现,除了这些学校的通识教育课程本身质量不高、地位不显著之外,另一重要原因,就是其评价随意。因此,要改变这一现象,除了提升通识教育课程的质量,犹须加强对通识教育课程的过程性评价。

二、重视大学通识教育课程评价方式的多样性

通识教育课程与专业课程不同,有时候并不能以一纸试卷来论定优

劣。原因在于，通识教育课程除了传授学生各学科的基本知识，还传授学生发现问题、解决问题的基本方法以及社会价值共识方面的东西。

对于通识教育课程所传授的各学科的基本知识，使用通常意义上的考试，也许能判断出学生掌握的情况。但是，对于一些基本的方法之外的内容，这一方法则不太科学。因为对于这些方法类的知识，一些学生在具体实践操作中已然掌握了，但由于不擅长知识的识记，在纸质考试中，成绩却并不理想；而另一类学生刚好相反。试问这两类学生谁真正掌握了这门科目的内容？再拿一些培养学生基本行为规范和价值观念的课程来说明。对于这些科目，学生考试分数高，并不代表这些课程的目标在这些学生身上实现了；这些学生虽记住了知识本身，但其行为和观念上的变化实质上是没办法通过一纸试卷来考察的。

由上述分析不难看出，对于通识教育课程的评价应采取多种手段。例如，民国时期的通识教育课程评价，其方式除了传统的笔试和口试之外，还有实习、报告、讨论、读书札记等。这是当前我们进行通识教育课程评价值得借鉴的。

结　语

恩格斯曾经指出："历史从哪里开始，思想进程也应当从哪里开始，而思想进程的每一步发展不过是历史过程在抽象的、理论上前后一贯的形式上的反映。"①"一个人如果不理解过去不同时代和地点存在过的不同的大学概念，他就不能真正理解现代的大学。"②这对于大学通识教育（课程）来说，也是一样的，研究大学通识教育课程不能不追溯它的历史。民国时期是我国近现代高等教育形成与发展的重要历史时期，研究大学通识教育课程的历史避不开这一时期。

"历史是今天的社会跟昨天的社会之间的对话……只有借助于现在，我们才能理解过去；也只有借助于过去，我们才能充分理解现在。"③昨天的现在就是今天的历史，历史虽然过去，但它并不曾离我们远去。历史总是惊人的相似！如果我们充分地去了解历史，我们就会在现实的生活中到处看到历史的影子。研究历史能让我们鉴古识今，以史为鉴。本研究虽然将视角聚焦于民国，但其目的是指向当代甚至是未来的，期望本研究能为大学通识教育课程的改革与发展提供历史借鉴。

本研究已做了这样几项工作：第一，收集并整理了一批关于民国时期大学通识教育课程的原始资料。但是，鉴于论文的篇幅结构的限制和史料运用不够充分等原因，只呈现了一部分直接相关的史料。第二，基本厘清了民国时期大学通识教育课程变革的历史脉络。民国时期的大学通识教育课程由"成型"到"发展"再到"成熟"，其每一次变革与发展都脱离不了一定时期的时代背景，通识教育课程的发展深深地打着时代的烙印；一定时期的教育制度、教育政策则更直接地规约着通识教育（课

---

① 马克思恩格斯选集：第二卷[M]. 北京：人民出版社，1972：122.
② 伯顿·克拉克，等. 高等教育新论[M]. 王承绪，等，译. 杭州：浙江教育出版社，1988：45.
③ 爱德华·卡尔. 历史是什么[M]. 吴柱存，译. 上海：商务印书馆，1981：57.

程）的发展；一定时期的教育思想或引领或推动着通识教育课程的变革与发展。而时代背景、教育制度、教育思想三个方面施加于通识教育课程的影响，又通过具体的通识教育课程实践生动地表现出来。第三，探讨了民国时期大学通识教育课程变革的阶段性特点和整体发展趋势。基于课程论的视角，从课程目标、课程结构、课程内容、课程实施、课程管理、课程评价六个维度分析了民国时期大学通识教育课程在不同发展阶段的特点。进而纵览整个民国时期的通识教育课程变革，概括出其发展变革的整体趋势。第四，梳理总结了民国时期大学通识教育（课程）的三种主要模式，即预科模式、主辅系模式、共同必修科模式。第五，探讨了民国时期大学通识教育课程变革的启示。主要体现在通识教育课程目标的定位、课程结构的确定、课程内容的选择、课程实施的促进、课程管理的优化、课程评价的规范等方面。

  本研究还有如下几点值得继续深入思考和完善：第一，关于史料的运用与呈现。由于作者首次尝试进行历史研究，一切都很陌生。因而，在史料的运用上显得经验不足，在史料的呈现上也难免不得要领。第二，如何来反思民国时期大学通识教育课程的"成"与"败"？民国时期的通识教育课程有其优点，必然也有其不足，如何客观地进行评判，值得继续思考。第三，民国时期通识教育（课程）的"灵魂"是什么？贯穿于其整个变革过程的最核心的要素是什么？这是在论文写作过程中一直萦绕心头耳畔的问题，但依然没有完全思考清楚。第四，在我国的通识教育课程改革与建设中如何处理"通与专""古与今""中与外""上与下"等几方面的关系？可以说，当前关于通识教育课程的各种争论始终摆脱不了这几对关系的范畴，或许民国时期的办学者们能给我们一些思考的新思路。

  生命不息，思考不止！在今后的研究和工作中，笔者也必将结合自己的人生阅历不断丰富和完善对于通识教育（课程）的思考！

参考文献

一、中文文献

（一）史料类

[1] 陈学恂. 中国近代教育大事记[G]. 上海：上海教育出版社，1981.

[2] 陈学恂. 中国近代教育史教学参考资料[G]. 北京：人民教育出版社，1986.

[3] 李森. 民国时期高等教育史料汇编[G]. 北京：国家图书馆出版社，2014.

[4] 潘懋元，刘海峰. 中国近代教育史资料汇编·高等教育[G]. 上海：上海教育出版社，1993.

[5] 璩鑫圭，唐良炎. 中国近代教育史资料汇编·学制演变[G]. 上海：上海教育出版社，1991.

[6] 璩鑫圭，童富勇，张守智. 中国近代教育史资料汇编[G]. 上海：上海教育出版社，1994.

[7] 舒新城. 中国近代教育史资料[G]. 北京：人民教育出版社，1981.

[8] 王学珍，郭建荣. 北京大学史料：第2卷[G]. 北京：北京大学出版社，2000.

[9] 中国第二历史档案馆编. 中华民国史档案资料汇编[G]. 南京：江苏古籍出版社，1991.

[10] 中央教育科学研究所教育研究室. 中华民国教育法规选编（1912—1949）[G]. 南京：江苏教育出版社，1990.

[11] 朱有瓛. 中国近代学制史料[G]. 上海：华东师范大学出版社，1992.

（二）著作类

[1] 埃德加·莫兰. 复杂思想：自觉的科学[M]. 陈一壮, 译. 北京：北京大学出版社, 2001.

[2] 爱德华·卡尔. 历史是什么[M]. 吴柱存, 译. 北京：商务印书馆, 1981：57.

[3] 安乐哲, 罗思文. 《论语》的哲学诠释[M]. 北京：中国社会科学出版社, 2003.

[4] 保罗·奥斯卡·克利斯特勒. 意大利文艺复兴时期八个哲学家[M]. 姚鹏, 陶建平, 译. 上海：上海译文出版社, 1987.

[5] 北航高研院通识教育研究课题组. 转型中国的大学通识教育——比较、评估与展望[M]. 杭州：浙江大学出版社, 2013.

[6] 储朝晖. 中国大学精神的历史与省思[M]. 太原：山西教育出版社, 2006.

[7] 丛立新. 课程论问题[M]. 北京：教育科学出版社, 2000.

[8] 陈平原. 北大精神及其他[M]. 上海：上海文艺出版社, 2000.

[9] 丁钢, 刘琪. 书院与中国文化[M]. 上海：上海教育出版社, 1992.

[10] 丁守和. 马恩列斯论历史科学[M]. 北京：人民出版社, 1982.

[11] 董良宝. 中国近现代高等教育史[M]. 武汉：华中科技大学出版社, 2007.

[12] 杜时忠. 人文教育论[M] 南京：江苏教育出版社, 1999.

[13] 丹尼斯·哈伊. 意大利文艺复兴的历史背景[M]. 李玉成, 译. 上海：生活·读书·新知三联书店, 1988.

[14] 恩斯特·卡西尔. 人论[M]. 甘阳, 译. 上海：上海译文出版社, 2004.

[15] 范文澜. 中国通史：第二册[M]. 北京：人民出版社, 1978.

[16] 方惠坚, 等. 清华大学志[M]. 北京：清华大学出版社, 2001.

[17] 封海清. 西南联大的文化选择与文化精神[M]. 昆明：云南人民出版社, 2006.

[18] 冯惠敏. 中国现代大学通识教育[M]. 武汉：武汉大学出版社，2004.

[19] 高明士. 中国教育史[M]. 台北：台湾大学出版中心，2004.

[20] 高平叔. 蔡元培教育文选[M]. 北京：人民教育出版社，1980.

[21] 高平叔. 蔡元培全集：第2卷[M]. 北京：中华书局，1984.

[22] 顾明远. 教育大辞典[Z]. 上海：上海教育出版社，1998.

[23] 郭为藩. 转变中的大学：传统、议题与前景[M]. 北京：北京大学出版社，2006.

[24] 国际教育百科全书编辑委员会. 国际教育百科全书：第二卷[M]. 贵阳：贵州教育出版社，1990.

[25] 哈瑞·刘易斯. 失去灵魂的卓越——哈佛是如何忘记教育宗旨的[M]. 侯定凯，等，译. 上海：华东师范大学出版社，2012.

[26] 哈佛委员会. 哈佛通识教育红皮书[M]. 李曼丽，译. 北京，北京大学出版社，2010.

[27] 贺国庆. 德国和美国大学发达史[M]. 北京：人民教育出版社，1998.

[28] 黄进. 大学理念与通识教育[M]. 武汉:武汉大学出版社,2002.

[29] 黄俊杰. 大学通识教育的理念与实践[M]. 武汉：华中师范大学出版社，2001.

[30] 黄俊杰. 大学通识教育探索[M]. 广州:中山大学出版社,2002.

[31] 黄俊杰. 全球化时代的大学通识教育[M]. 北京：北京大学出版社，2006.

[32] 黄坤锦. 美国大学的通识教育[M]. 北京：北京大学出版社，2006.

[33] 黄延复. 二三十年代清华校园文化[M]. 桂林：广西师范大学出版社，2000.

[34] 黄志成. 西方教育思想的轨迹——国际教育思想纵览[M]. 上海：华东师范大学出版社，2008.

[35] 霍益萍. 近代中国的高等教育[M]. 上海：华东师范大学出版社，1991.
[36] Ian Westbury，Neil J. Wilkof. 科学、课程与通识教育——施瓦布选集[M]. 郭元祥，乔翠兰，译. 北京：中国轻工业出版社，2008.
[37] 金耀基. 大学之理念[M]. 北京：生活·读书·新知三联书店，2001.
[38] 靳玉乐. 课程论[M]. 北京：人民教育出版社，2012.
[39] 克里斯托夫·武尔夫. 教育人类学[M]. 张志坤，译. 北京：教育科学出版社，2009.
[40] 罗伯特·赫钦斯. 美国高等教育[M]. 汪利兵，译. 杭州：浙江教育出版社，2001.
[41] 李秉德. 教学论[M]. 北京：人民教育出版社，1991.
[42] 李曼丽，林小英. 后工业时代的通识教育实践[M]. 北京：民族出版社，2003.
[43] 李曼丽著. 通识教育[M]. 北京：清华大学出版社，1999.
[44] 李森，陈晓端. 课程与教学论[M]. 北京：北京师范大学出版社，2015.
[45] 李森. 教学动力论[M]. 重庆：西南师范大学出版社，1998.
[46] 李森，张家军，王牧华. 课堂生态论：和谐与创造[M]. 北京：人民教育出版社，2011.
[47] 李森. 现代教学论纲要[M]. 北京：人民教育出版社，2005.
[48] 李森. 现代教学论[M]. 北京：人民教育出版社，2011.
[49] 李森，张家军，王天平. 有效教学新论[M]. 广州：广东教育出版社，2010.
[50] 李森. 有效对话教学——理论、策略及案例[M]. 福建：福建教育出版社，2012.
[51] 李振东. 北大的校长们[M]. 北京：中国经济出版社，2003.
[52] 廖哲勋. 课程学[M]. 武汉：华中师范大学出版社，1991.

[53] 刘宝存. 大学理念的传统与变革[M]. 北京：教育科学出版社，2004：98.

[54] 吕达. 课程史论[M]. 北京：人民教育出版社，2000.

[55] 毛礼锐，沈灌群. 中国教育通史：第一卷[M]. 济南：山东教育出版社，2005：.

[56] 冒荣. 至善至平 鸿声东南——东南大学校长郭秉文[M]. 济南：山东教育出版社，2004.

[57] 苗力田. 亚里士多德全集：卷8[M]. 北京：中国人民大学出版社，1992：.

[58] 南开大学校史编写组. 南开大学校史（1919—1949）[M]. 天津：南开大学出版社，1989.

[59] 皮锡瑞. 经学历史[M]. 上海：上海书店，1996.

[60] 清华大学校史编写组. 清华大学校史稿[M]. 北京：中华书局，1981.

[61] 施良方. 课程理论——课程的基础、原理与方法[M]. 北京：教育科学出版社，1996.

[62] 宋恩荣. 近代中国教育改革[M]. 北京：教育科学出版社，1994.

[63] 苏云峰. 从清华学堂到清华大学[M]. 北京：生活·读书·新知三联书店，2002.

[64] 田正平. 中外教育交流史[M]. 广州：广东教育出版社，2004.

[65] 王策三. 教学论稿[M]. 北京：人民教育出版社，1985.

[66] 王文俊，梁吉生，等. 南开大学校史资料选（1919—1949）[M]. 天津：南开大学出版社，1989.

[67] 威廉·维尔斯马，斯蒂芬·G. 于尔斯. 教育研究方法导论[M]. 9版. 袁振国，译. 北京：教育科学出版社，2010.

[68] 吴也显. 教学论新编[M]. 北京：教育科学出版社，1991.

[69] 伍振鷟. 中国大学教育发展史[M]. 台北：三民书局，1982.

[70] 萧超然. 北京大学与近现代中国[M]. 北京：中国社会科学出版社，2005.

[71] 熊明安. 中国高等教育史[M]. 重庆：重庆出版社，1988.

[72] 熊明安. 中国近现代教学改革史[M]. 重庆:重庆出版社,1999.

[73] 熊明安. 中华民国教育史[M]. 重庆：重庆出版社，1990.

[74] 杨德广. 高等教育专论[M]. 上海：上海教育出版社，1998.

[75] 杨东平. 大学精神[C]. 沈阳：辽海出版社，1999.

[76] 杨颉. 大学通识教育课程：借鉴与启示[M]. 上海：上海交通大学出版社，2009.

[77] 俞启定，施克灿. 中国教育制度通史：第一卷[M]. 济南：山东教育出版社，2005.

[78] 袁振国. 教育研究方法[M]. 北京：高等教育出版社，2000.

[79] 约翰·亨利·纽曼. 大学的理想[M]. 徐辉，等，译. 杭州：浙江教育出版社，2001.

[80] 约翰·布鲁贝克. 高等教育哲学[M]. 王承绪，等，译. 杭州：浙江教育出版社，2001.

[81] 张寿松. 大学通识教育课程论稿[M]. 北京：北京大学出版社，2005.

[82] 张亚群. 中国近代大学通识教育与创新人才培养[M]. 福州：福建教育出版社，2015.

[83] 张元济. 最近三十五年之中国教育[M]. 北京：商务印书馆，1931.

[84] 中国蔡元培研究会. 蔡元培全集：第3卷[M]. 杭州：浙江教育出版社，1997.

[85] 钟启泉，崔允漷，张华. 为了中华民族的复兴，为了每位学生的发展：《基础教育课程改革纲要（试行）》解读[M]. 上海：华东师范大学出版社，2001.

[86] 周谷平，等. 中国近代大学的现代转型：移植、调适与发展[M]. 杭州：浙江大学出版社，2012.

[87] 左玉河. 从四部之学到七科之学——学术分科与近代中国知识系统之创建[M]. 上海：上海书店出版社，2004.

（三）期刊论文类

[1] 陈卫平，刘梅龄. 香港中文大学的通识教育及启示[J]. 高等教育研究，1987.

[2] 蔡映. 高校通识教育课程设置的问题及改革对策[J]. 高等教育研究，2004.

[3] 崔清田. 通识教育与逻辑[J]. 天津师大学报（社会科学版），1997.

[4] 陈向明. 从北大元培计划看通识教育与专业教育的关系[J]. 北京大学教育评论，2006.

[5] 陈向明. 对通识教育有关概念的辨析[J]. 高等教育研究，2006.

[6] 陈小红. 试论通识教育与大学改革[J]. 复旦教育论坛，2006.

[7] 陈小红. 通识教育课程模式的探讨[J]. 复旦教育论坛，2010.

[8] 初立萍. 论潘光旦的通识教育思想[J]. 高教探索，2007.

[9] 杜维明. 人文学与知识社会——兼谈美国大学的通识教育[J]. 开放时代，2005.

[10] 冯增俊. 通识教育与大学教育精神[J]. 江苏高教，1999.

[11] 冯惠敏，曾德军. 武汉大学通识教育调查与分析报告[J]. 武汉大学学报（社会科学版），2003.

[12] 冯惠敏. 梅贻琦的通识教育观及其对当代教育的启示[J]. 黑龙江高教研究，2003.

[13] 冯增俊. 中国台湾高等学校通识教育探析[J]. 比较教育研究，2003.

[14] 冯增俊. 香港高校通识教育初探[J]. 比较教育研究，2004.

[15] 范启标. 中国近代教会大学通识教育考论[J]. 兰台世界，2015.

[16] 甘阳. 大学通识教育的两个中心环节[J]. 读书，2006.

[17] 甘阳. 大学通识教育的纲与目[J]. 同济大学学报（社会科学版），2007.

[18] 甘阳. 通识教育：美国与中国[J]. 复旦教育论坛，2007.

[19] 高建国,张俊峰.西南联大教授群体通识教育的思想认同与实践效应[J].云南师范大学学报(哲学社会科学版),2010.

[20] 高建国,宋才琼,张俊峰.西南联大课程设置中的通识教育[J].国家教育行政学院学报,2011.

[21] 龚放.现代大学通识教育之我见[J].上海高教研究,1997.

[22] 龚放.重视异质文化的交流与理解——全球化时代大学通识教育的新使命[J].高等教育研究,2002.

[23] 谷建春,张传燧.梅贻琦的大学通识教育观及其现实价值[J].江汉论坛,2003.

[24] 胡卫清.论近代来华传教士的通识教育思想[J].韩山师范学院学报,2001.

[25] 胡莉芳.中国近代大学校长的通识教育理念和实践[J].复旦教育论坛,2008.

[26] 黄俊杰.迈向21世纪大学通识教育的新境界:从普及到深化[J].交通高教研究,2002.

[27] 黄明东,刘光临,冯惠敏.论大学通识教育的多元性[J].中国高教研究,2002.

[28] 黄明东,冯惠敏.通识教育:我国高等教育改革的新走向[J].高等教育研究,2003.

[29] 黄福涛.从自由教育到通识教育——历史与比较的视角[J].复旦教育论坛,2006.

[30] 黄坤锦.大学通识教育的基本理念和课程规划[J].北京大学教育评论,2006.

[31] 哈里·李维斯.21世纪的挑战:大学的使命、通识教育与师资的选择[J].教育发展研究,2007.

[32] 季诚钧.试论大学专业教育与通识教育的关系[J].中国高教研究,2002.

[33] 季诚钧.试论高师院校通识教育的课程设置[J].高等师范教育研究,2002.

[34] 刘智勇. 通识教育与专业教育——论新体制下高等教育供给模式的选择[J]. 教育科学，1994.

[35] 姜国钧. "课程"与"教学"词源小考[J]. 华东师范大学学报（教育科学版），2006.

[36] 鲁洁. 通识教育与人格陶冶[J]. 教育研究，1997.

[37] 李曼丽. 专业教育与通识教育相结合：面向 21 世纪的中国高等学校课程改革[J]. 高等教育研究，1998.

[38] 李曼丽. 通识教育：一种大学教育观[J]. 清华大学教育研究，1999.

[39] 李曼丽，汪永铨. 关于"通识教育"概念内涵的讨论[J]. 清华大学教育研究，1999.

[40] 李曼丽. 美国大学通识教育实践研究[J]. 高等工程教育研究，2000.

[41] 李曼丽. 再论面向 21 世纪高等本科教育观——通识教育与专业教育相结合[J]. 清华大学教育研究，2000.

[42] 李曼丽，杨莉，孙海涛. 我国高校通识教育现状调查分析——以北大、清华、人大、北师大四所院校为例[J]. 清华大学教育研究，2001.

[43] 李曼丽. 中国大学通识教育理念及制度的构建反思：1995—2005[J]. 北京大学教育评论，2006.

[44] 李克安. "元培计划"与通识教育[J]. 复旦教育论坛，2006.

[45] 李成明. 美国大学通识教育的历史发展[J]. 东南大学学报（哲学社会科学版），2001.

[46] 刘振天，杨雅文. 论"通识"与"通识教育"[J]. 高等教育研究，2001.

[47] 刘小枫，甘阳. 大学改革与通识教育[J]. 开放时代，2005.

[48] 刘钧燕. 通识教育，抑或专业教育的补充?——对北京大学本科生素质教育通选课的分析[J]. 复旦教育论坛，2006.

[49] 刘剑虹，杨竞红. 梅贻琦通才教育思想逻辑初探[J]. 国家教育行政学院学报，2006.

[50] 刘铁芳. 大学通识教育的意蕴及其可能性[J]. 高等教育研究, 2012.

[51] 李会春. 哈佛大学通识教育改革新动向及其教育理念探讨[J]. 复旦教育论坛, 2007.

[52] 理查德·莱文. 通识教育在中国教育发展中的角色[J]. 国家教育行政学院学报, 2010.

[53] 乐毅. 90 年代以来我国通识教育研究的缺憾与偏颇[J]. 现代大学教育, 2007.

[54] 乐毅. 复旦本科通识教育改革的经验及启示——核心课程、讨论课、助教制[J]. 理工高教研究, 2008.

[55] 倪胜利. 通识教育：真谛、问题与方法[J]. 教育研究, 2011.

[56] 林介宇. 潘光旦通识教育观述略[J]. 山东高等教育, 2015.

[57] 苗文利. 中国大学通识教育二十年的发展现状及理性省察[J]. 大学教育科学, 2007.

[58] 潘懋元, 高新发. 高等学校的素质教育与通识教育[J]. 煤炭高等教育, 2002.

[59] 万秀兰. 国外通识教育的方式及其启示[J]. 湖北大学学报（哲学社会科学版）, 1995.

[60] 庞海芍. 通识教育的三个层面[J]. 复旦教育论坛, 2007.

[61] 庞海芍. 通识教育：台湾与大陆之比较[J]. 中国高教研究, 2007.

[62] 庞海芍. 通识教育与创新人才培养[J]. 现代大学教育, 2007.

[63] 庞海芍. 通识教育课程建设的困境与出路[J]. 江苏高教, 2010.

[64] 沈文钦. 赫钦斯与芝加哥大学的通识教育改革[J]. 比较教育研究, 2006.

[65] 桑新民. 创新学习文化回归大学精神——21 世纪大学通识教育新探[J]. 教育研究, 2010.

[66] 王定华. 哈钦斯通识教育思想述评[J]. 辽宁高等教育研究, 1997.

[67] 王生洪. 追求大学教育的本然价值——复旦大学通识教育的探索与实践[J]. 复旦教育论坛，2006.

[68] 王义遒. 大学通识教育与文化素质教育[J]. 北京大学教育评论，2006.

[69] 王义遒. 文化素质教育与通识教育关系的再认识[J]. 北京大学教育评论，2009.

[70] 王冠男. 从人文精神角度论梅贻琦的通识教育思想[J]. 黑龙江教育，2010.

[71] 王烈盈. 论蔡元培的通识教育思想[J]. 教育评论，2012.

[72] 文新良，李滨. 简论民国时期的新闻通识教育[J]. 学术交流，2015.

[73] 熊贤君，金保华. 通识教育的课程设置与实施途径[J]. 教育评论，2000.

[74] 杨德广. 市场经济下加强大学生通识教育的必要性[J]. 上海高教研究，1997.

[75] 杨叔子，余东升. 文化素质教育与通识教育之比较[J]. 高等教育研究，2007.

[76] 杨春梅. 通识教育三论[J]. 江苏高教，2002.

[77] 杨春梅. 关于通识教育的路径[J]. 教育评论，2002.

[78] 杨春梅. 通识教育：本质与路径[J]. 现代教育科学，2004.

[79] 余凯. 通识教育与麻省理工学院的发展：一个简史[J]. 中国大学教学，2002.

[80] 余凯. 关于我国大学通识教育的调查与分析[J]. 现代大学教育，2003.

[81] 田怡，申建国. 高等院校应强化通识教育[J]. 河北师范大学学报（教育科学版），1998.

[82] 周宝根. 通识教育的理念与实践[J]. 教育与职业，2001.

[83] 祝家麟，陈德敏. 大学通识教育与专业教育的矛盾冲突与融合[J]. 中国高教研究，2002.

[84] 张寿松. 近十年我国通识教育研究综述[J]. 教育理论与实践, 2003.

[85] 张凤娟. "通识教育"在美国大学课程设置中的发展历程[J]. 教育发展研究, 2003.

[86] 张寿松, 徐辉. 通识教育的八个基本问题[J]. 浙江社会科学, 2005.

[87] 张寿松, 徐辉. 通识教育课程建设的问题与建议[J]. 课程.教材.教法, 2005.

[88] 周相利. 梅贻琦与赫钦斯"通才教育"思想比较及反思[J]. 南京理工大学学报（社会科学版）, 2005.

[89] 章小谦, 杜成宪. 中国课程概念从传统到近代的演变[J]. 华东师范大学学报（教育科学版）, 2005（4）.

[90] 张翼星. 试论当今大学的通识教育[J]. 北京大学教育评论, 2006.

[91] 张红霞. 高等教育课程国际化的文化思考——兼谈通识教育课程改革[J]. 清华大学教育研究, 2007.

[92] 张东海. 通识教育：概念的误读与实践的困境——兼从全人教育角度理解通识教育内涵[J]. 复旦教育论坛, 2008.

[93] 张楚廷. 素质教育是通识教育的灵魂——兼论我国高校素质教育之走向[J]. 高等教育研究, 2008.

[94] 张德启. 台湾高校通识教育课程发展及其特色[J]. 河北师范大学学报（教育科学版）, 2009.

[95] 张慧洁, 孙中涛. 我国大学通识教育研究综述[J]. 高等工程教育研究, 2009.

[96] 张俊峰. 西南联大通识教育成功实施探因[J]. 安庆师范学院学报（社会科学版）, 2010.

[97] 张亚群, 刘毳. 梅贻琦与清华大学通识教育实践[J]. 大学教育科学, 2011.

[98] 张亚群. 郭秉文的通识教育理念及其现代价值[J]. 高等教育研究, 2014.

[99] 赵厚勰. 论近代教会大学的通识教育[J]. 河北师范大学学报（教育科学版），2013.

[100] 朱俊. 西南联大通识教育课程设置品质及其现代意义[J]. 西安电子科技大学学报（社会科学版），2015.

（四）学位论文类

[1] 柏杨. 军医大学通识教育课程课程模式建构的研究[D]. 重庆：第三军医大学，2010.

[2] 曾德军. 大学通识教育课程设计与评价体系的研究[D]. 武汉：武汉大学，2004.

[3] 彭寿清. 大学通识教育课程设计研究[D]. 重庆：西南大学，2006.

[4] 皮凤英. 美国大学通识教育改革趋势研究——对中国高等教育的启示[D]. 上海：华东师范大学，2004.

[5] 沈媛媛. 中美大学通识教育课程比较研究[D]. 南京：南京师范大学，2007.

[6] 杨竞红. 会通中西，传承创新——三四十年代梅贻琦通才教育思想和实践研究[D]. 金华：浙江师范大学，2004.

[7] 杨伟娜. 高校通识教育与创新型人才培养研究[D]. 兰州：西北大学，2008.

[8] 王晓慧. 教学研究型大学的通识教育研究[D]. 南京：南京师范大学，2007.

[9] 徐志强. 自由与使命——哈佛大学本科课程改革研究[D]. 保定：河北大学，2013.

[10] 周月玲. 哈佛大学核心课程通识教育理念与实践研究[D]. 长沙：中南大学，2007.

[11] 赵立波. 人文发展与通识教育问题初探[D]. 上海：复旦大学，2008.

[12] 周聆灵. 我国农林院校通识教育课程体系研究——基于台湾通识教育的案例考察[D]. 福州：福建农林大学，2011.

二、外文文献

[1] S PACKARD. The substance of two reports of the faculty of Amherst College to Board of Trustees, with the doings of the Board thereon[J]. North American review, 1829 (28): 300.

[2] C T LEE, General education: ideal and practice[C]//The 2nd Conference on General Education in Universities and Colleges (Taiwan) 1997.

[3] CHARLES WILLIAM ELIOT, Inaugural address as president of Harvard College[M]//Education reform: essays and a dresses. New York: Century Company, 1898.

[4] GARY E M. The meaning of general education: the emergency of a curriculum paradigm[M]. New York: Teachers College Press (Columbia University), 1988.

[5] GUY M WIPPLE. Changes and experiments in liberal arts education, 31th Yearbook[M]. Bloomington: Public School Publishing Co. 1932.

[6] HUTCHINS R M. The higher learning in America[M]. New Haven: Yale University Press, 1936.

[7] LOUIS T BENEZET. General education in the progressive college[M]. New York: Arno Press & The New York Times, 1971.

[8] PHILIP H TAYLOR, COLIN RICHARDS. An introduction to curriculum studies[M]. NFER publishing Company, 1979.

[9] The task force on general education. general education final report[R]. Boston: Harvard University Faculty of Arts and Sciences, 2007.

[10] THOMAS RUSSELL. The search for a common learning: general education, 1800-1960[M]. New York: McGraw-Hill, 1962.

后 记

对大学通识教育课程的关注和研究,已有五六年时间了。在研究过程中,最需要投入时间和精力的莫过于史料的收集、整理及分析。此外,对历史研究范式的不熟悉,也使得这项研究十分困难。所幸的是,最终还是完成了这样一部书稿。

感谢我的授业恩师李森教授!在我进入这样一个研究领域后,给予了我极大的支持与鼓励。没有先生的指导和帮助,恐怕这项研究不会进展得这么顺利。在研究成果即将出版成书之际,先生更是欣然提笔为我作序。先生恩情,山高水长!

感谢吕达教授、廖其发教授、王本陆教授、朱德全教授、徐学福教授、谢长发教授、范蔚教授、兰英教授、吴晓蓉教授、于泽元教授、张家军教授、张辉蓉教授对本研究的指导和帮助!

感谢西南交大出版社梁红编辑、赵玉婷编辑等为本书顺利出版所付出的辛勤努力!

感谢本书涉及的所有参考文献作者!你们的研究成果为本研究奠定了重要的基础。

由于本人学术水平有限,这部《大学通识教育课程变革史论(1912—1948)》难免有不尽如人意的地方。恳请读者批评指正!

汪建华
2020 年 4 月